New Auditing Cases

新编审计案例

卢传锋◎编著

中国市场出版社
China Market Press

图书在版编目（CIP）数据

新编审计案例/卢传锋编著．—北京：中国市场出版社，2014.11
ISBN 978-7-5092-1332-2

Ⅰ．①新…　Ⅱ．①卢…　Ⅲ．①审计-案例-中国　Ⅳ．①F239.22

中国版本图书馆 CIP 数据核字（2014）第 256385 号

新编审计案例
卢传锋　编著

出版发行	中国市场出版社		
社　　址	北京月坛北小街 2 号院 3 号楼	**邮政编码**	100837
电　　话	编 辑 部（010）68037344　读者服务部（010）68022950		
	发 行 部（010）68021338　68020340　68053489		
	68024335　68033577　68033539		
	总 编 室（010）68020336		
	盗版举报（010）68020336		
邮　　箱	943341659@qq.com		
经　　销	新华书店		
印　　刷	河北鑫宏源印刷包装有限责任公司		
规　　格	170 mm×240 mm　16 开本	**版　　次**	2014 年 11 月第 1 版
印　　张	15.75	**印　　次**	2014 年 11 月第 1 次印刷
字　　数	285 000	**定　　价**	36.00 元

前　言

在长期的审计教学实践中，笔者深感审计理论的枯燥无味和晦涩难懂，以及与审计实务对接的艰难，再加上审计实务要综合应用多门学科的知识，以至于学生均认为审计学是大学期间最难学好的一门课程。要解决这一问题，加强审计案例教学就成了最佳路径。这是我们组织编撰这本书的直接动因。

近年来，全球发生了一系列重大审计案件，如安然、世界通信、施乐等著名上市公司会计造假事件；我国证券市场也曾发生深圳原野、大庆联谊、红光实业、银广夏、科龙电器等严重审计案件。这些案件对注册会计师审计理论与实务产生了强烈冲击，给我国注册会计师审计行业带来了消极影响。而审计实务案例有规范审计过程的重要作用，这是促使笔者编纂这本书的第二个原因。

事实上，审计是一门实务性很强的学科，审计案例更是强调审计的操作性。通过研究有代表性的审计案例，可以找出其问题产生的渊源，总结经验教训，归纳出有规律性的东西，所以越来越得到审计界的重视。本书立足于我国审计工作实际，列示了涉及民间审计、国家审计和内部审计的20多个典型案例，每个案例均介绍了被审计单位会计业务中存在的舞弊形态及其发现、查证技术，着重分析审计调整过程，突出审计过程中的中心环节。这些案例既相互独立，又整体上具有系统性的特点。

本书案例1、5由杨海丛执笔，案例9、10、14、15由吕伶俐执笔，案例3、22由黄益雄执笔，案例24、28由廖正方执笔，其余案例由卢传锋执笔。最后由卢传锋总纂审定。本书力求做到深入浅出、通俗易懂，可作为高、中等院校审计案例课程的专业教材或审计学课程的参考书，也可供在职审计人员培训及自学者参考使用。

本书编写、出版过程中，得到了湖北经济学院张庆教授和中国市场出版社的大力支持与帮助，在此深表感谢！

囿于笔者的知识水平，书中难免存在纰漏之处，恳请广大读者批评指正。

卢传锋

2014年8月于湖北经济学院

CONTENTS 目 录

CHAPTER

1 第一章 注册会计师的职业道德与法律责任案例分析

道德与注册会计师职业的融合，是一般社会公德在注册会计师职业中的具体体现。注册会计师作为一种职业，既要遵循一般社会公德，也要遵循与职业相关的特殊要求。这种特殊要求来自两个方面：一是随着注册会计师职业的演进逐渐形成的、为职业公认且为多数注册会计师自觉遵守的习惯、规则、纪律；二是国家有关部门制定的关于注册会计师行为和活动要求的法律法规等。这也是注册会计师职业道德形成的两种机制：自律与他律。注册会计师职业是社会职能专业化和人的角色社会化的统一。在此过程中，注册会计师将与他人、社会结成一些特殊的社会关系，包括职业主体与职业服务对象之间、职业团体之间、职业团体内部个体之间以及职业主体与国家之间的关系。为了维持并协调这些复杂、特殊的社会关系，除了依靠法律、政治、经济的规范外，还需借助适应职业生活特点并用以调节职业社会关系的道德规范。注册会计师职业道德就是以协调注册会计师个人、职业团体与社会关系为核心的职业行为准则和规范系统，是注册会计师责、权、利的有机统一。

规范我国注册会计师职业道德的法规主要有《中国注册会计师职业道德基本准则》、《中国注册会计师职业道德规范指导意见》、《中国注册会计师职业道德守则》和《中国注册会计师协会非执业会员职业道德守则》。这些法规确定的中国注册会计师职业道德的基本原则是：诚信、独立性、客观和公正、专业胜任能力和应有的关注、保密、良好的职业行为。

1. 诚信原则

诚信原则要求会员应当在所有的职业关系和商业关系中保持正直和诚实，秉公处事，实事求是。如果认为业务报告、申报资料或其他信息存在下列问题，则不得与这些有问题的信息发生牵连：

(1) 含有严重虚假或误导性的陈述；

(2) 含有缺乏充分依据的陈述或信息；

(3) 存在遗漏或含糊其辞的信息。

2. 独立性

独立性是指会计师事务所和注册会计师在执业时不受外来力量控制、支配，按照一定规则行事。独立性包括实质上的独立和形式上的独立。实质上的独立，是指注册会计师在发表意见时其专业判断不受影响，公正执业，保持客观和专业怀疑；形式上的独立，是指会计师事务所或鉴证小组避免出现这样重大的情形，使得拥有充分相关信息的理性第三方推断其公正性、客观性或专业怀疑受到损害。独立性原则是对会计师事务所和注册会计师提出的总体原则要求，具体包括：

(1) 对于向审计客户提供的鉴证业务，要求会计师事务所、鉴证小组成员独立于该客户；

(2) 对于向非审计客户提供的鉴证业务，如果报告没有明确限定于指定的使用者使用，则要求会计师事务所和鉴证小组成员独立于该客户；

(3) 对于向非审计客户提供鉴证业务，如果报告明确限定于指定的使用者使用，则要求鉴证小组成员独立于该客户，并且会计师事务所不应当在该客户内有重大的直接或间接经济利益。

3. 客观和公正

客观指按照事物的本来面目去考察，不受个人偏见的影响。公正指公平、正直，不偏袒。客观和公正原则要求会员应当公正处事，实事求是，不得由于偏见、利益冲突或其他人的不当影响而损害自己的职业判断。

对于其他基本原则，本书不作具体分析。

相关法规对注册会计师的职业道德作出了明确的规定。

(1)《中国注册会计师职业道德基本规范（1997)》、《中国注册会计师职业道德守则（2009)》的相关规定：

注册会计师应当遵守本守则，履行相应的社会责任，维护公众利益。

注册会计师应当遵循诚信原则、客观和公正原则，在执行审计和审阅业务及其他鉴证业务时保持独立性。

注册会计师应当获取和保持专业胜任能力，保持应有的关注，勤勉尽责。

注册会计师应当履行保密义务，对职业活动中获知的涉密信息保密。

注册会计师应当维护职业声誉，树立良好的职业形象。

注册会计师应当在所有的职业活动中，保持正直，诚实守信。

注册会计师如果认为业务报告、申报资料或其他信息存在下列问题，则不得与这些有问题的信息发生牵连：含有严重虚假或误导性的陈述；含有缺少充分依据的陈述或信息；存在遗漏或含糊其辞的信息。

(2)《中国注册会计师鉴证业务基本准则》、《中国注册会计师审计准则》的相关规定：

注册会计师应当以职业怀疑态度计划和执行鉴证业务，获取有关鉴证对象信息是否不存在重大错报的充分、适当的证据。

注册会计师在计划和执行鉴证业务，尤其在确定证据收集程序的性质、时间和范围时，应当考虑重要性、鉴证业务风险以及可获取证据的数量和质量。

对任何类型的鉴证业务，如果注册会计师的工作范围受到限制，注册会计师应当视受到限制的重大与广泛程度，出具保留意见或无法表示意见的报告。

审计准则旨在规范和指导注册会计师对财务报表整体是否不存在重大错报获取合理保证，要求注册会计师在整个审计过程中运用职业判断和保持职业怀疑。需要运用职业判断并保持职业怀疑的重要审计环节主要包括：通过了解被审计单位及其环境，识别和评估由于舞弊或错误导致的重大错报风险；通过对评估的风险设计和实施恰当的应对措施，针对是否存在重大错报获取充分、适当的审计证据；依据从获取的审计证据中得出的结论，对财务报表形成审计意见。

在任何情况下，如果不能获取合理保证，并且在审计报告中发表保留意见也不足以实现向财务报表预期使用者报告的目的，注册会计师应当按照审计准则的规定出具无法表示意见的审计报告，或者在法律法规允许的情况下终止审计业务或解除业务约定。

从1720年大英帝国发生震惊世界的“南海公司泡沫事件”——民间审计形成时起，各地便不断发生将注册会计师推向被告席的诉讼事件。在美国，早期有家喻户晓的“大陆拍卖公司”、“四季公司”、“权益基金公司”等事件，近期有“安然”、“施乐”、“默克”等事件，使审计法律责任问题成为炙手可热的焦点话题。在我国，从1991年福建发生第一起对注册会计师诉讼案起，经历了深圳原野、长城机电、海南新华、红光实业、琼民源等一系列审计质量纠纷或诉讼案件，蓝田股份更是开创了我国关于注册会计师赔偿损失的第一个判例。21世纪初的“银广夏”案件造成的影响最为广泛，而“绿大地”案再一次使审计法律责任成为一个全社会广泛关注的热点话题。

我国近几年发生的一些颇有影响的审计诉讼案件，促使我们进一步思考有关注册会计师的法律责任问题。

案例1　DS联谊股票案

一、案例内容与过程

DS石化股份有限公司的前身为DS石油化工总厂，始建于1985年7月。为谋求上市，1996年开始筹划用其部分下属企业组建DS股份公司，1996年下半年，该厂所属某市体改委向该省体改委请求成立DS联谊股份有限公司（以下简称DS联谊），将请示时间倒签为1993年9月20日，该省体改委1997年3月20日批复同意，将批复时间倒签为1993年10月8日。1997年1月，该市工商局向新成立的DS联谊颁发营业执照，将颁发时间倒签为1993年12月20日。主承销商W证券公司隐瞒真实情况，向中国证监会报送了含有虚假信息的文件。1997年3月，H省证券登记有限公司向中国证监会提供了虚假股权托管证明和虚拟法人股金、资本公积金的报告。为通过有关部门的审核，DS联谊虚报了1994—1996年企业利润1.617 6亿元，并将国税局的一张400余万元的缓交税款批准书涂改为4 400余万元，以满足中国证监会对其申报材料的要求。H会计师事务所在知情的情况下，由D和Q两位注册会计师为DS联谊上市出具了内容虚假的审计意见书。

经过上述诸多单位如此这般的一番包装，DS联谊终于“符合”了上市条件，于1997年5月23日在上海证券交易所上市交易。在1997年年报中，DS联谊内部销售业务产生的尚未实现的利润在合并会计报表时未抵销，虚增利润939.13万元；加工产品增量未销售部分利润计入当年损益，虚增利润796.88万元；为DS联谊提供劳务的应付未付费用未计入当年损益，虚增利润1 058.60万元；DS联谊的部分费用未计入当年损益，虚增利润54.26万元。1997年共虚增利润计2 848.89万元（占1997年利润总额10 424.02万元的27%以上）。同时，DS联谊在招股说明书中承诺将募集资金投入四个项目，在1997年年报中亦称“公司四个募股资金项目投入情况‘良好’”。实际上，募集资金未按招股说明披露的投向使用，其中有25 700万元转入母公司DS石化总厂用作流动资金，5 000万元违规拆借给承销商W证券公司，6 000万元投入证券市场，其余资金投资于其他项目。为其提供年审的H事务所的F和Q两位注册会计师出具了无保留意见的审计报告。

DS联谊股票上市后，在价格公开、明知获利的情况下，DS联谊有关领导和经办人向中央、国家机关、省及市有关部门个别干部大肆外送内部职工股；同时利用外送内部职工股之机，DS联谊某些领导及有关经办人员大肆进行贪污、受贿、侵占和行贿。1998年4月，中国证监会接到群众举报，反映该公司将大量内部职工股票外送，以及公司有关领导贪污、行贿、受贿等问题。这一情况得到了中央领导的关注，中央纪委、最高人民检察院、审计署和中国证监会随即组成联合调查组对DS联谊违法违纪问题进行立案调查。

经查实，中央、国家机关、省有关部门和该市有76个部门和单位的179人违反规定，自己购买或帮助他人购买DS联谊内部职工股共计94.15万股，股票溢价款总额达1 094万余元。国家有关部门对涉案的责任单位和个人做出了应有的惩处。其中，中国证监会对提供审计的H会计师事务所处罚如下：对H会计师事务所处以警告、没收非法所得65万元，并罚款6万元；撤销D和Q两位注册会计师的证券业务资格；对在1997年审计报告上签字的H会计师事务所注册会计师F处以警告并罚款3万元。

二、案例分析与建议

（一）H会计师事务所的过错

（1）DS联谊股票在谋求上市时，H会计师事务所及两位注册会计师在知情的情况下出具了虚假的审计意见书，为DS联谊的欺诈上市铺平了道路。H会计师事务所及两位注册会计师明知DS联谊的申报资料存在严重虚假陈述，仍与这些信息发生牵连；明知多项信息虚假，仍然出具了连续三年的无保留意见。这些都是与诚信的基本原则相悖的。

（2）在明知多项信息虚假的情况下，不能坚持准则，也有失客观、公正。会计师事务所和注册会计师的错误不仅帮助被审计单位欺诈上市成功，而且客观上误导了成千上万的股民。

（3）H会计师事务所两位注册会计师在对DS联谊1997年年报进行审计时，未能发现其虚增利润2 848.89万元以及挪用募集资金的违法事实，属于重大过失。

（二）社会应该为会计师事务所和注册会计师遵守职业道德提供良好环境

由本案例可以看出，DS联谊的欺诈上市是多个部门上下联手共同运作的结果，背后甚至不排除有政府的影响。在这样的大环境下，指望单个的会计师事务所或者注册会计师来坚守职业道德，显然是非常困难的。因此，应号召全社会加深对注册会计师审计的了解，共同为会计师事务所和注册会计师营造一个良好的氛围。而我国在这方面做得还很不够，从政府部门到审计行业，再到会计师事务所和注册会计师个人，都要为此承担责任和义务。

（三）审计行业应探索应对方案

面对来自社会多个部门或单位的强大压力，审计行业应该探索应对策略。特别是从长远来看，可以考虑建立行业协会干预制度，即当单个会计师事务所无力应对巨大的压力可能导致损害职业道德时，应将情况报告给行业协会，然后由行业协会出面与相关部门（特别是政府部门）沟通，避免出现注册会计师被迫违背职业道德、最终被追究法律责任的情况。如果出现无法与相关部门达成一致的情况，当地所有会计师事务所可以在行业协会的支持下，采取一致行动予以抵制，从而分散单个会计师事务所面对的压力。

（四）"深口袋"理论对审计行业的影响

"深口袋"理论告诉我们，在诉讼纠纷中，容易被追究责任的一方总是首先被追究责任，而且往往会被追究最重的责任。当出现审计失败时，往往被审计单位、政府监管部门、上级单位、工商部门、税务部门与执行审计的会计师事务所都有责任，但基于"深口袋"的现实，最终的判决总是最不利于会计师事务所。所以，从行业协会、会计师事务所到注册会计师个人，都应该特别谨慎，不要做出有损职业道德或有悖行业准则的事情，否则就有可能掉入"深口袋"。

案例2　绿大地案例

一、案情介绍

云南省绿大地生物科技股份有限公司（以下简称绿大地）是云南省第一家上市的民营企业、A股第一家园林上市公司。公司成立于1996年，上市前每股净资产4.43元，于2007年12月21日在深圳证券交易所挂牌上市，发行价为每股16.49元。绿大地以绿化工程和苗木销售为主营业务，是云南省最大的特色苗木生产企业。它是国内绿化行业第一家上市公司，号称"园林行业第一股”，其复权后股价曾一路飙升到 81.05 元。2010 年 3 月，公司因涉嫌信息披露违规被立案稽查。中国证监会发现该公司涉嫌存在“虚增资产、虚增收入、虚增利润”等多项违法违规行为。2011 年 3 月 17 日，绿大地创始人兼董事长何学葵因涉嫌欺诈发行股票罪被捕，自此股价一路下跌，半年多跌幅超过 75%。让我们来看看绿大地的“财务造假术”。

（一）招股说明书及年报造假

根据绿大地招股说明书，2007 年下半年，绿大地上市业务的审计机构深圳鹏城会计师事务所对绿大地 2004 年、2005 年、2006 年和 2007 年上半年的财务报告出具了“深鹏所股审字〔2007〕104 号标准无保留意见审计报告”。实际上，这些财务报告都是经过造假的。

1. 招股说明书的问题

（1）未披露存货减值风险。2006 年，绿大地第一次冲击中小板未能成功，有传闻称是因为“税收优惠折股”，而中国证监会给出的理由是材料不齐，具体原因也是含糊其辞。但我们应该注意到，在 2007 年重新发布的招股说明书中，存货减值却未再予以披露。

（2）固定资产造假。招股说明书显示，截至 2007 年 6 月 30 日，绿大地的固定资产净额为 5 066.35 万元，该公司在昆明开发区内的办公楼等固定资产额为 942.59 万元，总共 26.5 亩土地，其总部所在地除房屋、道路及庭前绿化外的“外地坪、沟道”，也作价 107.66 万元。另一处固定资产“马鸣基地”围墙的固定资产值为 1 483.28 万元，其招股说明书上显示的该基地 4 块地（原为荒山）共 3 500 亩，如果其围墙只围绕地块的四周，折算下来，其每米围墙的价格高达 2 739.71 元。

此外，马鸣基地 3 口深水井的价值也很惊人，计入固定资产 216.83 万元，每口价值 72.27 万元。而该招股说明书上的另一口深井，即金殿基地深水井却只值 8.13 万元，两口井的价格相差近 10 倍。

（3）存货造假。存货是存量指标，在 2007 年的上半年增长相当快，这种增速现在看起来相当不正常，尤其是存货。招股说明书解释说，增加的存货是因为在马鸣基地种植 4 524.24 万元苗木所致。据推算，每株树苗的入账价值为 215.44 元。而据知情者称，绿大地当时在马鸣基地种植的树苗，其市场价仅为 60 元/株。

2. 年报造假

（1）2009 年年报变脸始末：

①2009年10月，发布2009年三季报，预计2009年度净利润比上年有所增长，幅度在20%～50%之间。

变脸：2010年1月，发布业绩修正公告，称2009年度净利润比上年有所下降，幅度在30%以内。

②2010年2月，绿大地公布2009年度业绩快报，每股收益0.41元，净资产收益率8.14%，每股净资产5.21元，年度净利润6 212万元。

变脸：2010年4月，绿大地再发修正公告，称2009年每股收益－0.85元，平均净资产收益率－19.12%，每股净资产3.94元。

③ 2010年4月28日，净利润被更改为－12 796万元。4月30日，净利润再次被更改为－15 123万元。

绿大地创下了中国证券市场年报变脸新纪录：2009年10月—2010年4月，绿大地披露的业绩预告和快报曾五度反复，由之前的预增超亿元，变更为最后的巨亏1.5亿元。

(2) 2010年年报变脸始末：

2011年2月26日，绿大地首次发布2010年业绩预增公告，预计报告期内实现营业收入和净利润分别是3.72亿元和2 517.92万元。

变脸：2011年4月29日，绿大地将2010年营业收入和净利润分别调低1 350万元和1 070万元。公告称，绿大地2010年实现营业收入3.59亿元，净利润更是下调近五成，至1 447.78万元。

(二) 漏洞百出，频繁更换会计师事务所

2007年10月31日，在中国证监会举行的第157次发审会议上，绿大地成功过会。在成功过会之后的12月6日，绿大地发布正式的招股说明书，并启动新股申购程序，最终以16.49元的价格成功发行2 100万股，募集资金3.46亿元。半个月之后的12月21日，绿大地在深交所中小板挂牌交易，宣告上市成功。

从此后公开的资料不难看出，绿大地自从上市至东窗事发的三年间，一共更换了三次审计机构。其中，负责绿大地IPO招股说明书财务审计的会计机构为深圳鹏城会计师事务所，而当初在绿大地财务审计报告签字的也正是该所的注册会计师。不过，刚刚上市一年的绿大地很快就更换了审计机构，2008年在绿大地年度报告中出具审计报告的是中和正信会计师事务所，而到了2009年年审时，绿大地的审计机构又变成了中审亚太会计师事务所。

二、关于注册会计师审计的法律责任的分析与建议

在上述诉讼案件中，遭受损失的股民在对造假公司本身进行控诉的同时，还把执行相应审计的会计师事务所告上了法庭。那么，会计师事务所究竟应不应该承担法律责任，应当如何承担法律责任，法律责任应该如何界定呢？下面，我们就来讨论这些问题。

（一）注册会计师审计的法律责任形成的重要原因——审计期望差距

信息使用者期望注册会计师的审计可以保证企业财务报告的准确性，保证企业财务状况良好，可以预防和发现公司中的错弊行为。在现实中，信息使用者只要发现自己因受不准确的会计信息误导而利益受损，往往就要把注册会计师推上被告席。但是，一方面，企业经营管理过程的复杂使经济事项不可避免地存在不确定性，这种不确定性使得注册会计师不可能保证经审计的会计信息是准确无误的；另一方面，注册会计师作为一种独立的职业，总要面对众多的客户，时间和成本上的约束使他们不可能对每一个被审计事项都做到事无巨细。由此，注册会计师难以在结果上向信息需求者提供会计信息准确无误的保证，而只能对过程上的公正性和谨慎性作出保证。由此出发，审计业界认为，审计承担的只能是“合理地保证”责任，并不担保经过审计的会计信息没有任何错误，对于遵循了职业准则却未能揭示出的错弊，他们不承担责任。由此，审计委托者、利益相关者、社会公众等对审计质量的期望（公众期望）与注册会计师、会计师事务所、自律组织等对审计质量的期望（业界期望）之间便形成了一种差异，这就是“审计期望差距”。

按照审计期望差距的形成原因，可以进一步将其分解成两部分：一部分是实际执业与专业标准之间存在差距，另一部分是公众对注册会计师的期望标准与专业标准之间存在差距。前者主要是由于受成本的制约，注册会计师可能省略了一部分审计程序，或者是注册会计师主观不遵循审计准则的规定或业务约定书的要求执行审计，违背专业标准等原因造成的所需承担的法律责任，这是注册会计师自身的原因；后者是公众对注册会计师的期望标准过高，注册会计师的行为符合审计准则的规定，却不符合公众的期望而被迫承担的责任。所以，在现实生活中，我们应该从审计期望差距产生的根源入手，来研究注册会计师的法律责任，以便从根本上解决问题。

通过上述审计诉讼案件可以看出，会计师事务所要承担法律责任主要是由

于第一部分（即实际执业与专业标准之间的差距）造成的。在对被审计单位进行审计时，会计师事务所往往没有保持应有的执业谨慎，未能严格遵循审计准则。可以说，会计师事务所要承担法律责任主要是出于其自身的原因。

（二）注册会计师审计的法律责任判定

理论上，判定注册会计师应否承担法律责任以及承担的具体形式，应从两个层面的结合点上考虑问题，一个是审计结果，另一个是审计过程。

1. 以审计结果为基础的层面

这一层面上的含义是，根据注册会计师已审计的会计信息及所提供的审计报告是否存在偏差，以及信息使用者是否因此而遭受损失来判断和确定注册会计师是否承担法律责任以及承担法律责任的具体形式。这一层面由下列具有递进关系的不同情况构成：

（1）审计结果无较大偏差，且信息使用者未受损失；

（2）审计结果无较大偏差，但信息使用者因不当使用会计信息而造成损失；

（3）审计结果存在较大偏差，信息使用者也存在受损的客观事实，但损失不是直接源于审计结果的偏差；

（4）信息使用者存在损失，且损失直接源于审计结果的偏差。

2. 以审计过程为基础的层面

这一层面上的含义是，根据注册会计师在审计过程中是否保持了应有的客观、独立、公正的态度，以及是否依照审计准则的要求，执行了有关审计程序来判断和确定其应否承担法律责任以及承担法律责任的具体形式。这一层面又由下列具有递进关系的不同情况构成：

（1）注册会计师主观上具备了独立、公正的态度，并严格依照审计准则的要求执行了有关审计程序；

（2）注册会计师保持了独立、公正的态度，但没有严格依照审计准则的要求执行有关审计程序；

（3）注册会计师在形式上比较严格地依照审计准则的要求执行了有关审计程序，但是在主观上不具备独立、公正的态度；

（4）注册会计师未保持独立、公正的主观态度，并且没有严格依照审计准则的要求执行有关审计程序。

上述两个层面相互结合，构成了综合判断和确定注册会计师应否承担法律责任以及承担责任具体形式的矩阵关系，如表 1-1 所示。

表 1-1　　判定注册会计师法律责任的矩阵图示

结果＼过程	①	②	③	④
A	不承担责任	行政责任	行政责任	行政责任
B	不承担责任	行政责任	行政责任	行政责任
C	民事责任	民事责任、行政责任	民事责任、行政责任	民事责任、行政责任
D	民事责任	民事责任、行政责任	民事责任、行政责任、刑事责任	民事责任、行政责任、刑事责任

按照上述理论，由于会计师事务所对客户出具的审计报告对相关投资者造成的直接重大损失，以及执行审计的注册会计师未保持独立、公正的主观态度，并且没有严格依照审计准则的要求执行有关审计程序的客观事实，因此，注册会计师既应该承担行政责任，接受政府作出的行政处分，也应当承担民事责任，对遭受损失的股民进行连带赔偿。如果存在欺诈的事实并造成相关投资者重大经济损失，还应追究刑事责任。只有完善民事赔偿机制、加大惩处力度，使注册会计师的连带赔偿损失远远大于由于减少部分审计程序而获得的收益，才能从根本上保证他们保持职业谨慎、遵循审计准则和履行必要的审计程序。

（三）注册会计师审计的法律责任规范

要维护业界的声誉，减少审计风险及法律诉讼，一方面，要依靠会计师事务所及注册会计师的努力，即会计师事务所要严守诚信，维护业界声誉；加强风险意识，慎重选择客户；注册会计师要加强业务知识的学习，强化法律意识，严格按照审计准则进行审计业务。另一方面，也要加大对审计工作的宣传，使社会公众能够真正了解它，减小“审计期望差距”。具体而言，应该同时从以下几个方面作出努力。

1. 消除“审计期望差距”，需要社会各界的共同努力

“审计期望差距”是会计师事务所面临法律诉讼、承担法律责任的一个重要原因。在“审计期望差距”中，有一部分是注册会计师本身的原因造成的实际执业与专业标准之间的差距，这部分差距要靠会计师事务所及注册会计师的自身努力来消除；“审计期望差距”中还有一部分是社会公众对审计工作的要求过高造成的，他们基于自身利益，或者是由于对审计工作不甚了解，因此对社会审计工作的要求到了一种近乎完美的地步，但实际上完美是不可能实现的。这一部分的“差异”，只能通过对社会公众进行审计专业知识的普及宣传，使他们对审计职业有一个正确的认识来消除。这需要国家、审计界、广大媒体的大力

协助。

2. 注册会计师本身应提高业务素质，增强专业技能，强化风险意识，严格执行审计准则

注册会计师在执行审计业务的过程中要时刻想到，工作稍有疏忽或不公就很有可能在将来为此承担法律责任。因此，必须十分严格地按照审计准则来执行审计业务，培养良好的职业道德，谨慎、认真而又警惕地处理审计过程中的每一个步骤及其具体业务，保持应有的职业谨慎，强化风险意识。

3. 会计师事务所应注重自身的完善

会计师事务所要不断完善自身的运营管理。首先，会计师事务所应健全风险保障制度，提高风险承受能力。从表 1-1 中可以看到，会计师事务所承担民事赔偿责任的概率较高。并且，随着我国民事赔偿机制的不断完善，会计师事务所承担民事赔偿的额度也会越来越大。一旦面临民事赔偿，就会给会计师事务所的日常经营造成很大压力。所以，会计师事务所应当事先提取一部分风险基金来应对将来可能出现的民事赔偿，保证会计师事务所的正常运营。另外，毕竟我们无法要求所有的注册会计师都是精通法律的全才，因此，在执业过程中，会计师事务所应聘请熟悉审计人员法律责任、有经验的律师共同参与分析所有潜在的危险，争取防患于未然；一旦发生法律诉讼，有律师的参与也将使会计师事务所和注册会计师的损失降到最低限度，甚至反败为胜。其次，会计师事务所应完善合伙制，将注册会计师的经济利益与会计师事务所的经济利益紧密地结合在一起，这样就可以在一定程度上减少单个注册会计师为了个人利益而不顾事务所整体利益的“个人驱利行为”，从而增强会计师事务所的内部控制，提高审计质量。

案例 3　科龙电器审计案例

一、案例内容与过程

（一）主要会计问题

经中国证监会查明，广东科龙电器股份有限公司（以下简称科龙电器）披露的 2002 年、2003 年、2004 年的年度报告存在以下虚假记载、重大遗漏等违法事实。

1. 编造虚假财务报告，虚增利润

科龙电器采取虚构主营业务收入、少计坏账准备、少计诉讼赔偿金等手段编造虚假财务报告，导致其2002年年度报告虚增利润11 996.31万元，2003年年度报告虚增利润11 847.05万元，2004年年度报告虚增利润14 875.91万元。

(1) 2002—2004年，科龙电器通过对未真实出库销售的存货开具发票或销售出库单，并确认为收入的方式虚增年度报告的主营业务收入、利润。

(2) 2003—2004年，科龙电器通过虚构与珠海德发空调配件有限公司、珠海隆加制冷设备有限公司的废料销售业务虚增年度报告的利润。

(3) 2003年，科龙电器通过少计坏账准备虚增年度报告的利润。

(4) 2003年，科龙电器通过少计诉讼赔偿盘虚增年度报告的利润。

2. 现金流量表披露存在重大虚假记载

2003年，科龙电器将产品在子公司之间进行买卖，并以此贸易背景开具银行承兑票据和商业承兑票据到银行贴现，获取大量现金。科龙电器的现金流量汇总表并未如实反映上述现金流。据统计，科龙电器2003年年度报告合并现金流量表少计借款所收到的现金302 550万元，少计偿还债务所支付的现金213 573万元，多计经营活动产生的现金流量净额88 976万元。

3. 未披露会计政策变更等重大事项，也未披露与关联方共同投资、购买商品等关联交易事项

(1) 科龙电器2002年年度报告未披露维修保证金会计政策变更事项。2002年9月，科龙电器变更了维修保证金会计核算政策。科龙电器未在2002年年度报告中披露会计政策变更的内容、理由及影响数。

(2) 科龙电器对涉及广东格林柯尔企业发展有限公司（原顺德格林柯尔企业发展有限公司）所持科龙电器股份的重大事项未履行临时报告和公告义务，也未在2004年年度报告中披露。

(3) 科龙电器2002年、2003年年度报告未披露江西科龙与关联方江西格林柯尔资本有限公司共同投资的事项，2003年、2004年年度报告未披露使用关联方巨额资产的事项。

(4) 科龙电器2004年年度报告未披露珠海科龙电器股份有限公司与关联方珠海格林柯尔（工业园）有限公司共同投资事项。

(5) 科龙电器对向合肥美菱股份有限公司采购冰箱等产品79 139万元的关联交易事项未履行临时报告和公告义务，也未在2003年年度报告中披露。

(6) 科龙电器对科龙空调从江西科盛工贸有限公司购买格林柯尔R411C制冷剂的关联交易事项未履行临时报告和公告义务，也未在2004年年度报告中

披露。

（二）主要审计问题

2005年年底，中国证监会对德勤会计师事务所（以下简称德勤）的调查基本完成，基本认定德勤对科龙电器审计过程中存在的主要问题包括：审计程序不充分、不适当，未发现科龙电器现金流量表的重大差错等。其中包括五处“硬伤”：

（1）德勤对科龙电器存货及主营业务成本执行的审计程序不充分、不适当。德勤对科龙电器各期存货及主营业务成本进行审计时，直接按照科龙电器期末存货盘点数量和各期平均单位成本确定存货期末余额，并推算出科龙电器各期主营业务成本。在未对产成品进行有效测试和充分抽样盘点的情况下，德勤通过上述审计程序对存货和主营业务成本进行审计并予以确认，其审计方法和审计程序均不合理。

（2）德勤在存货抽盘过程中缺乏必要的职业谨慎，确定的抽盘范围不适当，执行的审计程序不充分。德勤在年报审计过程中实施抽样盘点程序时，未能确定充分有效的抽样盘点范围，导致其未能发现科龙电器通过压库方式确认虚假销售收入的问题。存货监盘也是一项重要的审计程序，如果进行账实相符核查，科龙电器虚增的主营业务利润其实并不难发现。

（3）德勤在对应收账款及主营业务收入审计过程中执行的程序不充分，函证方法不当。收入的确认应该以货物的风险和报酬是否转移为标准，一般来说，仅以“出库开票”确认收入明显不符合会计准则。德勤在对科龙电器2003年年报进行审计时，就存货已出库未开票项目向四家客户所发的询证函中，客户仅对询证函的首页盖章确认，但该首页没有对后附明细列表进行金额或数量的综述。因此，调查人员认为该类询证函的回函结果不能满足发函的目的。如果一项销售行为不符合收入确认原则，就不应确认为收入，未曾实现的销售确认为当期收入必然导致利润虚增。科龙电器销售收入确认问题，体现出德勤未能恰当地解释和应用会计准则，同时也说明德勤未能收集充分适当的审计证据。对较敏感的“销售退回”事项，德勤也没有实施必要的审计程序，致使科龙电器通过关联交易利用销售退回大做文章，转移资产，虚增利润，这也是德勤所不能回避的错误。德勤在对科龙电器进行审计时，没有对各年未进行现场审计的分公司执行其他必要的审计程序，无法有效确认其主营业务收入实现的真实性及应收账款等资产的真实性。

（4）德勤对科龙电器内部票据贴现未能给予适当关注，未发现科龙电器

2003 年现金流量表重大差错问题。在执行审计程序等方面，德勤的确出现了严重纰漏，对科龙电器的审计并没有尽职。中国证监会委托毕马威会计师事务所所做的调查显示：2001 年 10 月 1 日至 2005 年 7 月 31 日期间，科龙电器及其 29 家主要附属公司与格林柯尔系公司或疑似格林柯尔系公司之间的不正常重大现金流出总额约为 40.71 亿元，不正常的重大现金流入总额约为 34.79 亿元，共计 75.5 亿元，而这些在德勤 3 年的审计报告中均未反映。

（5）针对科龙电器 2003 年度确认对合肥维希的销售收入 30 484 万元，德勤并未对其出具的 2003 年度审计报告进行更正或相关处理。另外，其 2004 年度审计报告中保留意见金额错误。

二、案例分析与建议

（一）玩火者必自焚

2005 年 9 月 2 日，经佛山市人民检察院批准，佛山市公安局对科龙电器前董事长顾雏军、执行董事严友松、张宏及原管理人员姜源、晏果如、刘科、刘义忠等执行逮捕。2006 年 7 月 5 日，中国证监会就“科龙电器披露的 2002 年、2003 年、2004 年年度报告存在虚假记载、重大遗漏等违法事实”，对科龙电器处以 60 万元罚款；对顾雏军给予警告、30 万元罚款，并实施永久性市场禁入；对严友松等人给予警告、20 万元罚款，并实施 10 年市场禁入；对其他责任人员分别给予警告、5 万～20 万元不等的罚款。2008 年 1 月 30 日，科龙电器原董事长顾雏军被佛山市中级人民法院判处 10 年有期徒刑（被判 12 年执行 10 年），并处罚款 680 万元。同案另外 8 名被告亦均领刑。2008 年 11 月 13 日，顾雏军因未交科龙电器案受理费被判自动放弃上诉。2009 年 6 月 11 日，在广州市中级人民法院法官主持下，被告科龙电器公司与 A 股股东达成全面和解。

（二）小心驶得万年船

德勤对科龙电器的审计失败，再次说明了会计师事务所审计风险防范的重要性。目前审计师面临的审计环境发生了很大变化。一方面，企业组织形式纷繁复杂和经营活动多元化，要求审计师提高自身的风险防范意识与能力，会计师事务所要强化审计质量控制；另一方面，会计师事务所在证券民事赔偿方面的法律责任需要进一步明确。面对目前独立审计行业的系统性高风险，无论国际会计师事务所还是国内会计师事务所均难幸免。财务丑闻中不能排除有审计人员参与或协助造假，或有审计质量问题，但也不能否认审计人员也会成为造假公司的受害者。

导致上市公司审计失败的最主要原因有两个：一是审计结果是错误或者不恰当的；二是审计师在审计过程中没有遵循独立审计的原则，或者审计过程中存在明显的过错甚至欺诈行为。因此，增强风险意识，通过完善制度、提高质量来推动独立审计的良性发展，是化解审计风险之根本。

CHAPTER

2 第二章 审计业务承接和审计计划案例分析

通常情况下，会计师事务所和注册会计师在接受委托前，应对首先对被审计单位的基本情况进行较为全面的了解，以决定是否接受委托。若决定接受委托，前面的了解工作也为此后进一步的审计工作做好了准备，因而这一步是必需的。

注册会计师应从以下几个方面了解被审计单位的基本情况：

(1) 行业状况、法律环境与监管环境以及其他外部因素；

(2) 被审计单位的性质；

(3) 被审计单位对会计政策的选择和运用；

(4) 被审计单位的目标、战略以及相关经营风险；

(5) 被审计单位财务业绩的衡量和评价；

(6) 被审计单位的内部控制。

案例4 三元会计师事务所承接审计业务的前期调查

一、背景介绍

三元会计师事务所是一家拥有证券业审计资格的会计师事务所。该所现有员工136人，其中注册会计师68人，同时拥有工程师、律师等各行业专家资格者15人，属于中等规模的会计师事务所，客户来源较为稳定。事务所在决定接受一项审计委托前，通常需要先对委托企业的情况进行全面了解，以评价审计风险和确定可审性。对这一环节的工作予以规范的审计准则主要是《中国注册会计师审计准则第 1211 号——了解被审计单位及其环境并评估重大错报风险》。在实务中，三元会计师事务所依据准则的要求来指导其调查工作。《中国注册会计师审计准则第 1211 号——了解被审计单位及其环境并评估重大错报风险》于 2007 年 1 月 1 日开始执行，目的在于规范注册会计师在财务报表审计中了解被审计单位的情况并评估重大错报风险，提高审计效率，保证审计质量。

三元会计师事务所此次调查主要是以审计约定项目为目的，并在可能的情况下为编制审计计划做准备。本案例中进行前期调查的对象是通达股份有限公司（以下简称通达公司）。通达公司是 2002 年 6 月 10 日在上交所上市的一家企业，上市以来业务扩张较为迅速，其主营业务为城建环保工程，2012 年度主要承办了污水处理工程。三元会计师事务所首次接受通达公司的委托，审计该公司 2012 年度的财务报表。通达公司以前年度的年报一直由新华会计师事务所审计，因负责通达公司审计的注册会计师已离开该事务所出国进修，通达公司董事会决定自 2012 年开始改由信誉较好的三元会计师事务所接手进行审计。三元会计师事务所接到委托邀约后，考虑到通达公司是新客户，对其情况还不太了解，决定委派注册会计师张敏担任通达公司前期调查的外勤主管，带领审计人员刘军、赵新蕊、王晓三人进入通达公司，进行前期调查，以确定是否接受该公司的审计委托。

二、案例内容与过程

张敏接到会计师事务所下达的任务后，根据上述审计目标，拟订了工作实施计划，下达到调查小组的每一位成员。在与通达公司管理当局取得联系，于次日进驻现场。调查小组根据审计准则的规定及被审计单位的具体情况，了解了以下情况：

（一）公司性质

到达现场后，调查小组立即与单位各部门有关负责人进行座谈，了解公司的基本情况，在人员安排及各部门支持上予以确认，并将需被审单位填写的有关表格交付其填写。形成的工作底稿部分如下所示（其他相关审计工作底稿略）：

通达股份有限公司基本情况

通达公司成立于 1997 年 3 月 20 日，是由通达设备总厂、光华噪声控制设备厂和樱花特种电材厂共同发起，以定向募集方式设立的股份公司。公司的注册资金为160 000万元，其中法人股为140 000万股，内部职工股为20 000万股。2002年4月20日，经中国证监会批准，向社会公众发行A股26 000万股，并于同年6月12日在上交所上市。公司近年来股本扩张较快，截至2012年12月31日，总股本为286 000万股。

股份公司下设2个全资子公司、5个控股子公司。2个全资子公司为华美制药厂和联华房屋开发公司，5个控股子公司为利华特种环保设备制造有限公司、湖山净水设备制造有限公司、司美特种线材有限公司、宁静噪声控制设备有限公司和玉龙环保设备制造有限公司。

公司主营业务为承接环保工程，并生产、销售与工程配套的设备和相关产品。截至2012年12月31日，股份公司投资情况如表2-1所示。

表2-1　　通达公司投资情况

2012年12月31日　　金额单位：万元

单位名称	注册资本	投资成本	股权比例
华美制药厂	6 420	6 420	100%
联华房屋开发公司	4 220	4 220	100%
利华特种环保设备制造有限公司	13 800	8 280	60%
湖山净水设备制造有限公司	350*	1 617	70%
司美特种线材有限公司	1 600	1 040	65%
宁静噪声控制设备有限公司	5 000	4 500	90%
玉龙环保设备制造有限公司	2 000	1 900	95%

*金额单位为美元。

（二）查阅前任注册会计师的审计工作底稿

经张敏与通达公司协商，通达公司同意其调阅以前年度审计档案，但由于以前负责该项目审计的注册会计师已出国进修，难以取得联系，而与前任新华会计师事务所沟通时又受阻，因而最终未能调阅前任注册会计师的审计档案。因此，调查小组无法通过与前任注册会计师的沟通，来确定其调查工作的重点和主要风险领域。于是在此次调查中，张敏安排审计人员严格按照销售与收款循环、购货与付款循环、生产与存货循环和筹资与投资循环对上市公司及其子公司的情况进行全面调查。

（三）了解内部控制

通过初步调查，调查小组了解到：

（1）通达公司的组织结构是完善的，董事会下设的专业委员会符合《中国上市公司治理准则》的规定。

（2）通达公司在实际生产经营中有一定的运作程序（尚未对其进行测试），但会计与财务方面的控制制度不完善，有些关键控制点没有规定与采取控制措施。如对货币资金的账账、账实、账单核对未作具体规定。

（3）通达公司管理层在处理违反公司行为守则及相关制度上，没能做到一视同仁，而是有的严格，有的宽松。

（4）通达公司会计核算分为设备总厂、控制设备厂和特种电材厂三个核算单位，分立账簿、分别核算、各自纳税，股份公司报表即为三个单位的汇总报表。

（5）通达公司建立了管理层与治理层之间的沟通制度，但该制度较为抽象。

（6）通达公司授权、业绩评价、信息处理、实物控制和职责分离等相关控制活动整体上是完整的，但有些方面缺乏可操作性。如对于授权没有具体区分一般授权和特别授权，而是笼统规定了授权的基本程序和内容，这使得一些特定类别的交易或活动未能通过特别授权得到有效控制。

（7）通达公司设立了内部审计部门，内部审计部门对公司内部控制的设计与执行进行专门评价。

（四）了解企业重要会计政策的选择与运用

在对各业务循环的了解过程中，调查小组各相关人员关注了企业会计政策的选择与应用情况，并记录如下。

（1）销售收入的确认：

产品销售：公司已将产品所有权上的主要风险和报酬转移给购货方，公司不再对该产品实施继续管理权和实际控制权，相关的收入已收到或取得了收款的证据，并且与该产品有关的成本能可靠地计量。当同时满足上述条件时，确认营业收入。

环保工程收入：按完工进度确认收入。

（2）存货核算方法：存货包括在生产经营过程中为销售或耗用而储备的原材料、包装物、在产品、产成品等。存货按实际成本计价，发出原材料、产成品采用加权平均法。公司未提取存货跌价准备。

（3）坏账准备：公司的坏账损失采用直接转销法核算，不符合有关规定。如果按规定合理计提坏账准备，将会影响利润520万～736万元。

（4）长期股权投资：对被投资单位实施控制的长期股权投资，对被投资单位不具有共同控制或重大影响并且在活跃市场中没有报价、公允价值不能可靠计量的长期股权投资，采取成本法核算；对被投资单位具有共同控制或重大影响的长期股权投资，采取权益法核算。公司未计提长期投资减值准备。

(5) 持有至到期投资：持有至到期投资按实际成本核算，投资收益按公允价值核算。

(6) 固定资产及其折旧方法：固定资产按实际成本计价，采用直线法计提折旧，公司未计提固定资产减值准备。各类折旧年限及折旧率如表 2-2 所示。

表 2-2　　固定资产折旧年限及折旧率

资产类别	使用年限（年）	年折旧率（%）	残值率（%）
房屋建筑物	40	2.38	5
机器设备	13	7.31	5
运输设备	10	9.50	5

(7) 在建工程：按各项工程实际发生的支出核算，在建筑期内发生的借款利息支出和外汇折算差额计入工程成本。公司未计提在建工程减值准备。

(8) 无形资产及长期待摊费用：无形资产按合同或协议规定的年限摊销，长期待摊费用按受益期摊销。公司未计提无形资产减值准备。

(9) 交易性金融资产：按实际支付的价格，扣除已宣告发放但尚未领取的现金股利或已到付息期但尚未领取的债券利息。

(五) 财务报表主要项目资料的搜集

张敏对小组成员进行分工，分三组对财务报表主要项目的总体情况进行搜集，形成资料如下（其他项目内容略）。

(1) 主要销售收入及成本。具体情况如表 2-3 所示。

表 2-3　　主要销售收入及成本

2012 年度　　单位：万元

项　　目	收　　入	成　　本
总收入	344 770	279 020
其中：甲污水工程（一期）	120 000	86 000
甲污水工程（二期）	210 000	180 620
65 型浮选机	6 320	5 300
G 除尘机组	7 240	6 400
其他	1 210	700

(2) 补贴收入。补贴收入为甲污水处理补贴 6 500 万元。

(3) 应收账款情况。应收账款总额为 104 690 万元。主要欠款单位及其欠款金额如表 2-4 所示。

表 2-4　　主要欠款单位及金额

2012 年 12 月 31 日　　单位：万元

单　　位	金　　额
M 市建委（T 污水处理工程一期款）	110 000
M 市建委（T 污水处理工程二期款）	160 750
A 钢铁集团	3 650

（六）实地巡视被审计单位工程及管理现场以及盘点

调查小组成员实地观察了通达公司的工程及管理现场，了解到通达公司正在进行的甲污水处理二期工程基本没有施工进度。此外，调查小组还对通达公司的重要资产进行了抽查盘点，发现工程物资的管理较为混乱，毁损缺失的情况严重。

（七）对重大相关事项的关注

1. 对被审计单位管理当局的诚信正直及其经验能力的关注

被审计单位管理当局的诚信正直及其经验能力，是评价委托业务审计风险的关键因素之一。在对通达公司进行前期调查的过程中，张敏根据小组调查的情况，对以下可能会增加委托业务审计风险的因素予以了关注：

（1）参与非法活动；

（2）经常更换银行、律师或注册会计师；

（3）高级管理人员在生活上遇到重大困难；

（4）具有冒险倾向，且经常参与高风险业务；

（5）高级管理人员近期发生重大或非预期的变动；

（6）缺乏经验能力。

通过对以上各项的关注，调查小组发现：第一，公司自上市以来更换注册会计师一次。第二，原任财务总监由通达公司送到国外深造，自 2012 年 4 月起由新任财务总监接任。其他董事会成员未发生较大幅度变动。第三，通达公司有 3 000 万元用于炒期货，属于高风险投资。除此之外，未发现其他重大异常及可疑情况。

2. 对与行业环境有关的因素关注

一些与公司业务性质及行业环境有关的因素可能增加委托业务的审计风险。张敏就以下问题进行关注，并作出相应记录（具体内容略）：

（1）公司的经营周期；

（2）公司所在行业的固有风险；

(3) 公司财务状况及盈利能力及其与同行业其他企业相比所处的水平;

(4) 公司股东之间是否有纠纷,股权是否频繁转让;

(5) 公司所涉及的重大诉讼案件;

(6) 公司重大会计估计涉及的主观性、复杂性和不确定性是否超出了正常水平。

3. 对与审计风险相关的其他重要事项的关注

一般来说,如果有迹象表明被审计单位面临严峻的财务困境,或在可预见的将来难以持续经营,或管理当局受到异常的外界压力,则委托业务的审计风险将增大。于是张敏在调查过程中,着重关注并询问企业是否存在以下问题:

(1) 经营状况日趋恶化,现金流量入不敷出,长期未能向其股东分配利润;

(2) 资金匮乏,融资能力低下,难以筹集到必要的资金;

(3) 逾期债务增多,偿债能力低下,资金严重依赖关联企业;

(4) 过多地依赖出售经营性资产来获取经营活动所必需的资金;

(5) 关联交易频繁,利润严重依赖于关联交易;

(6) 主要顾客和顾客群体遭受重大损失,难以与其维持正常的商业关系;

(7) 收益的确定和财务状况的计量过分依赖会计估计;

(8) 高级管理人员薪酬及经营业绩的考核主要取决于被审计单位的经营成果;

(9) 盈利预测过于乐观,股价异常波动,公众对被审计单位存在过高的期望。

调查了解以上各项的具体情况后,张敏作出以下记录:第一,公司近年一直未分配股利,但资金运转目前尚无发生困难的明显迹象;第二,调查过程中发现股份公司与子公司、环保集团之间,子公司与子公司、集团及其所属公司之间,关联交易频繁,主要为资金调拨、贷款担保事项;第三,董事会公告中股份公司承建甲污水处理工程 33 亿元,实际工程由集团承建;第四,调查过程中发现股份公司对于收入成本的估算有明显不合理处;第五,盈利预测缺乏合理依据,显然难以实现。

(八) 汇总调查中发现的主要问题

通过上述调查程序,张敏根据小组的记录,将调查发现的与审计风险有关的主要问题汇总如下。

1. 股份公司收入与成本不实

(1) 承建环保工程收入的确认与成本的结转并没有严格按照完工进度核算,并且缺乏应有的工程进度报告。

第一，甲污水处理一期工程少结转成本 6 860 万元，一期工程已于 2012 年 6 月竣工，并办理了工程结算。

第二，对于甲污水处理二期工程，2012 年度公司按支付的工程成本占工程总概算的比例确定完工进度并确认工程收入。对于工程成本，经注册会计师抽查相关凭证，其中记入应付账款、其他应付款（共计 32 650 万元）的凭证后均缺少应有的工程物资入库单等附件，集团公司垫付的工程款 28 000 万元没有相应的清单，查看工程现场，工程基本没有施工进度。因此，成本不实，相关收入不能确认。

（2）其他产品销售收入有待确定。根据注册会计师对销售部门的调查了解，浮选机及除尘机组等产品销售后需要有较长时间的调试期，而公司则在开具销售发票后即确认收入，与《企业会计准则第 14 号——收入》的要求不符。

2. 专项借款的用途

表 2-5 反映的是通达公司 2011 年 12 月 1 日向银行借入的专项借款及后来的使用情况。

表 2-5　　专项借款使用情况　　单位：万元

项　目	实际投资	备　注
浮选机扩产技改项目	6 400	未实质性开工
SGL 系列过滤器生产技改项目	3 700	实际投入其他专项中
高分子絮凝剂扩产技改项目	3 980	项目进度慢
HM-RO 系列纯净饮水机扩产技改项目	6 230	项目中途停工

3. 补贴收入的可能性

2010 年年底，M 市建委、市财政局将污水处理厂的优良资产转让给股份公司经营管理，将全市征收的排污费 1 亿元划归股份公司作为管理、营运费用，扣除营运费用后按比例返还税后利润（M 市建委发〔2010〕232 号）。2011 年根据市长办公会议纪要〔2011〕53 号文件决定，M 市以每年 14 000 万元的资金连续 10 年作为对股份公司的补贴投入（至今尚未形成正式文件）。公司依据此会议纪要每年计补贴收入。经查阅 2011 年度补贴情况，款项确已收到。

4. 与 G 公司的往来

2012 年 11 月，通达公司公告与中国 G 环境发展中心签署协议成立 G 特种环保设备有限公司（以下简称 G 公司），股份公司出资 7 000 万元，占 70%的股权，主要组织环保设备开发及承包综合污水处理工程。经了解，G 公司原为国家环保局的直属单位，2012 年与国家环保总局脱钩，由通达环保公司接管，正在办理相关手续。

（九）其他重要问题的记录

此外，张敏对在调查过程中发现的其他重要问题列示如下：

（1）董事会公告中股份公司承建甲污水处理工程33亿元，实际工程由集团承建。

（2）股份公司与子公司、环保集团之间，子公司与子公司、集团及所属公司之间，关联交易频繁，主要为资金调拨、贷款担保事项。

（3）其他应收款中有应收北方证券公司2 500万元，北方证券公司认为是股份公司对其投资入股款，股份公司不认同，双方未有任何协议。

（4）母公司报表为3个厂的汇总报表，未对内部往来和内部交易进行抵销。

（十）评估重大错报风险

调查小组还了解到以下表明通达公司可能存在重大错报风险的事项和情况：

（1）重要客户发生流失；

（2）现有会计人员的胜任能力受到公司有些员工的质疑；

（3）安装了新的与财务报告有关的重大信息技术系统；

（4）应用2006年颁布的《企业会计准则》。

根据这些事项或情况以及上述所了解到的问题，调查小组在综合分析的基础上，认为通达公司存在与财务报表整体相关的重大错报风险。

（十一）确定通达公司的可审性和自身胜任能力

张敏将调查结果上报后，三元会计师事务所对通达公司的可审性进行分析与评估，确定通达公司进行年报审计可接受的审计风险水平确定为5%，重大错报风险确定为40%，则可接受的检查风险为12.5%，即：

$$检查风险=\frac{审计风险}{重大错报风险}=\frac{5\%}{40\%}=12.5\%$$

通过以上量化分析，通达公司检查风险是三元会计师事务所可以接受的，会计师事务所仍具有较强的胜任能力，且初步商定的审计收费较为合理。于是，三元会计师事务所决定接受通达公司的委托，并签订了审计业务委托书。

三、案例分析与建议

（一）前期调查中需要解决的问题及目的

在实务中，前期调查是为了使注册会计师在接受委托前，对被审计单位所有者及其构成、组织结构、生产与业务流程、经营管理情况和所处经济环境、所在行业的情况有一个初步了解。对于每一个调查项目而言，还要根据具体的目的来确定调查工作的细致程度。

在前期调查中，注册会计师主要针对的问题包括：被审计单位背景情况、组织机构、投资情况和经营情况，以确定审计范围；被审计单位的会计核算体系；初步了解被审计单位的内部控制，并在此基础上评价固有风险和控制风险，以制定初步的审计策略；对财务报表的主要项目进行分析程序；对重要事项进行细致调查和相应的记录；督促被审计单位提供完善的材料；确定是否尚存在遗留问题。注册会计师在对以上问题调查基础上，形成相应的审计工作底稿，由项目经理汇总情况，编制前期调查备忘。

一般而言，前期调查备忘应包括以下内容：公司背景，主要业务循环的内部控制，会计制度和主要会计科目的核算方法，发现的主要问题及其对利润的影响程度，重点的审计领域及说明，审计风险的评估，主要问题的解决方法等。

前期调查的目的主要有两个：一是对被审计单位进行一般了解，评估约定项目审计风险，以决定是否接受委托；二是对被审计单位的情况进行具体了解，调查其内部控制，评价被审单位的控制风险，为编制审计计划作准备。

在本案例中，前期调查的主要目的是决定是否接受审计委托，在时间许可的情况下，调查小组的工作负责人如果认为被审计单位可审性较强的话，则应该尽可能拓宽调查工作的涉及面，以便为下一步编制审计计划提供有用的依据。尽管是否接受委托最终要由会计师事务所的主任或副主任会计师来作决定，但注册会计师现场工作中的判断始终是不容忽视的。在本案例中，张敏除对重大问题进行汇报之外，还对企业的各个环节都作了较多的了解，以便于下一步编制审计计划，他认为该公司尽管存在较多问题，但依三元会计师事务所的胜任能力来看，仍具有较大的可审性。

（二）一般合伙人或主任会计师的责任

在具体项目的审计中，一般合伙人或主任会计师不会亲自担任审计项目的具体审计业务，但最终却要承担起全部的审计责任。如何使合伙人或主任会计师有能力控制审计风险，承担起审计责任呢？这关键在于以下三个环节的落实：一是合伙人或主任会计师要直接或间接地了解被审计单位的基本情况，并与项目经理一起讨论和制订审计计划；二是解答审计工作中外勤审计人员的重大问题请示；三是签发审计报告前的复核。在本案例中，通过调查小组对被审计单位进行了解，然后对重大问题形成书面记录，由项目组长汇总请示相关合伙人或主任会计师，最终确定是否接受委托。

（三）决定是否接受委托，制订计划，落实工作

注册会计师在实施前期调查后，根据前期调查的情况，最终决定是否接受委托。会计师事务所如果能够驾驭和控制此项目的审计风险，应根据前期调查的情况，制订审计计划，实施审计工作。

案例5　光华公司总体审计策略的确定

一、背景介绍

三元会计师事务所接受光华公司的委托，审计光华公司2012年度的财务报表。三元会计师事务所已在前期调查中取得了该企业的相关重要资料。注册会计师王东是该项目的负责人，董鑫、徐彤、赵敏为项目组成员。现需要对所获取的信息进行分析比较，以便拟定总体审计策略。

对这一阶段的工作予以规范的相关审计准则主要有《中国注册会计师审计准则第1201号——计划审计工作》和《中国注册会计师审计准则第1313号——分析程序》。《中国注册会计师审计准则第1201号——计划审计工作》自2007年1月1日起开始实施，目的在于规范注册会计师编制审计计划，及时、有效地执行审计业务。该准则第四条规定：计划审计工作包括针对审计业务制订总体审计策略和具体审计计划，以将审计风险降至可接受的低水平。此外，为了规范注册会计师在财务报表审计中运用分析程序，提高审计效率，保证执业质量，财政部还颁布了《中国注册会计师审计准则第1313号——分析程序》，于2007年1月1日开始实施。该准则第三条对分析程序的定义是：注册会计师通过研究不同财务数据之间以及财务数据与非财务数据之间的内在关系，对财务信息作出评价。在计划审计工作阶段，注册会计师应当运用分析程序，进一步了解被审计单位的业务情况，识别潜在的风险领域。

在实际工作中，三元会计师事务所的质量标准部要求审计小组严格依据审计准则的要求来执行这一阶段的分析及计划工作。

本案例介绍总体审计策略的编制过程与方法，重点在于对未审财务报表进行总体分析，以判断审计中可能存在的重大问题，确定重点审计领域，最终形成审计总体策略。

二、案例内容与过程

王东在取得相关数据的基础上，安排董鑫、徐彤对光华公司的财务报表项目进行趋势分析性测试，在此基础上形成总体审计策略。具体分析过程如下。

（一）审阅财务报表，进行初步直观的总体分析

董鑫把光华公司2012年的主要数据与上年的相关数据进行对比，从总体上进行分析，编制趋势分析表如表2-6、表2-7所示。

表2-6　　　　　　　　趋势分析表（1）　　　　　　　　金额单位：万元

被审计单位名称	财务报表期间	工作底稿索引号
光华公司	截至2012年12月31日	Z2-5-1

编制人及复核人员签字：

编制人：董鑫	日期：2013年1月25日
复核人：王东	日期：2013年1月30日
项目质量控制复核人：李璐	日期：2013年2月1日

财务报表项目	2011年	2012年	2012年比2011年		说　明（说明栏仅分析增减比例超过10%以上的项目）
	已审数	未审数	增长金额	增长%	
	①	②	③=②-①	④=③/①	
营业收入	76 000	56 000	-20 000	-26.3	2012年度未审财务报表项目与2011年度已审财务报表项目的比较分析： 1. 营业收入、营业成本同比分别减少了26.3%、27.1%，致使营业利润也减少了20%，说明本年度光华公司产品销售情况不良，审计时应关注影响销售的因素，以及销售如何影响本年度利润情况。 2. 利润总额、净利润同比分别减少了422.2%、469.1%，说明除了要关注本年销售对利润的影响外，还要关注其他业务利润、费用、营业外支出对本年利润的影响。 3. 存货余额同比减少了16.5%，营业成本减少27.1%。 4. 速动资产同比增加18.7%，与应收账款增加基本同步，合理。 5. 在建工程同比减少43.1%，审计时要关注在建工程的减少对利润的影响。
营业成本	59 000	43 000	-16 000	-27.1	
营业利润	15 000	12 000	-3 000	-20.0	
利润总额	630	-2 030	-2 660	-422.2	
净利润	550	-2 030	-2 580	-469.1	
存货	46 000	38 400	-7 600	-16.5	
应收账款	43 690	50 970	7 280	16.7	
速动资产	45 320	53 810	8 490	18.7	
流动资产	104 250	110 040	5 790	5.6	
流动负债	100 170	103 950	3 780	3.8	
固定资产	90 700	93 620	2 920	3.2	
在建工程	3 640	2 070	-1 570	-43.1	
资产总额	165 670	170 750	5 080	3.1	
负债总额	126 720	132 550	5 830	4.6	
实收资本	26 840	28 120	1 280	4.8	
净资产额	38 970	38 180	-790	-2.0	

表 2-7　**趋势分析表（2）**　金额单位：万元

被审计单位名称	财务报表期间	工作底稿索引号
光华公司	截至 2012 年 12 月 31 日	Z2-5-2

编制人及复核人员签字：

编制人：董鑫	日期：2013 年 1 月 25 日
复核人：王东	日期：2013 年 1 月 30 日
项目质量控制复核人：李璐	日期：2013 年 2 月 1 日

财务报表项目	2011 年		2012 年		增减数（百分点）	说明
	已审数	所占比重%	未审数	所占比重%		
	①	②	③	④	⑤=④-②	
流动资产	104 250	62.93	110 040	64.45	1.52	2012 年度未审财务报表项目与 2011 年度已审财务报表项目的比较分析：资产、负债和权益各项目前后各期变动不大，无重大异常波动。
长期股权投资	1 110	0.67	1 110	0.65	-0.02	
固定资产净额	55 710	33.63	54 710	32.04	-1.59	
在建工程	3 640	2.20	2 070	1.21	-0.99	
无形资产	960	0.58	2 820	1.65	1.07	
资产合计	165 670	100.00	170 750	100.00		
流动负债	100 170	79.07	103 950	78.43	-0.64	
长期负债	26 520	20.93	28 590	21.57	0.64	
负债合计	126 690	100.00	132 540	100.00		
实收资本	26 840	68.86	28 120	73.59	4.73	
其他权益	12 140	31.14	10 090	26.41	-4.73	
权益合计	38 980	100.00	38 210	100.00		

说明："说明"栏仅对增减比例超过 10%的项目加以分析。

（二）根据确定的指标和要求，完成选定数据的计算

王东认为有必要再对一些重要指标进行比较，以确认这些指标的变动是否合理，是否与在前期调查中所掌握的企业经营状况的变化情况一致。王东安排审计人员徐彤对公司财务报表的主要经济指标进行计算，与上年度相应数据进行对比，考虑其变化内容是否在审计人员的预期之内，并得出分析结论。徐彤编制的重要指标比率分析表如表 2-8 所示。

表 2-8　　　　　　　　重要比率指标趋势分析表

被审计单位名称	财务报表期间	工作底稿索引号
光华公司	截至 2012 年 12 月 31 日	Z2-5-3

编制人及复核人员签字：

编制人：徐彤	日期：2013 年 1 月 25 日
复核人：王东	日期：2013 年 1 月 30 日
项目质量控制复核人：李璐	日期：2013 年 2 月 1 日

比率指标	计算公式	2011 年 ①	2012 年 ②	增减数（%） ③＝〔②－①〕/①	说　明
偿债能力比率					2012 年度未审计报表项目与 2011 年度已审财务报表项目的比较分析： 1. 应收账款周转率降低了 35.8%，有两方面的原因：销售收入同比有较大幅度减少，平均应收账款余额有较大增加。审计时要关注销售收入和应收账款变动对企业经营的影响。 2. 利息保障倍数降低了 44.1%，经分析，主要是盈亏逆转所致，要关注导致亏损的因素。 3. 存货和总资产的周转率均有大幅度下降，审计时要关注影响存货、应收账款变动的因素及其对企业经营的影响。 4. 各个获利能力比率大幅度降低，是由各相关项目综合影响的结果。
1. 流动比率	流动资产/流动负债	1.04	1.06	1.9	
2. 速动比率	速动资产/流动负债	0.45	0.52	15.6	
财务杠杆比率					
1. 负债比率	负债总额/资产总额	0.76	0.78	2.6	
2. 资本对负债比率	资本额/负债总额	0.211 9	0.212 2	0.001 4	
3. 利息保障倍数	(税前利润＋利息支出)/利息支出	1.11	0.62	－44.1	
经营效率比率					
1. 存货周转率	销售成本/平均存货	1.30	1.02	－21.5	
2. 应收账款周转率	销售收入/平均应收账款	1.87	1.2	－35.8	
3. 总资产周转率	营业收入/平均总资产	0.47	0.33	－29.8	
获利能力比率					
1. 营业利润率	利润总额/营业收入	0.008	－0.036	－550	
2. 净资产报酬率	净利润/平均净资产	0.014	－0.053	－478.6	
3. 总资产报酬率	净利润/平均总资产	0.003	－0.012	－500	

说明：(1) 速动资产＝流动资产－存货－预付货款。

(2) 平均存货、平均应收账款、平均净资产按年初余额与年末余额的平均数计算。

（三）根据审阅及计算结果进行分析判断，确定重要账户，完成分析性测试备忘录

王东在复核董鑫、徐彤编制的趋势分析性测试工作底稿的基础上，对以上各表分析中得出的主要结论进行汇总，形成了如表 2-9 所示的分析性测试汇总表。

表 2-9　　　　分析性测试情况汇总表

被审计单位名称	财务报表期间	工作底稿索引号
光华公司	截至 2012 年 12 月 31 日	Z2-5-5

编制人及复核人员签字：

编制人：董鑫、徐彤	日期：2013 年 1 月 25 日
复核人：王东	日期：2013 年 1 月 30 日
项目质量控制复核人：李璐	日期：2013 年 2 月 1 日

测试项目	重要事项说明
趋势分析表（表 2-6）	1. 营业收入、营业成本同比减少了 26.3%、27.1%，致使营业利润也减少了 20%，说明本年度公司产品销售情况不良，审计时应关注影响销售的因素，及其如何影响本年度利润情况。 2. 利润总额、净利润同比分别减少了 422.2%、469.1%，说明除了要关注本年度销售对利润的影响外，还要关注其他业务利润、费用、营业外支出对本年利润的影响。 3. 在建工程同比减少 43.1%，审计时要关注在建工程的减少对利润的影响。
趋势分析表（表 2-7）	无重大异常变动。
重要比率指标趋势分析表（表 2-8）	1. 利息保障系数降低是盈亏发生逆转造成的，审计时要关注导致光华公司由盈利转向亏损的原因。 2. 存货、应收账款和总资产的周转率均有大幅度下降，审计时要关注影响存货、应收账款变动的因素及其对企业经营的影响。 3. 获利能力比率大幅度下降，是各个相关项目综合影响所致，审计时应注意其与其他影响项目之间的关系。
项目经理对测试结果进行综合分析后初步确定的审计重点领域： 1. 营业收入、营业成本项目； 2. 其他业务利润、费用、营业外支出项目； 3. 应收账款项目； 4. 存货项目； 5. 在建工程项目。	

（四）考虑分析性结果对审计总体工作计划的影响，在此基础上形成总体审计策略

项目负责人王东通过以上分析，初步确定了审计重点，并结合对光华公司基本情况和内控制度的了解，编制出总体审计策略（如表2-10所示）。

表2-10　　　　总体审计策略

客户名称	财务报表期间	工作底稿索引号
光华公司	截至2012年12月31日	Z2-8

编制人及复核人员签字：

编制人：王东	日期：2013年1月26日
复核人：张晓	日期：2013年2月2日
项目质量控制复核人：李明	日期：2013年2月3日

1. 审计工作范围

报告要求	
适用的财务报告准则	《企业会计准则》
适用的审计准则	《中国注册会计师执业准则》
审计地点	到被审计单位进行审计

2. 重要性

重要性	确定
按照《中国注册会计师审计准则第1221号——重要性》确定	采用总收入法： 按前三年平均营业收入76 176×0.5%=380.88（万元） 按2012年营业收入56 000×0.5%=280（万元） 综合光华公司的审计风险，光华公司报表总体重要性水平可初步评价为260万元。

3. 报告目标、时间安排及所需沟通

向客户提交的报告	时间
审计报告	2013年2月26日
执行审计时间安排	时间
监盘 控制测试 实质性程序 编写审计报告	2012年12月31日 2013年2月3—6日 2013年2月7—22日 2013年2月23—24日
所需沟通	时间
与管理层的会议 项目组会议 与专家的沟通 与前任注册会计师沟通	2013年2月1日、2月8日、2月19日 2013年1月31日前期会，2月25日总结会 2013年2月16日与有关工程技术专家沟通 2013年2月1日与前任注册会计师米凯沟通

4. 人员安排

（1）项目组主要成员的责任。项目组主要成员的职位、姓名及其主要职责如下：

表 2-11　　项目组主要成员的责任

职位	姓名	主要责任
项目经理	张晓	协调项目的实施
项目负责人	王东	负责项目总体策略与计划的编制，负责项目的具体实施
项目组成员	董鑫、徐彤、赵敏	进行具体审计工作。董鑫负责资产和负债项目的审计，徐彤负责所有者权益与收入项目的审计，赵敏负责费用与利润项目等其他具体的审计工作

（2）与项目质量控制复核人员的沟通。项目质量复核人员复核的范围、沟通内容及相关时间如下：

复核的范围：审计计划，审计工作底稿，审计风险评估情况，财务报表，审计报告。

表 2-12　　与项目质量控制复核人员的沟通

沟通内容	负责沟通的项目组成员	计划沟通时间
风险评估、对审计计划的讨论	王东	2013 年 2 月 1 日
对财务报表的复核	王东	2013 年 2 月 22 日
对审计工作底稿的复核	董鑫	2013 年 2 月 23 日
对审计报告的复核	董鑫	2013 年 2 月 24 日

5. 对专家或有关人士工作的利用

如项目组计划利用专家或有关人士的工作，需记录其工作的范围和涉及的主要会计科目等。另外，项目组还应按照相关审计准则的要求对专家或有关人士的能力、客观性及其工作等进行考虑及评估。

（1）对内部审计工作的利用。

表 2-13　　对内部审计工作的利用

主要会计科目或项目	拟利用的内部审计工作	工作底稿索引号
存　货	内部审计部门对各仓库的存货每半年至少盘点一次。在中期审计时，项目组已经对内部审计部门的盘点步骤进行观察，其结果满意，因此项目组将审阅其年底的盘点结果，并缩小存货监盘的范围	Z8-9-1
内部控制制度测试	内部审计部门对被审计单位内部控制制度的有效性、合理性与健全性定期进行测试与评价，项目组在控制测试过程中，可利用相关工作定稿，参考测试与评价结论	Z8-9-2

（2）对专家工作的利用。

表 2-14　　对专家工作的利用

主要会计科目或项目	专家名称	主要职责及工作范围	利用专家工作的原因	工作底稿索引号
在建工程	朱晓华	测定在建工程的发生额	在建工程技术性强	Z8-10-1
应付债券	闵凯文	涉及应付债券方面的法律法规和合同的法律意见	需要此方面的法律意见	Z8-1-2

三、案例分析与建议

（一）总体审计策略是计划审计工作的重要内容

注册会计师应当为审计工作制定总体审计策略。总体审计策略的制定通常包括：确定审计业务的特征，以界定审计范围；明确审计业务的报告目标，以计划审计的时间安排和所需沟通的性质；考虑影响审计业务的重要因素，以确定项目组工作方向。在制定总体审计策略时，注册会计师还应考虑初步业务活动的结果，以及为被审计单位提供其他服务时所获得的经验。

注册会计师应当在总体审计策略中向具体审计领域调配的资源，包括向高风险领域分派有适当经验的项目组成员，就复杂的问题利用专家工作等；向具体审计领域分配资源的数量，包括安排到重要存货存放地观察存货盘点的项目组成员的数量，对其他注册会计师工作的复核范围，对高风险领域安排的审计时间预算等；何时调配这些资源，包括是在期中审计阶段还是在关键的截止日期调配资源等；如何管理、指导、监督这些资源的利用，包括预期何时召开项目组预备会和总结会，预期项目负责人和经理如何进行复核，是否需要实施项目质量控制复核等。

（二）在确定总体审计策略时需要运用分析程序

分析程序是指注册会计师通过研究不同财务数据之间以及财务数据与非财务数据之间的内在关系，对财务信息作出评价。分析程序还包括调查识别出的、与其他相关信息不一致或与预期数据严重偏离的波动和关系。注册会计师应当将分析程序用作风险评估程序，以了解被审计单位及其环境，并在审计结束时运用分析程序对财务报表进行总体复核；注册会计师也可将分析程序用作实质性程序；另外，在确定总体审计策略时也需要运用分析程序。

（三）分析程序的常用方法和指标

从以上案例可以看到，分析程序的常用方法包括简易比较、比率分析、结构百分比分析和趋势分析等，注册会计师可视具体情况单独或综合运用。此外，注册会计师还可根据需要采用一些更为复杂的比较方法。

注册会计师在实施分析程序时，常常要使用一些常用的财务指标，这些指标能反映出企业的经济内容及财务情况。如流动比率的波动可能意味着被审计单位存在以下情况：业务的快速膨胀或缩减；应收账款出现坏账或不能及时收回；存货发生积压或滞销；管理政策如库存水平、赊销条件、信用条款等发生变动；长期资产与流动资产、长期负债与短期负债等发生分类错误；流动资产或流动负债在年末进行了异常的大额调整。

将获取的会计信息和相关的非会计信息与其他相关信息进行比较，其主要目的是为了判断容易产生重大错报、漏报的风险领域。例如，在本案例中，营业收入和营业成本分别减少了26.3％和27.1％，如果从非会计信息中获取的资料得知，企业当年的业务扩展呈良好态势，整个行业环境也显示该行业处于增长上升趋势，那么注册会计师应就此询问被审计单位的管理当局，如果他们的解释不能令人满意的话，则可怀疑是否有以前年度虚报的营业收入在本年度冲回，由此确定重点审计领域，以利于控制风险。

一般来说，在进行比较时，应特别关注以下情况：

（1）账户余额或发生额的异常变动，或没有出现预期的变动，例如收入总额和上年相比有很大的增长，但并未发现任何新的非正常的收入来源。

（2）账项之间对应关系的异常变动，或没有出现预期的变动。

注册会计师应对初步比较的结果进行复查，并与预期数比较。若比较结果表明有关变动与预期数存在明显差别，注册会计师应就此与管理当局商讨，以确定管理当局能否对这些异常变动提供合理的解释。若管理当局能够作出合理解释，注册会计师应执行进一步的分析程序、测试程序，以证实其解释的合理性；若管理当局不能作出合理的解释（包括提供的证据不可信）时，注册会计师就应将可能受其影响的账项认定为风险领域。

CHAPTER

3 第三章 销货业务的审计案例分析

案例6　星火公司主营业务收入审计

一、背景介绍

大风会计师事务所自2005年开始接受星火股份有限公司（以下简称星火公司）董事会委托，对星火公司进行年度财务报表审计。双方已签订审计业务约定书。2013年，大风会计师事务所派出以王海洋为项目组长，以李冰、王毅、刘欣欣为组员的项目组，于2013年2月10日至3月12日对该公司2012年度的会计报表进行了审计。本案例主要反映销售与收款循环的审计过程及相关问题。

星火公司成立于2002年5月20日，由A投资公司、M电器集团和T咨询公司共同发起设立，注册资本2亿元人民币，2005年5月28日经中国证监会批准向社会公众发行A股，并于次年6月在深交所上市。主营业务为电视机的生产与销售；计算机销售及软硬件维护业务；高科技产业投资，高科技产品的研制、生产、经销及相关技术服务。星火公司自上市后，市场表现良好，股价一直处于高位运行，近3年每股平均净收益均在0.5元以上。

星火公司按照《中华人民共和国公司法》（以下简称《公司法》）要求，设有董事会、监事会。在职能科室中设有审计部，注册会计师的审计工作得到了该公司内部审计的协助，尤其是中期测试较多地依赖了内部审计提供的资料。

在编制审计计划时，王海洋根据以往对星火公司重要性水平的控制，将主营业务收入的重要性水平设定为 6 万元。根据分工，审计人员刘欣欣负责主营业务收入的审计测试与取证工作。

二、案例内容与过程

（一）审计目标

（1）评价主营业务收入内部控制的健全性与有效性；

（2）确定主营业务收入会计处理的合法性与公允性。

（二）对主营业务收入环节进行风险评估和控制测试

星火公司作为一家上市公司，主要经营电器类产品和家用电脑。从我国目前行业发展和竞争情况来看，此类产品竞争较为激烈，产品更新换代较快。星火公司核心技术不占据优势地位，自主研发能力较差，所以面临的经营风险较高。此外，星火公司在股票市场面对股价波动的压力，从公司总体来看重大错报风险水平较高。

从星火公司内部组织结构设置角度观察，公司按要求设有监事会，但在董事会中没有设置审计委员会，审计部归总经理领导。这种结构容易使内部审计监督职能受到限制。通过进一步走访内部审计人员，得知公司监事会只是履行简单职责，监事会内部成员没有具备财务背景的人员，与公司的内部审计基本没有联系。由此可见，星火公司的内部控制环境并不理想，无形中加大了重大错报风险。

审计人员刘欣欣就近 3 年的主要财务指标进行了趋势分析，具体数值见表 3-1。

表 3-1　　**星火公司财务指标表**　　金额单位：万元

被审计单位名称	财务报表期间	工作底稿索引号
星火公司	截至 2012 年 12 月 31 日	D1－1

编制人及复核人员签字：

编制人：刘欣欣	日期：2013 年 2 月 18 日
复核人：王海洋	日期：2013 年 2 月 19 日
项目质量控制复核人：秦业	日期：2013 年 2 月 20 日

续表

项目	2010（已审数）	2011（已审数）	2012（未审数）	备注
主营业务收入	56 302	53 200	51 400	
主营业务成本	48 900	47 600	43 000	
毛利率	13.15％	10.53％	16.34％	
销售费用	1 620	1 750	1 600	
管理费用	1 960	2 100	2 200	
净利润	1 240	1 256	1 623	
应收账款	1 200	1 250	2 100	
存货	5 600	6 700	6 100	
每股净利润	0.61	0.54	0.56	
净资产收益率	3.88％	3.49％	4.51％	

从星火公司近3年的财务指标看，（1）主营业务收入呈现下降趋势，这与国产家用电器的整体走势一致。（2）2011年毛利率比2010年有所降低，但2012年却呈现较高增长，而国产家电和电脑的实际价格走势呈现的是下降趋势，这引起了审计人员的关注，决定将主营业务收入作为审计重点。（3）销售费用变化不大。（4）管理费用增加较多。（5）应收账款近3年呈增长趋势，尤其2012年比2011年增加了850万元，增幅达到68％，而同期主营业务收入的增幅为－3.4％，出现了相反的变化。（6）存货相对来说变化不大。（7）每股净利润变化不大。（8）2012年净资产收益率比2011年有较大幅度的增加。

根据审计计划的要求，刘欣欣对销售与收款循环进行了控制测试。审计人员首先使用调查表等方法对星火公司销售与收款循环的内部控制进行了调查了解。调查表如表3-2所示，初步认为该公司的内部控制具有一定的有效性。刘欣欣运用抽查凭证法、实地考察法等对销售与收款循环的内部控制进行了一定范围的控制测试，在此基础上，对其进行了评价。

表3-2　　与收款内部控制调查表

被审计单位名称	财务报表期间	工作底稿索引号
星火公司	截至2012年12月31日	J1

编制人及复核人员签字：

编制人：刘欣欣	日期：2013年2月26日
复核人：王海洋	日期：2013年3月1日
项目质量控制复核人：秦业	日期：2013年3月2日

续表

调查问题	调查结果				备注
	是	否	较弱	不适用	
1. 是否有专门人员处理客户定单?	√				
2. 是否在每次销售前检查顾客的信用情况，并由授权部门审批赊销金额?	√				
3. 对已接受的顾客定单，是否由业务部门编制已经连续编号的销售通知单?	√				
4. 是否根据销售通知单填写出库单?	√				
5. 出库单是否连续编号?	√				
6. 货物装运是否与销售通知单核对?		√			
7. 销售发票是否由专人负责保管，并对开具的发票由其他人员独立复核?	√				
8. 作废的发票是否加盖“作废”戳记，并保留在发票本上?			√		
9. 销售发票是否按号连续记入主营业务收入日记账?	√				
10. 主营业务收入总账、明细账和应收账款总账、明细账及款项的收回的登记是否分离?	√				
11. 销售明细账、应收账款明细账和总账是否定期核对?		√			
12. 是否定期与顾客核对应收账款明细账?		√			
13. 销售退回和折让是否经授权的销售人员批准?			√		

刘欣欣抽取20%的销售发票作为样本进行检查。销售发票是非常重要的原始凭证，是向顾客收取货款、登记有关销售账户和应收款总账和明细账的依据。刘欣欣在选取样本之前，检查了发票上的存根是否完整，并从发票日期判断是否按顺序开具发票。随机抽取发票并进行了检查。测试过程记录如表3-3所示：

表3-3　销售发票控制测试过程表

被审计单位名称	财务报表期间	工作底稿索引号
星火公司	截至2012年12月31日	J1-1

编制人及复核人员签字：

编制人：刘欣欣	日期：2013年2月26日
复核人：王海洋	日期：2013年3月1日
项目质量控制复核人：秦业	日期：2013年3月2日

续表

序号	测试过程记录	备注
1	抽取6月份开出的所有销售发票，发现编号连续，无缺号，只有2张作废发票，均盖有“作废”印章。	附有Y1-2控制测试底稿
2	随机抽取2009年开出的销售发票200份，与销售合同、销售通知单、商品价目表、主营业务收入明细账和应收账款明细账等进行核对，合同内容、销售数量、销售价格和金额相互之间相符率比较高，但发现有2张销售发票与销售合同、销售通知单金额不符。	附有Y1-3底稿
3	将发运单、装货单和销售发票核对，发现有已经开出销售发票但无发运单和装货单的情形，误差比率为3%。	附有Y1-4底稿
4	1—12月份发生3笔折让业务，均由销售经理批准。有14笔销售退回业务，附有红字销售发票，但有2笔无主管人员签字，有对方税务部门开具的有关证明，会计处理恰当。	附有Y1-5底稿

注：相关的控制测试底稿省略。

从上述控制测试结果来看，星火公司销售与收款循环内部控制得到了执行，但有些控制环节依然存在风险。从内部控制调查表和控制测试中可以发现，该公司销售发票的开具与发运单、装货单的核对机制较弱，致使出现了销售发票与相关凭据不符的情形，为销售发票的虚开提供了可能；应收款项未能定期与客户核对，应收款项的管理较为混乱。

（三）对主营业务收入环节实施实质性程序

审计人员根据上述风险评估和控制测试，对销售和收款循环实施了相应的实质性程序。

1. 对主营业务收入实施分析程序，发现可能存在虚记

根据对星火公司的财务指标综合分析和风险评估结果，审计人员怀疑星火公司可能存在主营业务收入和应收账款高估问题，决定将审计重点放在主营业务收入和应收账款上。审计人员编制主营业务收入明细表，如表3-4所示。

表3-4　　主营业务收入明细表　　单位：万元

被审计单位名称	财务报表期间	工作底稿索引号
星火公司	截至2012年12月31日	D1-2

编制人及复核人员签字：

编制人：刘欣欣	日期：2013年2月26日
复核人：王海洋	日期：2013年3月1日
项目质量控制复核人：秦业	日期：2013年3月2日

续表

月份	合计金额	其中：主要产品或大类		
		电视机销售收入	家用空调销售收入	电脑及配件销售收入
1	6 320	4 300	1 300	720
2	2 770	1 100	1 200	470
3	2 820	1 400	1 000	420
4	2 820	1 200	1 300	320
5	2 900	1 400	1 000	500
6	2 840	1 000	1 300	540
7	3 250	1 100	1 600	550
8	2 620	1 000	1 000	620
9	3 400	2 100	1 000	300
10	2 670	1 000	1 000	670
11	6 820	2 500	4 000	320
12	12 170	6 000	5 300	870
合计	51 400	24 100	21 000	6 300

从底稿中列示的数据可见，电视机和家用空调 11—12 月份增幅较大，电视机年底出现旺销的情形可以理解，但空调和制冷设备冬季销量一般会低于夏季。从分析可见，年底两种产品销售可能存在高估的问题。

2. 进行凭证抽查，发现收入虚记的确切证据

审计人员根据销售明细账的记录，分别抽查了 1 月份到 12 月份的记账凭证共 300 张，对 11 月份和 12 月份进行重点抽查，在凭证抽查中将记账凭证与销售发票、出库单、货运凭证、运费单据及销售合同分别进行核对，共发现 6 张不符单据。同时，对这些单据不符及金额较大、有一定疑问的应收账款进行函证。从回函结果来看，其中有 2 个经销商经 2 次函证均未回函，审计人员让星火公司提供其他联系方式，对方予以拒绝，且无法查找到经销商电话号码。审计人员进一步对这 2 个客户资料进行整理，发现星火公司的这 2 个客户为新的销售对象，11 月份到 12 月份的累积销售额分别为 200 万元和 120 万元，均为赊销，款项未曾收回。经审计人员的反复沟通，会计人员承认对这 2 个客户的销售为虚构，客户根本不存在，合同也系伪造。对其他经常供货的客户进行函证后，发现有 4 家客户回函称星火公司记录的债权数高于对方的记录，合计金额为 117 万元。对星火公司可能存在销售及应收账款多计问题，审计人员同时对存货明细账和期末结转主营业务成本的资料进行分析，发现成本结转的数量与销售数量有较大差距，11 月份到 12 月份的销售额明显高于前几个月，但成本

结转数却无明显变化，可能存在虚假出库单。审计人员编制毛利率测算表，如表 3-5 所示。

表 3-5 **毛利率测算表** 金额单位：万元

被审计单位名称	财务报表期间	工作底稿索引号
星火公司	截至 2012 年 12 月 31 日	D1-3

编制人及复核人员签字：

编制人：刘欣欣	日期：2013 年 2 月 26 日
复核人：王海洋	日期：2013 年 3 月 1 日
项目质量控制复核人：秦业	日期：2013 年 3 月 2 日

索引号	期间	收入	成本	毛利率（%）	注释
		本年数	本年数		
	1 月	6 320	5 160	18.35	
	2 月	2 770	2 440	11.91	
	3 月	2 820	2 530	10.28	
	4 月	2 820	2 530	10.28	
	5 月	2 900	2 590	10.69	
	6 月	2 840	2 515	11.44	
	7 月	3 250	2 890	11.08	
	8 月	2 620	2 280	12.98	
	9 月	3 400	3 085	9.26	
	10 月	2 320	2 080	10.34	
	11 月	7 170	6 000	16.32	
	12 月	12 170	8 900	26.87	
	合计	51 400	43 000	16.34	

审计人员通过向公司财务人员和销售人员调查核实，认定公司确实存在销售虚记的情况。经确认，本期多计主营业务收入共计 430 万元，增值税销项税额 73.1 万元，同时多计应收账款 503.1 万元，但该部分销售成本并未结转，使本期销售毛利较上年有较大增幅，并影响当期的利润额。对此，审计人员应调整被审计单位 2012 年度会计报表中有关项目（本书所涉及的会计调整事项，只调整所影响的直接会计账户或项目，其间接影响到的有关利润及其分配、所得税费用及其上缴等内容的调整省略）。假设星火公司为增值税一般纳税人，税率为 17%。

审计人员进行调整的分录为：

借：主营业务收入　　4 300 000

　　应交税费——应交增值税（销项税额）　　731 000

贷：应收账款 5 031 000

审计人员实施凭证抽查程序时，还发现下列几笔销售业务存在问题。

（1）星火公司销售给A公司计算机设备351万元。销售合同约定，签订合同时A公司向星火公司支付价款100万元，设备运行1个月后支付剩余价款，交货时间为2012年11月5日。实际执行情况为，星火公司于2012年11月5日发货，运行1个月后，没有出现质量问题。截至2012年12月25日，星火公司共收到货款251万元，确认营业收入251万元。

根据合同内容及主营业务收入的确认原则，公司应在2012年12月5日后确认全部收入，而不应按实收货款金额确认收入。调整分录为：

借：应收账款 1 170 000

贷：主营业务收入 1 000 000

应交税费——应交增值税（销项税额） 170 000

同时结转成本，假定成本为900 000元，会计分录为：

借：主营业务成本 900 000

贷：库存商品 900 000

（2）星火公司于2012年12月20日向G公司销售计算机设备一批，价款117万元。由于该计算机设备未能按照G公司的要求安装其所需的软件，双方于2013年1月28日达成协议，星火公司向G公司提供5%的销售折让。该笔销售已经于2013年入账，销售折让问题在2013年1月账务处理中反映。

本案例中发生的销售折让为已确认收入的销售折让，属于资产负债表日后事项，按照《企业会计准则第29号——资产负债表日后事项》的规定，应当调整2012年资产负债表日报表金额。此销售折让问题不应在2013年1月反映，而应调整2012年12月20日发生的该笔主营业务收入，调整分录为：

借：主营业务收入 50 000

应交税费——应交增值税（销项税额） 8 500

贷：应收账款 58 500

3. *审查收入确认和关联方交易，发现价格高估行为*

审计人员在对销售明细账和销售发票的抽查过程中发现，星火公司对关联方A电器集团的销售额为13 200万元，占同期主营业务收入总额的26%。从发票所列的销售单价来看，同种产品的价格明显高于其他客户，若按对非关联方的加权平均价格对A电器集团的销售重新计算，主营业务收入应为13 100万元，多计100万元，对于这部分多计金额，按照《企业会计准则第36号——关联方披露》的有关规定，星火公司与A电器集团的关联方交易应当在报表附注中予以详细披露，披露关联方关系的性质、交易类型及交易要素。星火公司为A电器集团的母公司，此次交易类型为购买或销售商品，交易要素至少应当包括：交易的金额；未结算项目的金额、条款和条件，以及有关提供或取得担保的信息；未结算应收项目的坏账准备金额；定价政策。星火公司只有在提供确凿证据的情况下，才能披露此次关联方交易是公平交易。

4. 进行销售截止性测试，发现主营业务收入的入账期间不恰当

为了确认星火公司主营业务收入和应收账款的截止期是否正确，审计人员对2012年12月的最后4笔销售和2013年1月的前4笔销售的相关凭证进行抽查。抽查记录见下列审计工作底稿，如表3-6所示。

表3-6　主营业务收入截止性测试表　　金额单位：元

被审计单位名称	财务报表期间	工作底稿索引号
星火公司	截至2012年12月31日	D1-4

编制人及复核人员签字：

编制人：刘欣欣	日期：2013年2月26日
复核人：王海洋	日期：2013年3月1日
项目质量控制复核人：秦业	日期：2013年3月2日

客户名称	发票记录				记账凭证		出库单	备注
	编号	日期	数量	金额（含税）	日期	编号	日期	
D公司	1542	2012.12.20	35	23 400	2012.12.22	转字125	2013.1.20	H，需调整
J公司	1543	2012.12.25	28	18 900	2012.12.26	银收字56	2012.12.25	√，H
Q公司	1544	2012.12.28	90	72 540	2012.12.29	转字140	2013.1.14	H，需调整
W公司	1545	2012.12.31	68	48 300	2013.1.5	转字18	2013.1.1	√，H
K公司	1546	2013.1.5	35	24 000	2013.1.7	转字23	2013.1.5	发票和出库单均为红字，退货
……								

审计说明：对D公司和Q公司的销售，经与销售合同核对，具体供货日期为2013年1月份，但星火公司将这两笔业务均记入了2012年度，入账期间提前，应调入2013年，调整主营业务收入的分录为（假设成本为76 000元）：

借：主营业务收入　82 000
　　应交税费——应交增值税（销项税额）　13 940
　贷：应收账款——Q公司　72 540
　　　　　　——D公司　23 400
借：库存商品　76 000
　贷：主营业务成本　76 000

对K公司的退货在1月份的记录中作为资产负债表日后事项进行了处理，账务处理正确。

注：√表示与发货核对相符；H表示过入明细账和总账。

三、案例分析与建议

（一）审计人员要有足够的风险意识

为粉饰业绩或应对压力，国有企业和上市公司存在着虚构收入、虚增利润的本能冲动。星火公司作为上市公司，面对二级市场压力，容易出现虚报利润行为，审计人员对此应有足够的风险意识，无论是业绩好的公司还是业绩不好的公司都有舞弊的动机。在进行公司风险分析时从公司的发展战略入手，结合公司所面临的内外部压力，确定审计的重点领域，查找可能存在的舞弊迹象。

（二）进行分析程序要关注多方面的信息

对主营业务收入进行分析程序时，要关注多方面的信息。如本案例所述，进行分析程序时，要关注被审计单位整体财务状况的变化情况，如盈利能力、偿债能力等；对被审计单位某一期间毛利率发生大幅波动则应分析其可能性，分析时不仅要关注公司本身的数据，还应结合宏观环境进行分析，对主营业务收入和应收账款的同步增长应予以足够关注，尤其是在收入与应收款同步增加而销售费用反而呈现下降趋势时更应引起关注。

在审计时不应仅满足于凭证、合同之间的数据相符，还应考虑可能存在虚假销售记录和关联方交易问题。在进行分析程序时如果认为有必要，可以抽出某一核心产品的资料进行详细分析，与上年对比发现变化，分析变化的原因，尤其对价格、数量和产品结构进行合理性分析；应审查价格变动趋势，价格审批控制、折扣与折让情况、关联方交易的特殊作价；对数量的审查应与成本的结转、本期存货的数量变化相联系，并结合企业的生产能力来考核其可能性。

（三）从根源上审查会计造假

会计造假不再仅仅停留在凭证和账簿之间，更为可怕的是企业会从业务的根源去造价。虚假的购销合同是会计造假经常使用的手段，审计人员应有足够的警惕性。

（四）主营业务收入中的舞弊动机及手段

被审计单位对主营业务收入的舞弊动机有多种。本案例中是属于高估行为，在许多企业中还存在收入的隐瞒和转移行为，有时是出于逃税目的，有时是为了以丰补歉。常用手法是取得货款后，双方协商暂不开票，或以非法票据顶替，会计处理上仅借记“银行存款”，贷记往来科目（预收或应付），利用企业之间出租出借账户将货款转移到账外，进行资金的体外循环，造成公司资产的流失或滥用。

（五）对主营业务收入应进行截止性测试

对主营业务收入的审计应进行截止性测试，避免企业将不同会计期间的收入混同或调整。具体测试时既可以销售发票为线索，也可以发货单或销售明细账为线索，但三种不同的路线各有优势和缺点。

案例7　海天公司应收款项及坏账准备审计

一、背景介绍

大风会计师事务所自2006年开始接受海天股份有限公司（以下简称海天公司）董事会的委托，对海天公司进行年度财务报表审计。根据双方所签订的审计约定书，大风会计师事务所成立了以李玫为项目组长，王宇、张华、谢欣欣为组员的项目组，于2013年3月12日至4月5日对海天公司2012年度的财务报表进行了审计。本案例主要反映应收款项的审计过程及相关问题。

海天公司由原海天集团内剥离出的部分优质资产组建而成，于2006年在上海证券交易所上市，总股本为10 800万股，其中法人股为800万股，国家股为6 000万股，流通A股为4 000万股。海天公司主营各类大型重型机床、专用机械设备、食品机械等产品的研发、制造和销售。

二、案例内容与过程

（一）审计目标

（1）评价应收账款与坏账准备内部控制的健全性与有效性；

（2）确定应收账款与坏账准备会计处理的合法性与公允性。

（二）对应收款项环节进行风险评估和控制测试

项目组首先对应收款项进行重大错报风险评估。海天公司主营各类大型重型机床、专用机械设备、食品机械等产品的研发、制造和销售。公司所在的行业竞争并不是很激烈。公司本身由原来的国有企业改制组建，难免存在管理上的漏洞。通过了解得知，公司曾经出现过应收款项被不法财务人员截留的情况。上年审计的资料中显示公司坏账准备的计提存在问题较多。海天公司作为由国有企业部分优质资产组建的公司，与母公司的经济往来频繁，容易产生大股东占款的问题。

根据审计计划，张华首先对应收款项进行了控制测试。他使用调查表法对海天公司应收款项的内部控制制度进行了调查了解，调查表如表 3-7 所示。以文字描述的形式对调查结果进行了描述，并通过抽查凭证、实地观察、询问等对应收款项的内部控制进行了测试，在此基础上，对其进行了评价。

表 3-7　　应收款项内部控制调查表

被审计单位名称	财务报表期间	工作底稿索引号
海天公司	截至 2012 年 12 月 31 日	G1-1

编制人及复核人员签字：

编制人：张华	日期：2013 年 3 月 18 日
复核人：李玫	日期：2013 年 3 月 20 日
项目质量控制复核人：秦业	日期：2013 年 3 月 22 日

调查问题	调查结果				备注
	是	否	较弱	不适用	
1. 是否在每次赊销前检查顾客的信用情况？	√				
2. 财务部门是否根据销售发票、装运凭证等由专门人员登记应收账款明细账？	√				
3. 是否定期向顾客寄送对账单核对应收款项？			√		
4. 应收款项总账、明细账及款项的收回的登记是否由两人以上负责？	√				
5. 大股东的借款超过 50 万元是否经过董事会批准？		√			
6. 是否定期进行应收款项的账龄分析？	√				
7. 坏账准备的转销是否有专门的审批程序？			√		
8. 销售退回和折让是否经授权的销售人员批准？	√				

张华根据从不同方面收回的应收款项内部控制调查情况资料，并结合内部控制调查表进行了综合分析，认为海天公司应收款项内部控制有的方面是健全有效的，能较好地保证应收款项的正确记录，而有的方面还存在缺陷。归纳的

结论如下：

1. 公司的应收款项内部控制的主要优势

（1）在赊销前能检查核对顾客的信用情况，这一控制措施能保证将货物销售给信用较高的顾客，使应收款项的坏账发生比例较低。

（2）应收款项明细账和总账的登记由专门人员负责，款项的收回由出纳人员负责，能保证不相容职责的分离，避免款项收回不入账、被贪污或挪用等事件的发生。

（3）销售退回和折让经过了授权的销售人员审批，可以防止财务人员随意冲减应收款项的事情发生。

2. 公司的应收款项内部控制的主要缺陷

（1）公司很少向债务人寄送对账单，不能及时发现双方记账中可能存在的错误，同时也不能及时了解对方的财务状况。因此，即使对方发生了清算事宜也无从了解，增加了应收款项的收回难度及发生坏账的可能性，尤其对双方往来比较频繁的客户，不及时对账容易产生纠纷。

（2）大股东借款不通过董事会批准容易发生大股东任意占用公司款项的情况，会侵害中小股东的权益。一旦大股东欠款不能收回，将导致公司发生巨额坏账损失。

（3）坏账转销的审批手续执行并不严格，增加了坏账转销的随意性，一旦发生坏账转销后款项又收回的情形，款项容易被贪污或挪用。

总体而言，海天公司应收款项的内部控制制度有一定的可靠性，可以适当依赖，但对内部控制的薄弱环节应加大审核力度。

综合上述情况，项目组认为，海天公司应收款项重大错报风险水平为较高。

（三）对应收款项环节实施实质性程序

有关海天公司未审核的应收款项及坏账准备的总账数据如表 3-8 所示。

表 3-8　　未审核的应收款项及坏账准备数据表　　单位：万元

被审计单位名称	财务报表期间	工作底稿索引号
海天公司	截至 2012 年 12 月 31 日	G1-2

编制人及复核人员签字：

编制人：张华	日期：2013 年 3 月 20 日
复核人：李玫	日期：2013 年 3 月 21 日
项目质量控制复核人：秦业	日期：2013 年 3 月 22 日

续表

项目	期初余额	本期增加	本期减少	期末余额
应收账款	350	670	320	700
预付账款	320	200	300	220
其他应收款	280	230	200	310
坏账准备*	120	200	181	139
本期主营业务收入	1 575			

注：坏账准备的提取方法为账龄分析法。

在对应收账款执行实质性程序时，审计人员应对应收账款执行分析程序，并对其归类、分层，确定函证对象和方式，同时结合对应收账款的凭证抽查及明细账的审核来发现应收账款核算中存在的问题。具体过程如下：

1. 通过对收款项进行分析程序，发现应收账款异常波动

张华发现，本期应收账款期末余额与期初余额相比有较大变化，本期期末余额为 700 万元，上期期末为 350 万元，增幅高达 100%；应收账款的周转率本期为 3 次，上期为 4 次，本期期末应收账款占主营业务收入的比率高达 44%。由以上分析可见，本期应收账款增幅过快，变化异常，必须予以特殊关注。

2. 通过对大额应收款项进行凭证抽查并执行函证程序，发现应收账款和主营业务收入虚记

根据分析程序显示的结果，审计人员对大额应收账款进行了大范围的凭证抽查。发现其中云阳公司、奇华公司、大众服装、明华饮料、星星电子 5 家单位，合计金额为 175.5 万元的应收账款余额有异常，主要表现是余额大小超出正常变化范围。海天公司对这 5 家单位的销售，并无销售合同和顾客订单，同时未发现有出库单，也无货运凭证，向对方函证后也未见回函。经多方查证后，确认对这 5 家公司的应收账款和主营业务收入均为虚记，审计人员要求冲销多记的应收账款和主营业务收入，调整分录为：

借：主营业务收入　　1 500 000

　　应交税费——应交增值税（销项税额）　　255 000

　贷：应收账款　　1 755 000

3. 执行函证程序，发现在应收款项中隐含的其他问题

审计人员一方面对应收款项进行大规模的凭证抽查，另一方面设计了完备的函证方案，具体过程如下。

审计人员张华根据海天公司应收款项明细账余额进行分类，并设计函证方式和确定函证对象，如表 3-9 所示。

表 3-9　　　　应收款项明细账余额分类表

被审计单位名称	财务报表期间	工作底稿索引号
海天公司	截至 2012 年 12 月 31 日	G1-3

编制人及复核人员签字：

编制人：张华	日期：2013 年 3 月 20 日
复核人：李玫	日期：2013 年 3 月 21 日
项目质量控制复核人：秦业	日期：2013 年 3 月 22 日

项目	余额	户数（户）	函证方式	函证数量
应收账款	100 万元以上	1	积极式函证	全部函证
	50 万～100 万元	2	积极式函证	全部函证
	10 万～50 万元	26	积极式函证	选取 24 户函证
	1 万～10 万元	20	消极式函证	选取 10 户函证
	1 万元以下	8	消极式函证	选取 3 户函证
预付账款	100 万元以上	1	积极式函证	全部函证
	50 万～100 万元	2	积极式函证	全部函证
	50 万元以下	0		
其他应收款	50 万元以上	2	积极式函证	全部函证
	10 万～50 万元	3	积极式函证	全部函证
	10 万元以下	备用金及职工欠款		

张华根据上述分析结果发出询证函，为了确保及时回函，他将拟好的询证函通过传真方式发给对方，并要求对方以传真的形式尽快将函证结果返回，随后再补寄回函至会计师事务所。在预定的时间范围内，发送积极式询证函 35 份，收到了其中 30 家的回函。对超过预定时间未回函的 5 家单位，张华进行了第 2 次发函，其后收到了 3 家单位的回函。最后仍有美达公司、东湖公司 2 家单位未回函。对发送的消极式询证函收到 1 户回函，申明应收账款金额有误。

张华对未回函的上述 2 家公司应收账款执行了替代程序。详细审阅了应收账款明细账和银行存款日记账，并较大范围地抽查了有关的会计凭证，在对销售合同、销售定单、销售发票记账联及存根联、出库单、货运凭证和银行结算凭证进行认真核对后，经电话询问美达公司有关会计人员，证实美达公司往来没有发现异常情况。而东湖公司已进入破产清偿程序，对该公司的应收账款 20 万元，审计人员提醒海天公司及时进行了债权登记。

在回函的 30 家单位中，其中 25 家的回函与被审计单位应收款项明细账上的余额完全相符，而另外 5 户的金额有出入。其中对东海公司的询证函及回函如下：

询证函

编号：018

东海公司：

本公司聘请的大风会计师事务所正在对本公司财务报表进行审计，按照中国注册会计师审计准则的要求，应当询证本公司与贵公司的往来款项。下列数额出自本公司账簿记录，如与贵公司记录相符，请在本函下端“信息证明无误”处签章证明；如有不符，请在“信息不符”处列明不符金额。回函请直接寄至大风会计师事务所。

地址：××市××区××路2××号　　联系人：张华

邮编：××××××　　传真：××××××××

（1）本公司与贵公司的往来账项列示如下：

截止日期	贵公司欠（元）	欠贵公司（元）	备注
2012年12月31日	400 000	0	

（2）其他事项。

本函仅为复核账目之用，并非催款结算。若款项在上述日期之后已经付清，仍请及时函复为盼。

海天股份有限公司

（公司印鉴）

2012年3月20日

结论：（1）信息证明无误。

签章：

日期：

经办人：

（2）信息不符，请列明不符的详细情况：

本公司截至2012年12月31日应付海天股份公司的货款为493 600元，具体构成如下：

日期	发票号	金额（元）
2012年7月8日	25467	150 000
2012年9月6日	47299	230 000

续表

日期	发票号	金额（元）
2012 年 11 月 8 日	54782	20 000
2012 年 12 月 27 日	62310	93 600

签章：东海公司

日期：2013 年 3 月 26 日

经办人：张敏

另外 4 家公司的函证结果列如表 3-10 所示。

表 3-10　　应收款项回函不符情况统计表　　单位：万元

被审计单位名称	财务报表期间	工作底稿索引号
海天公司	截至 2012 年 12 月 31 日	G1-4

编制人及复核人员签字：

编制人：张华	日期：2013 年 3 月 20 日
复核人：李玫	日期：2013 年 3 月 21 日
项目质量控制复核人：秦业	日期：2013 年 3 月 22 日

所属账户	债务人名称	蓝格公司余额	对方回函金额	不符原因
应收账款	星火实业	55.00	19.90	其中 2012 年 12 月 6 日收到的货物有质量问题，星火实业已提出退货，货款计 35.1 万元，货物已于 12 月 11 日退回海天公司
应收账款	湖海实业	25.00	14.00	原因不明
预付账款	株彰有色	58.00	0.00	对方回函说明已在 2012 年 12 月 26 日发货，并在 2013 年 1 月 10 日结清了余款
其他应收款	华众公司	150.00	0.00	与海天公司无未清偿债务，但在两个月前收到海天公司投入的货币资金 150 万元

对上述 5 户的函证结果，张华进一步核对了相关记录并询问了会计人员，对方回函所述基本属实。对上述内容张华提出调整建议。

（1）根据东海公司返回的询证函，审计人员查找 12 月 27 日当天的发票和主营业务收入明细账、应收账款明细账后发现，对东海公司 93 600 元的应收账款和销售账均发生了遗漏，对该笔业务应予以补记。假设被审计单位属于一般纳税人，增值税税率为 17%，调整会计分录如下：

借：应收账款——东海公司 93 600

贷：主营业务收入 80 000

应交税费——应交增值税（销项税额） 13 600

假设所漏记销售商品成本为 73 000 元，则：

借：主营业务成本 73 000

贷：库存商品 73 000

（2）对星火实业的应收账款 35.10 万元，查对相关凭证后发现所退货物已于 12 月 29 日收到，但凭证 30 日才传到财务部门，由于忙于年终结账，没将该笔退货业务冲减 2012 年的主营业务收入和应收账款，次年 1 月做账时也没按《企业会计准则第 29 号——资产负债表日后事项》准则的规定冲减 2012 年的主营业务收入，而是直接冲销 1 月份的收入。因该笔业务数额较大，已达到重要性水平，审计人员建议进行调整。

审计人员提出的调整分录为：

借：主营业务收入 300 000

应交税费——应交增值税（销项税额） 51 000

贷：应收账款——星火实业 351 000

假设未冲减的销售商品成本为 260 000 元，则：

借：库存商品 260 000

贷：主营业务成本 260 000

（3）对湖海实业有限责任公司应收账款 11 万元的差额，经核对后发现属于串户错误，张华审查了相关应收账款明细账，并对串户进行了进一步函证，余额得到了证实。

（4）对株彰有色公司的预付账款，审计人员经核对 1 月份的购货凭证和银行的付款凭证，印证了株彰有色公司的回函。

（5）对华众公司的其他应收款，经与对方联系，取得了双方签署的投资协议书原件的复印件，与海天公司管理层沟通后，证实 150 万元的其他应收款确实为投资款，但投资时出于种种原因未进行信息披露，会计上也仅作为往来进行处理。对这一业务审计人员建议进行调整，该项投资占对方实收资本总额的 5%，并且未形成控制，故应采用成本法进行核算，当年华众公司无现金分红。调整分录为：

借：长期股权投资 1 500 000

贷：其他应收款——华众公司 1 500 000

审计人员根据以上结果，形成“应收款项函证情况汇总表”，如表 3-11 所示，来支持对应收款项明细情况的确认。

表 3-11　　应收款项函证情况分析表　　单位：元

被审计单位名称	财务报表期间	工作底稿索引号
海天公司	截至 2012 年 12 月 31 日	G1-5

编制人及复核人员签字：

编制人：张华	日期：2013 年 3 月 27 日
复核人：李玫	日期：2013 年 3 月 28 日
项目质量控制复核人：秦业	日期：2013 年 3 月 28 日

函证单位	账面余额	收到回函		未收到回函，通过替代程序确认	未确认金额	备注
		直接确认	实施追加程序后确认			
JD 公司	340 000	340 000				
美达公司	420 000			220 000		已于次年 1 月 5 日收到 200 000 元货款
湖海实业	250 000		140 000			110 000 元的差额为串户错误
东海公司	400 000		493 600			93 600 元为漏记错误
华众公司	1 500 000					账务处理错误
……						
合计	12 290 000	11 000 000	900 000	380 000	10 000	

说明：函证户数占总户数的 47%，抽取样本进行函证的金额占应收款项总额的 82%，可确认金额占样本总金额的 99%。相关的调整分录见工作底稿 A4－3（省略）。

4. 对坏账准备的计提及转销进行审核

海天公司采用账龄分析法计提坏账准备，未经审核的坏账准备计提计算表如表 3-12 所示。

表 3-12　　应收账款账龄分析及坏账准备计提表

被审计单位名称	财务报表期间	工作底稿索引号
海天公司	截至 2012 年 12 月 31 日	G1-6

编制人及复核人员签字：

编制人：张华	日期：2013 年 3 月 28 日
复核人：李玫	日期：2013 年 3 月 29 日
项目质量控制复核人：秦业	日期：2013 年 3 月 29 日

续表

账户	账龄	应收金额（万元）	计提比例	计提金额（万元）	合计（万元）
应收账款	1年以下	460	5%	23	56
	1～2年	110	10%	11	
	2～3年	80	15%	12	
	3年以上	50	20%	10	
其他应收款	1年以下	210	5%	10.5	23
	1～2年	50	10%	5	
	2～3年	50	15%	7.5	

审计人员张华对账龄分析表中涉及的部分明细账进行了抽查，发现表中应收账款中有一笔2～3年余额30万元款项账龄为3年以上；其他应收款中有45万元的款项为应收某一自然人股东，经调查该股东因欺诈罪已经被判入狱，已无任何还款能力。张华还检查了预付账款、应收票据等账户，未发现有不能收回的迹象。

结合上述函证结果和对坏账准备的分析，张华对坏账准备计提进行调整。

（1）应收东湖公司20万元货款，对方已进入破产程序，估计能收回10万元，应提坏账准备10万元，在未审的账龄分析表中已将其列入3年以上，计提了4万元，实际应再补提10－20×20%＝6（万元）。

（2）对东海公司应收账款发现漏登93 600元，应按5%计提坏账准备，即93 600×5%＝4 680（元）。

（3）星火实业退货应冲减应收账款351 000元，同时也应冲减坏账准备，金额为351 000×5%＝17 550（元）。

（4）对华众公司150万元的投资款不应计提坏账准备，冲销的金额为150×5%＝7.5（万元）。

（5）账龄分类错误应补提的坏账准备为30×(20%－15%)＝1.5（万元）。

（6）其他应收款中应收自然人股东的欠款应全额计提坏账准备45万元，原已提的坏账准备为6.75万元，应补提38.25万元。

综上，对海天公司坏账准备的合计调整金额为：

60 000＋4 680－17 550－75 000＋15 000＋382 500＝369 630(元)

调整分录为：

借：资产减值损失　　369 630

　贷：坏账准备　　369 630

此外，审计人员还对应收款项的转销进行了审核，抽查了坏账准备转销的凭证，发现有一笔金额为 20 万元的坏账转销业务并没有主管人员的审批和同意转销的文件。经进一步追查，发现该笔应收账款的欠账时间为 3 年 5 个月，转销时间为 2012 年 6 月。经与欠款方联系，对方回复为 12 月份归还了 10 万元，另外 10 万元待下年再还。但经查找海天公司 12 月份银行存款日记账，没有还款记录，经多方调查发现，对该笔还款另外单独存放，未记入日记账中。可见，由于该公司在坏账转销环节的内控制度不严，给有关人员舞弊提供了可能。对此应编制调整分录如下：

借：银行存款	100 000	
应收账款	100 000	
贷：坏账准备		200 000

三、案例分析与建议

（一）审查应收账款的虚记问题

对应收款项审计的重点是高估问题，应通过分析程序和凭证抽查发现应收账款的虚记。企业利润虚增的常用手法是多记收入，在会计入账平衡关系的制约下，收入多记必然对应的是应收账款高估，应收账款多记还可使资产总额增加。操作手法也较为简单，因为销售入账的原始凭证为自制凭证，它不同于购货业务入账时的原始凭证来源于外部。因此，在审计时就应重点关注应收账款的高估问题。从本案例可见，应收账款的虚记审查可以通过相关销售原始凭证的核对及函证来进行。

（二）认真落实函证程序

为了确定应收款项是否存在，有效的方法是对债务人进行函证。我国的审计准则规定应收款项的函证程序是必须执行的审计程序，否则不能签发无保留意见审计报告。在函证对象的选择和函证方式的确定上要恰当。如案例中所示，函证对象应选择那些债权额较高的客户，而且应采用积极式函证，若不能收到回函必须使用有效的替代程序；对于为数较多的小额债务人可以适当减少函证数量，函证方式也可采用消极式。这样既能合理保证对应收款项的确认，也可适当兼顾审计效率。

（三）分析回函，发现问题

对应收款项的回函必须进行认真分析，尤其对信息不符的回函应谨慎对待。

有些公司为了隐瞒投资并截留投资收益，常将投资记入其他应收款账户，并借助企业之间存在的互相出租、出借账户来实现资金的体外循环。对回函中金额有出入的情况要分析可能的原因，若属于未达账项，应核对截止期前后的应收账款明细账和银行存款日记账；若属于双方记录错误，要追查相关的合同、发票存根和销售明细账等，若证实为漏记或多记应提请被审计单位进行调整。

（四）采用账龄分析法时，应正确确定应收款项的账龄

坏账准备的计提采用账龄分析法时，应密切关注账龄的确定是否正确。坏账准备的计提和转销都会影响企业当期的财务成果。对坏账准备采用账龄分析法计提时，有些公司为了掩饰应收款项的质量和少提坏账准备，对账龄进行调整，因为在应收款项数额较大、客户较多且往来频繁的情况下，很难区分每笔应收款项的账龄，在审计时应重点关注账龄较长的客户。分析有无随意调整账龄的情形，分析时可结合上期的资料进行。

CHAPTER

4 第四章 购货业务的审计案例分析

案例8　金叶公司应付账款审计

一、背景介绍

大风会计师事务所自2006年开始接受金叶股份有限公司（以下简称金叶公司）董事会的委托，对金叶公司进行年度财务报表审计。根据双方所签订的审计约定书，大风会计师事务所由以李华为项目组长及以李芳、何莉莉、吴雨薇为组员的项目组于2013年2月10日至3月5对金叶公司2012年度的会计报表进行了审计。本案例主要反映应付账款的审计过程及相关问题。

金叶公司主营业务为金属材料、功能材料的生产加工、销售，高科技产业投资，高科技产品的研制、生产、经销及相关技术服务。金叶公司在董事会下设有审计委员会，在总经理下设有审计部，审计委员会和审计部在业务上是指导与被指导关系。注册会计师的审计工作得到了金叶公司内部审计的大力协助。

在编制审计计划时，报表层的重要性水平按照总资产的0.5%确定，为4 500 000元，分配至应付账款的重要性水平是49 000元。金叶公司有应付账款明细账100个，确定函证其中的35%，即35个客户。根据审计计划，审计人员吴雨薇负责应付账款的审计测试与取证工作。

二、案例内容与过程

（一）审计目标

（1）评价应付账款内部控制的健全性与有效性；

（2）确定应付账款会计处理的合法性与公允性。

（二）对应付账款环节进行风险评估和控制测试

在评估应付账款环节的重大错报风险时，审计人员首先了解了金叶公司与应付账款相关的环境和政策。金叶公司主营业务为金属材料、功能材料的生产加工、销售，高科技产业投资，高科技产品的研制、生产、经销及相关技术服务，对应付账款的会计核算自审计年度起采用财政部 2006 年颁布的《企业会计准则》，购货业务季节性和周期性变化不明显。因此，所形成应付账款的增减变化没有大的波动。

何莉莉根据审计计划对应付账款进行了控制测试。她利用调查表等方法对金叶公司的内部控制进行了调查了解，调查表如表 4-1 所示；从金叶公司处取得了该公司与应付账款有关的购货与付款循环的内部控制流程图，以文字描述的形式对调查结果进行了描述；并运用检查凭证法、实地考察法等对应付账款内部控制进行了测试。在此基础上，何莉莉对金叶公司内部控制进行了评价。

表 4-1　　金叶公司投资情况

被审计单位名称	财务报表期间	工作底稿索引号
金叶公司	截至 2012 年 12 月 31 日	C18-2

编制人及复核人员签字：

编制人：何莉莉	日期：2013 年 2 月 19 日
复核人：李华	日期：2013 年 2 月 19 日
项目质量控制复核人：高明	日期：2013 年 2 月 20 日

调查问题	调查结果				备注
	是	否		不适用	
		较轻	较重		
1. 应付账款的记录是否由独立于请购、采购、验收、付款的职员来进行？	√				
2. 应付账款的入账是否在取得和审核各种必要的凭证以后进行？	√				

续表

调查问题	调查结果				备注
	是	否		不适用	
		较轻	较重		
3. 对于有预付货款的交易，是否在收到供应商发票后，将预付金额冲抵部分发票金额，以此确认应付账款？	√				
4. 应付账款的统驭账户和明细账的设置是否健全？	√				
5. 对于享有折扣的交易，是否根据供应商扣除折扣的发票金额登记应付账款？	√				
6. 是否定期将应付账款明细账与客户的对账单进行核对？		√			
7. 应付账款的清偿是否依照有关约定及时进行？			√		
8. 会计部门是否及时记录应付账款的清偿业务并定期核对总账和分类账以及日记账？			√		

何莉莉对从不同方面收回的应付账款内部控制调查表进行了综合分析。根据测试结果，她认为，金叶公司应付账款内部控制有的方面是健全有效的，而有的方面还存在着缺陷。

1. 应付账款内部控制健全的方面

（1）应付账款的记录由独立于请购、采购、验收、付款的职员来进行，有利于保持采购环节中各项内部控制制度得到有效实施，防止错误和欺诈行为的发生。

（2）应付账款的入账是在取得和审核各种必要的凭证以后进行的。这些凭证主要是供应商的发票，以及为核对发票正确性的其他凭证，主要有请购部门的请购单、收货部门的收货报告单、购货部门的购货订单以及借项通知单等。负责应付账款的人员确认了这些原始凭证的日期和货物内容的一致性和授权人的核准签字、发票的折扣与购货订单的一致性，并验算了它们之间的数量、价格、加总合计等内容。

（3）对于有预付货款的交易，能保证账簿记录的正确性。即收到供应商发票后，将预付金额冲抵部分发票金额，以差额确认应付账款。

（4）应付账款的统驭账户和明细账的设置健全。统驭账户根据汇总的应付凭单登记，明细账按不同债权人根据发票登记。

（5）对于享有折扣的交易，是根据供应商未扣除折扣的发票金额登记应付账款的，可以防止日后有人在付款时贪污折扣。

2. 应付账款内部控制存在的问题

（1）没有定期将应付账款明细账与客户进行对账；

(2) 应付账款的支付存在不及时问题，影响了企业获得现金折扣的能力。

根据上述情况，项目组认为金叶公司应付账款环节的重大错报风险存在但不显著，决定在实施实质性程序时对应付账款实施35%数量的函证程序，对应付账款明细账进行审阅，并对重点内容进行账证与证证核对。

(三) 对应付账款环节实施实质性程序

审计人员根据上述风险评估和控制测试，对金叶公司应付账款实施了相应的实质性程序。

1. 获取应付账款明细表

何莉莉从金叶公司处取得了应付账款明细表，表4-2是其最后一页的内容。

表4-2　　应付账款明细表　　单位：元

被审计单位名称	财务报表期间	工作底稿索引号
金叶公司	截至2012年12月31日	C18-3

编制人及复核人员签字：

编制人：何莉莉	日期：2013年2月19日
复核人：李华	日期：2013年2月19日
项目质量控制复核人：高明	日期：2013年2月20日

账户名称	期初余额		本期发生额		期末余额		备注
	借方	贷方	借方	贷方	借方	贷方	
光华公司	200 000	250 000	300 000		250 000		
远方公司	82 500	600 000	550 000		32 500		
升华公司	170 000	525 000	500 000		145 000		
艾迪公司	50 000	126 000	120 000		44 000		
索亚公司	260 000	2 500 000	2 600 000		360 000		
远航公司	370 000	2 000 000	2 020 000		390 000		
中原机电	380 000	2 188 000	2 300 000		492 000		
美康物资	260 000	600 000	870 000		530 000		
四名工厂	200 000	400 000	100 000	100 000			
大和公司	68 000	900 000	854 000		22 000		
北华公司	76 400	400 000	358 000		34 400		
和平商厦	249 000	211 980	421 000		458 020		
本页合计		2 365 900	10 700 980	10 993 000	100 000	2 757 920	
全部合计		42 124 000	200 109 800	245 806 000	500 000	87 320 200	

何莉莉对表4-2中所列的应付账款各明细账的期初余额、本期发生额和期末余额及其合计数进行了复核，准确无误；将其与应付账款明细账进行了核对，证明相符；将各明细账期初余额、本期发生额和期末余额的各合计数与应付账款总账进行核对，发现总账中本期借方发生额、期末贷方余额分别比明细表中相对应的借方发生额、贷方余额少240 000元与多240 000元。何莉莉经过审阅应付账款总账记录，发现2012年7月20日230＃记账凭证反映的会计分录是：

借：应付账款　　240 000

　　贷：银行存款　　240 000

而记账人员在登记总账时将应记入“应付账款”总账中内容错误地串记到“应收账款”总账中，而明细账没有串记，造成“应付账款”总账借方少记，同时“应收账款”总账借方多记。故出现上述应付账款明细表与应付账款总账不相符的情况。由于被审计单位缺乏总账与明细账定期核对制度，所以，在未能发现及调整问题的情况下编制了会计报表。

由于金叶公司会计报表中“应付账款”和“应收账款”是根据相关总账填制的，总账发生了串记，报表中的相应数字则应进行调整。审计人员对于此问题，作了如下审计调整：

借：应付账款　　240 000

　　贷：应收账款　　240 000

2. 审查应付账款明细账

何莉莉应从应付账款明细账中选择重点，审阅所记录的摘要、日期、金额等内容，核对其是否与购货发票、订货单、验收报告等原始单据以及现金日记账、银行存款日记账的有关记录相符；运用分析性复核程序，检查年度内某一应付账款明细账发生和偿还的负债金额是否正常，有无利用应付账款账户进行营私舞弊的问题。

何莉莉在分析、审阅应付账款明细账时，发现其中应付索亚公司明细账2012年12月贷方发生额高达80万元，相当于前11个月合计数180万元的44.4%。她认为该月的应付账款记录不正常，于是便将12月明细账内每笔记录与有关凭证进行了核对，发现其中12月27日账内一笔金额为60万元的应付账款增加记录，记账凭证中的会计分录是：

借：银行存款　　600 000

　　贷：应付账款——索亚公司　　600 000

该笔记账凭证所附原始凭证为银行存款进账单回单和销售给索亚公司货物

的销售发票。经询问金叶公司会计和出纳人员，证明该笔记录是一项销售业务，为了转移或隐藏本年度的销售收入，采取了上述非法的账务处理。一般情况下，被审计单位会在第二年（2013 年）将上述所隐藏的销售收入予以冲回，即借记“应付账款——索亚公司”账户，贷记“主营业务收入”账户。何莉莉通过审阅被审计单位 2013 年已有的有关账户内容，尚未发现冲回记录。对此，她认为应调整被审计单位 2012 年度会计报表中有关项目。假设被审计单位属于一般纳税人，增值税税率为 17%，则应作账务调整如下：

借：应付账款——索亚公司　　600 000

　贷：主营业务收入　　498 000

　　　应交税费——应交增值税（销项税额）　　102 000

3. 函证应付账款

何莉莉对金叶公司年度内有大额购货交易的应付账款，以及未寄对账单的供应商、异常交易账户、关联方、资产担保负债的债权人、期末账面余额为零的共计 35 家重要供应商进行了函证，以确定应付账款余额的正确性。

发函后，她在预定的时间范围内收到了其中 30 家的回函，对超过预定时间未回函的 5 家单位进行了第二次发函，其后收到了 3 家单位的回函，最终有金霞公司、德博公司未回函。

何莉莉对未有回函的上述 2 家公司的应付账款执行了替代程序，即详细审阅了这 2 笔应付账款明细账和银行存款明细账，并较大范围地抽查了有关的会计凭证，对所购入的物资进行了检查，询问了金叶公司有关会计人员，最后证实金霞公司无异常情况，而德博公司已经破产。

在回函的 30 家单位中，其中 28 家的回函确认金叶公司应付账款明细账的余额，索亚公司所确认的余额与经过审计调整后的余额是相符的，中原机电则未确认。金叶公司应付账款中原机电明细账中报表日余额为 492 000 元，而中原机电回函确认余额为 592 000 元，相差 100 000 元。对中原机电的询证函及其回函内容如下：

询证函

编号：YF2013148

中原机电公司：

本公司聘请的大风会计师事务所正在对本公司会计报表进行审计，按照《中国注册会计师执业准则》的要求，应当询证本公司与贵公司的往来款项。下列数额出自本公司账簿记录，如与贵公司记录相符，请在本函下端“数额证明无误”处签章证明。如有不符，请在“数额不符需加以说明事项”处详为指正。回函请直接寄至大风会计师事务所。

地址：××市××区××路××号　　　　邮编：××××××

传真：××××××××

（1）本公司与贵公司的往来账项列示如下：

截止日期	贵公司欠	欠贵公司	备注
2012 年 12 月 31 日		492 000	

（2）其他事项。

本函仅为复核账目之用，并非催款结算。若款项在上述日期之后已经付清，仍请及时函复为盼。

金叶公司

（公司印鉴）

2013 年 2 月 20 日

结论：（1）信息证明无误。

签章：

日期：

经办人：

（2）信息不符，请列明不符的详细情况：

本公司截至 2012 年 12 月 31 日应收金叶公司的货款为 592 000 元，具体构成如下：

日期	发票号	金额（元）
2012 年 9 月 18 日	229938	100 000
2012 年 10 月 19 日	235678	99 000
2012 年 11 月 20 日	246720	312 000
2012 年 12 月 20 日	278341	81 000
合计		592 000

签章：中原机电

日期：2013 年 2 月 24 日

经办人：钟剑

经审阅应付账款“中原机电”明细账记录，证明金叶公司于 12 月 29 日以委托银行付款的结算方式支付了中原机电 9 月 18 日发生的应付账款 100 000 元，而中原机电至12月31日尚未收到银行收款通知单，故造成上述二者不相等的情况，实属正常情况。

4. 查找未入账的应付账款

审计应付账款时，还需注意查明被审计单位是否存在金额较大且对企业财务报表有着重大影响的未入账应付账款。何莉莉在审阅有关会计资料时，针对所发现的下列两个未入账负债作出了相应分析和处理。

一是艾迪公司2012年12月27日开出的金额为3 000元的发票一张，该批货物于同日运出（交货条件为以运出地为准）。金叶公司于次年1月2日收到货物，并于收货当日入账。该项购进业务应于12月27日记作负债，属于漏计2012年度的负债。由于该项漏记未达到所确定的重要性水平，故该项漏列可不予调整。

二是2012年12月30日收到远方公司货品一批，金额80 000元（交货条件为以运出地为准），当日验收入库。发票在2013年1月2日收到，发票日期标明为2012年12月30日，金叶公司记入2013年1月份的交易中。此项漏列错误使当期净利虚增80 000元，所有者权益虚增。根据所确定的重要性水平，对这一未入账的应付账款应予以调整。即应作如下审计调整：

借：主营业务成本　　80 000

　贷：应付账款　　80 000

5. 审查长期挂账的应付账款

审计人员何莉莉针对上述提及的德博公司已破产的情况，详细审阅了该应付账款明细账，证明结欠德博公司的账款70 000元已挂账一年时间，按准则规定，对此应转入营业外收入。即应作如下审计调整：

借：应付账款　　70 000

　贷：营业外收入　　70 000

三、案例分析与建议

本案例研究了购货与付款业务循环中应付账款审计的程序和方法，反映了应付账款核算中常见的会计错弊及其审计调整过程和结果。通过本案例我们可以明确以下问题：

（一）应付账款有其特定的审计目标

在财务报表审计中，可将审计内容划分为购货与付款循环、销售与收款循环、生产与费用循环、筹资与投资循环四方面。货币资金的增减变动与上述多个业务循环均密切相关，故对其审计分别体现在以上四个业务循环中。在购货与付款业务循环中，应付账款和固定资产是两项主要内容。应付账款是企业因购买材料、商品和接受劳务供应等而应付给供应单位的款项。对应付账款进行审计，就是为了确定应付账款的发生和偿还记录是否完整，期末余额是否正确。

（二）应付账款的控制测试有其特定的程序和内容

应付账款的控制测试是根据内部控制及其审计的基本理论与方法，针对应付账款的发生与偿还业务的特点，阐述、分析其内部控制的目标、关键控制点，并在此基础上进行被审计单位应付账款内部控制制度的调查、了解、描述、观察、测试与评价等程序与方法。

（三）应付账款的实质性程序有其特定的程序和方法

与其他内容的实质性程序相比，应付账款的实质性程序和方法有共性也有其特性。应付账款审计需要在进行内部控制测试的基础上确定实质性程序的范围和重点，在实质性程序中要获取应付账款明细表，函证重点应付账款的余额，审阅应付账款明细账，查找未入账的和挂账的应付账款。这些程序与方法有其特定的运用过程。在函证应付账款时，审计人员应根据重要性原则，对年度内有大额购货交易的应付账款，不论其在报表日有无余额，均进行函证。函证应付账款并不像函证应收账款那样重要，与应收账款相比，委托人有卖方发票、对账单等外来证据，可以用来核实应付账款，而对应收账款，则没有类似的凭证予以证明；决算日已经入账的大多数负债在下年度审计人员完成审核时都已付讫，付款行为可以进一步证实已入账债务的可靠性。

对于未入账的应付账款，审计人员应检查其资产负债表日未处理的不相符的购货发票（如抬头不符，与合同某项规定不符等）及有材料入库凭证但未收到购货发票的经济业务；审查结算日及结算日前两日的验收报告单，对照检查结算日后现金支出与结算日记录的交易，以查明是否存在购进商品已经验收，但未列入审计年度负债的购货交易；检查资产负债表日后收到的购货发票，确认其入账时间是否正确；审查未入账的卖方发票，以查明其是否应包括在审计年度负债之内；检查资产负债表日后应付账款明细账贷方发生额的相应凭证，确认其入账时间是否正确；向会计部门和购货部门的有关负责人查询是否存在重大未入账的应付账款，这项工作可以结合查阅资本预算、工作通知单和基建合同来进行。

审计人员在查找未入账的应付账款时，还应注意以下几种漏记应付账款的情况：货已收到，但未收到卖方发票；有卖方发票，但其他手续不齐；卖方发票与购货不符；结算日后收到卖方发票；结算日记入应付凭单登记簿的未付凭单。

（四）应付账款会计处理中会计错弊的审计调整有其特殊的考虑

应付账款会计处理中，会计错弊对净利润造成影响，是审计人员进行账务调整的首要原则。如净利润不会发生变动，仅影响流动比率及营运资本，那么审计人员可以根据其重要性水平决定是否调整。审计人员应充分考虑这类差异的累计影响。因为大量不需调整的错误累积起来，可能会对企业财务报表产生重大影响。这时，审计人员就必须对其进行调整。

案例 9　金宏公司固定资产审计

一、背景介绍

大兴会计师事务所首次接受金宏有限责任公司（以下简称金宏公司）董事会的委托，对该公司进行年度财务报表审计。根据审计计划的安排，2013 年 2 月 3 日至 3 月 1 日，大兴会计师事务所任命张慧为该项目负责人，并安排审计人员赵金和周毅负责固定资产的测试与取证工作。注册会计师赵金、周毅等根据双方所签订的审计业务约定书，对金宏公司的固定资产进行了审计。本案例主要反映固定资产审计过程中的相关程序、发现的问题及其处理办法。

固定资产审计的范围很广。固定资产科目余额反映企业所有固定资产的原价，累计折旧科目余额反映企业固定资产的累计折旧数额，固定资产减值准备科目余额反映企业对固定资产计提的减值准备数额，固定资产项目余额由固定资产科目余额扣除累计折旧科目余额和固定资产减值准备科目余额构成，这三项无疑属于固定资产的审计范围。除此之外，由于固定资产的增加包括购置、自行建造、投资者投入、融资租入、更新改造、以非现金资产抵偿债务方式取得或以应收债权换入、以非货币性资产交换方式换入、经批准无偿调入、接受捐赠和盘盈等多种途径，相应涉及货币资金、应付账款、预付款项、在建工程、股本、资本公积、长期应付款、递延所得税负债等项目；企业的固定资产又因出售、报废、投资转出、捐赠转出、抵债转出、以非货币性资产交换方式换出、无偿调出、毁损和盘亏等原因而减少，与固定资产清理、其他应收款、营业外收入和营业外支出等项目有关；另外，企业按月计提固定资产折旧，这又与制造费用、销售费用、管理费用等项目联系在一起。因此，在进行固定资产审计时，应当关注这些相关项目。

金宏公司是一家以经营超市为主的企业，未发现任何对其可持续经营造成威胁的迹象。该公司 2012 年 12 月 31 日的未审计固定资产原值为 49 707 万元，累计折旧为 7 603 万元，固定资产净值 42 104 万元，在编制审计计划时，分配到固定资产的重要性水平是 200 万元。

二、案例内容与过程

（一）审计目标

评价固定资产内部控制的健全性和有效性；确定资产负债表中记录的固定资产是否存在；确定所有应记录的固定资产是否均已记录；确定记录的固定资产是否由被审计单位拥有或控制；确定固定资产是否以恰当的金额包括在财务报表中，与之相关的计价或分摊已恰当记录；确定固定资产原价、累计折旧和固定资产减值准备是否已按照企业会计准则的规定在财务报表中作出恰当列报。

（二）对固定资产环节进行风险评估和控制测试

在评估固定资产环节重大错报风险时，审计人员首先了解了金宏公司与固定资产相关的环境和政策。金宏公司是一家以经营超市业为主的企业，由于经营策略问题导致公司可持续经营能力受到威胁。对固定资产的会计核算自审计年度起采用财政部 2006 年颁布的企业会计准则，审计年度内固定资产增减变化虽不突出，但其规模影响了企业业务的开展。注册会计师赵金负责对固定资产进行控制测试。赵金首先通过调查表的方式对金宏公司固定资产内部控制情况进行调查了解，如表 4-3 所示，并进一步对固定资产的内部控制进行了测试，在此基础上初步形成了评价结论。

表 4-3　　固定资产内部控制问卷调查表

被审计单位名称	财务报表期间	工作底稿索引号
金宏公司	截至 2012 年 12 月 31 日	C2-2

编制人及复核人员签字：

编制人：赵金	日期：2013年2月5日
复核人：张慧	日期：2013年2月7日
项目质量控制复核人：吴丹	日期：2013年2月9日

项目	是	否	不适用	执行人		
				总经理	财务经理	其他
1. 请购审批						
1.1 新增固定资产和在建工程有无投资预算，并经授权批准？	√			√		
2. 采购验收						
2.1 在建工程完工转固定资产是否办理竣工验收和移交手续？	√					√
2.2 外购固定资产是否有严格的验收手续？	√					√
3. 日常管理						
3.1 固定资产是否实行目录管理，定期核对账卡，做到账卡物三者一致？	√					√
3.2 固定资产的毁损、报废清理是否经过技术鉴定和授权批准？	√			√		
3.3 固定资产是否定期盘点，盘盈、盘亏和报废是否及时按规定处理？		√				
3.4 固定资产的购置与验收、使用、付款与记账等职责是否分离？	√					√
3.5 内部审计人员是否定期审查本环节有关内容？	√					√
3.6 内部审计意见是否及时正确调整入账？	√				√	
简要说明及结论： 固定资产的管理制度较为合理，并基本得到有效执行，但由于未进行过全面盘点，且部分固定资产卡片账上使用部门不明确，不利于对其进行定期盘点。执行实质性程序时应注重固定资产的存在性认定。						

赵金对以上控制程序，主要采取实地观察并结合抽查原始凭证及记账凭证的方法，对其进行了解及初步评价。赵金抽查了几笔较大金额的固定资产购置资料，注意到100万元以上的固定资产购置基本依据预算，未经预算的也经过董事长的特别审批手续，但对实际支出与预算之间的差异不太大的，未补充特别的审批手续。通过这些测试，赵金认为公司大额固定资产的预算制度及授权

审批制度基本按规定执行，处置固定资产时亦分级履行了审批手续。此外，赵金发现固定资产卡片账上的存放地点或使用部门一栏填写不全，尤其办公设备的使用部门不明确，不利于管理。赵金对固定资产盘点制度进行了详细询问，发现公司近年来一直未进行过较为全面的盘点，但在上年审计时组织过一次抽盘。赵金拟在审计过程中组织人员对其进行盘点。通过以上控制测试程序，赵金形成了如表4-3所示的结论。

（三）对固定资产实施实质性程序

按照大兴会计师事务所执业规范的要求，在前述风险评估和控制测试的基础上，对固定资产的实质性程序，应从固定资产项目、固定资产折旧、固定资产增减变化等方面用审阅法、核对法、函证法、实际盘点法等方法开展审计，并编制固定资产实质性程序工作底稿。

大兴会计师事务所的注册会计师赵金、周毅等对金宏公司固定资产执行的实质性程序主要过程如下：

1. 明确固定资产及累计折旧实质性程序的目的及程序

明确固定资产及累计折旧实质性程序的目的及步骤，是对固定资产及累计折旧执行实质性程序的首要工作。赵金和周毅首先编制了固定资产及累计折旧审计程序表，如表4-4所示。

表4-4　　固定资产及累计折旧审计程序表

被审计单位名称	财务报表期间	工作底稿索引号
金宏公司	截至2012年12月31日	C2-4

编制人及复核人员签字：

编制人：赵金	日期：2013年2月6日
复核人：张慧	日期：2013年2月8日
项目质量控制复核人：吴丹	日期：2013年2月11日

一、审计目标
1. 确定固定资产是否存在；
2. 确定所有应记录的固定资产是否均已记录；
3. 确定记录的固定资产是否由被审计单位拥有或控制；
4. 确定固定资产是否以恰当的金额包括在财务报表中，与之相关的计价或分摊已恰当记录；
5. 确定固定资产原价、累计折旧和固定资产减值准备是否已按照企业会计准则的规定在财务报表中作出恰当列报。

续表

二、审计程序	执行情况说明	索引号
1. 核对固定资产及累计折旧明细账与总账的余额是否相符。	已核对相符	C17-2
2. 获取或编制本年度固定资产增减变动明细表，检查增加固定资产的计价是否正确，手续是否完备；对已交付使用但未办理竣工结算手续的固定资产，检查其是否已估计入账，并按规定计提折旧，检查资本性支出与收益性支出的划分是否适当；检查减少的固定资产是否经授权批准，是否正确及时入账。	已检查	C17-3
3. 实地抽查部分新增固定资产，确定其是否实际存在。	存在	C17-8
4. 抽查有关使用权证明文件，确定固定资产是否归被审计单位所有。	已抽查	C17-4
5. 复核固定资产保险范围，数额是否足够。	已复核	C17-6
6. 获取租入（含融资租入）、租出固定资产相关的证明文件，并检查其会计处理是否正确。	无租入、租出固定资产	C17-7
7. 检查年度内未使用、不需用固定资产状况及起始时间，并作出记录。	该项已检查，无未使用、不需用固定资产	C17-7
8. 了解并确认固定资产折旧政策，计算复核本年度折旧的计提是否正确。	已检查并复核	C17-9
9. 检查涉及固定资产购置约定的资本性支出。	已检查	C17-5
10. 验明固定资产原价、累计折旧及固定资产减值准备是否已在资产负债表上恰当列报。	已列报	C17-9

2. 获取或编制固定资产及累计折旧分类汇总表，核对明细表与明细账、总账是否相符

审计人员取得了全部固定资产的明细表，并进行了复核，与明细账、总账核对一致，并将分类汇总表的内容过入固定资产及累计折旧导引表，具体如表4-5所示。

表4-5　　固定资产及累计折旧导引表　　单位：元

被审计单位名称	财务报表期间	工作底稿索引号
金宏公司	截至2012年12月31日	C2-5

编制人及复核人员签字：

编制人：赵金	日期：2013年2月13日
复核人：张慧	日期：2013年2月13日
项目质量控制复核人：吴丹	日期：2013年2月15日

续表

固定资产类别	索引号	未审数				审计调整	审定数			
		期初数	本期增加	本期减少	期末数	借方（贷方）	期初数	本期增加	本期减少	期末数
固定资产原值：										
1. 房屋及建筑物		488 491 995.56	38 359 867.47	34 675 689.89	492 176 173.14		488 491 995.56	38 359 867.47	34 675 689.89	492 176 173.14
2. 办公设备		5 513 756.35	3 183 749.36	3 796 539.43	4 900 966.28		5 513 756.35	3 183 749.36	3 796 539.43	4 900 966.28
3. 其他设备		31 364 123.57	—	31 364 123.57	—		31 364 123.57	—	31 364 123.57	—
合计		525 369 875.48	41 543 616.83	69 836 352.89	497 077 139.42		525 369 875.48	41 543 616.83	69 836 352.89	497 077 139.42
累计折旧：										
1. 房屋及建筑物		60 319 961.25	18 413 145.67	4 508 079.35	74 225 027.57		60 319 961.25	18 413 145.67	4 508 079.35	74 225 027.57
2. 办公设备		658 436.78	1 835 157.58	688 789.83	1 804 804.53		658 436.78	1 835 157.58	688 789.83	1 804 804.53
3. 其他设备		3 800 123.35	—	3 800 123.35	—		3 800 123.35	—	3 800 123.35	—
合计		64 778 521.38	20 248 303.25	8 996 992.53	76 029 832.10		64 778 521.38	20 248 303.25	8 996 992.53	76 029 832.10
固定资产净值										
审计结论：未发现异常情况。										

3. 审计固定资产的增加

审计固定资产的增加，是固定资产实质性程序中的重要内容。固定资产的增加有购置、自行建造、投资者投入、融资租入、更新改造、以非现金资产抵偿债务方式取得或以应收债权换入、以非货币性资产交换方式换入、经批准无偿调入、接受捐赠和盘盈等多种方式，审计人员可区分固定资产的增加途径进行审计。

新增固定资产的审计主要由周毅负责。在审查过程中，对于外购固定资产，周毅通过核对购货合同、发票、保险单、发运凭证等文件，抽查测试其计价是否正确，授权批准手续是否齐备，会计处理是否正确；对于在建工程转入的，周毅着重检查了竣工决算、验收和移交报告是否正确，与在建工程相关的记录是否核对相符，资本化利息金额是否恰当等。周毅在执行该程序过程中编制的主要工作底稿如表 4-6 所示。

表 4-6　　固定资产增加情况测试表　　单位：元

被审计单位名称	财务报表期间	工作底稿索引号
金宏公司	截至 2012 年 12 月 31 日	C2-7

编制人及复核人员签字：

编制人：周毅	日期：2013 年 2 月 13 日
复核人：张慧	日期：2013 年 2 月 13 日
项目质量控制复核人：吴丹	日期：2013 年 2 月 15 日

月	日	凭证号	固定资产类别	固定资产名称	增加情况			测试情况					
					数量	原值	累计折旧	1	2	3	4	5	6
4	20	115	房屋及建筑物	营业楼 1#	1	6 875 632.56		√	√	√	√	√	*1
5	6	86	房屋及建筑物	营业楼 2#	1	18 000 000.00		*2	√	√	√	√	√
7	23	67	办公设备	发电设备	1	2 325 886.37		√	√	√	√	√	√
8	28	128	机动车辆	卡车	3	632 563.59		√	√	√	√	√	√
11	27	135	机动车辆	轿车	2	858 646.38		√	√	√	√	√	√

测试内容：（1）新增固定资产计价正确；（2）新增固定资产原始凭证手续齐备；（3）新增固定资产计提折旧方法正确；（4）新增固定资产归企业所有；（5）新增固定资产的会计处理正确；（6）新增固定资产明确了资本性支出与收益性支出的界限。

审计结论：除以下两项（即 *1、*2）调整建议外，其他未发现异常。

在审计过程中，周毅发现本年新增的固定资产中，有金宏公司本年度发生的装修、装璜费用支出66万元，计入了固定资产的价值。一般情况下，对原有的固定资产进行改建、扩建或对原有固定资产的某一装置进行改造、改善或提高其原有功能而发生的支出，可以根据会计制度规定计入固定资产的价值。但本项装修、装璜等支出因其性质仅是对原有固定资产的外观及环境的改善投入，并未改变固定资产的功能，所以，应计入长期待摊费用并按其可使用年限分期摊销。

调整分录（＊1）：

（1）将固定资产转入长期待摊费用：

借：长期待摊费用　　660 000

　贷：固定资产　　660 000

（2）冲销已计提的折旧（本会计年度已计提折旧66 000元）：

借：累计折旧　　66 000

　贷：管理费用　　66 000

（3）按三年有效期进行摊销，本会计年度按使用期摊销6个月：

借：管理费用　　110 000

　贷：长期待摊费用　　110 000

周毅在审计过程中，发现有未办理竣工验收手续先行估价的固定资产价值为1 800万元，低于原概算价值的21.74%（原概算为2 300万元）。周毅现场观察和了解施工的结算情况，预计实际支出为2 400万元。为此，周毅报告项目负责人张慧，张慧提请管理层予以调整，管理层已同意调整。

调整分录（＊2）：

（1）将在建工程转入：

借：固定资产——××工程　　6 000 000

　贷：在建工程——××工程　　6 000 000

（2）补提该部分当年的折旧：

借：管理费用　　120 000

　贷：累计折旧　　120 000

4. 审计固定资产的减少

审计固定资产减少的主要目的在于查明业已减少的固定资产是否已作相应的会计处理。

根据审计方案的安排，由赵金负责该部分内容的审计。在对减少的固定资产进行审计时，赵金首先审查了减少固定资产的授权批准文件，确认其是否符合有关规定，并验证其数额计算的准确性。此外，赵金还结合固定资产清理和待处理固定资产损益科目，抽查了固定资产账面转销额的正确性，同时关注是否存在未作会计处理的固定资产减少业务。

赵金在审查减少的固定资产时发现，该公司有一笔办公设备提前报废的业务，但该公司对此项业务的账务处理却引起了审计人员的怀疑。有关账务处理的会计分录为：

借：固定资产清理　　56 000
　　累计折旧　　14 000
　贷：固定资产　　70 000
借：营业外支出——非常损失　　56 000
　贷：固定资产清理　　56 000

从以上账务处理可以看出，该台设备的净值占原值的比例高达80%，说明其使用期限并不长而提前报废。而且该企业在此期间并没有发生火灾、被盗等意外事故，与该项报废固定资产业务发生联系的“固定资产清理”账户没有任何残值收入和清理费用的记录，赵金认为这笔业务必有问题，有必要进一步追查。赵金调阅了该机器设备的固定资产卡片，发现该台设备仅使用了两年，且无任何大修理记录，说明其使用状态较好。赵金又同财务主管人员及设备保管人员面谈，以了解该项业务背后的真实情况。最后，有关人员终于承认，该项业务是虚报固定资产报废，实则将其变卖，所获款项已被有关人员私分。针对这一情况，赵金向公司管理层进行了汇报，并提请管理层进行处理。由于涉及的金额不太大，尚未进行会计调整，待公司处理结果下来之后再作会计处理。

5. 审查固定资产的所有权

审计人员周毅负责对固定资产的所有权进行审查。在审查固定资产的所有权时，周毅主要通过审阅产权证书、财产保险单、财产税单、抵押贷款的还款收据等合法书面文件，以确定所审查的固定资产是否确实为企业所拥有的合法财产。对于新增的固定资产，周毅索取了客户财产的产权证书副本。由于拥有所有权证书不一定能证明固定资产的所有权，所以周毅进一步查阅有关合同、发票、付款凭证，并与财产税单核对。

在审查固定资产的所有权时，周毅发现，对于原投入M公司（由于一些特殊原因，该公司由金宏公司负责经营管理）的固定资产，在M公司未经清算和中介机构评估的情况下，由金宏公司自行估价收回固定资产30万元，冲减“持有至到期投资”项目。周毅认为，M公司是独立的企业法人，金宏公司无权自行取消协议和章程所规定的权利和义务。因此，不论出于何种原因，金宏公司不能自行将原投入的固定资产收回和冲销持有至到期投资项目。对此，周毅建议调整该笔会计分录。调整分录为：

借：持有至到期投资　　300 000

　贷：固定资产　　300 000

借：累计折旧　　20 000

　贷：管理费用　　20 000

6. 固定资产折旧的审计

审计人员赵金负责对固定资产折旧的审计。首先，赵金在核对折旧明细表后，对折旧计提的总体合理性进行复核。计算之前，赵金对本期增加和减少固定资产、使用年限长短不一的和折旧方法不同的固定资产作了适当调整。其次，赵金计算了本期计提折旧额占固定资产原值的比率，并与上期比较，分析本期折旧计提额的合理性和准确性。再次，赵金计算了累计折旧占固定资产原值的比率，评估固定资产的老化率，并估计因闲置、报废等原因可能发生的固定资产损失。在进行分析性程序后，赵金审查了折旧的计提和分配，并将“累计折旧”账户贷方的本期计提折旧额与相应成本费用中的折旧费用明细账户的借方相比较，以查明所计提折旧金额是否已全部摊入本期产品成本或费用。最后，赵金对某些折旧的计提过程追查至固定资产登记卡，特别注意有无已提足折旧的固定资产继续计提折旧的情况以及在用固定资产不提或少提折旧的情况。

在以上审计过程中，赵金发现办公设备的折旧计提在5—9月份明显高于其他月份，结果查出公司夏季使用的所有空调设备，只按实际使用月份（5—9月）计提折旧。现行会计制度所规定的固定资产使用年限，是指固定资产的实际使用寿命，作为一种具有特殊性质的夏季使用而其他季节停用的空调设备，其使用的实际月份，其性质属于“季节性停用的固定资产”的使用期间，其他停用月份，按会计制度规定应照常计提折旧。该企业由于本年度总的费用支出较大，故本年少提了7个月的空调设备折旧费用，经计算少提4万元，赵金提请管理层予以补提，调整分录为：

借：管理费用（或相关费用科目）　　40 000

　贷：累计折旧　　40 000

此外，赵金通过测试发现该公司按固定资产分类提取折旧，但未扣除“已提足折旧继续使用的固定资产”的价值，按折旧率计算多提折旧额27.5万元，建议管理层予调整，调整分录为：

借：管理费用（或相关费用科目）　　275 000

　贷：累计折旧　　275 000

7. 实地观察固定资产

观察固定资产的实际存在，一般是实地检查被审计年度内增加的主要固定资产项目，并不一定全面观察所有固定资产。观察范围的确定需要依据客户单位内部控制的强弱、固定资产的重要性和注册会计师的经验。通过分析企业内部控制情况，赵金决定对期初存在的固定资产进行40%的抽盘，而对当期新增固定资产进行全部检查。赵金以经核对相符的固定资产明细表为起点，进行实地追查，以证明会计记录中所列固定资产确实存在，了解其目前的使用状况，并注意观察固定资产的保养和使用状况，运行是否正常。盘点表部分内容如表4-7所示。

表 4-7　　**固定资产抽查盘点表**　　单位：元

被审计单位名称	财务报表期间	工作底稿索引号
金宏公司	截至 2012 年 12 月 31 日	C2-9

编制人及复核人员签字：

编制人：赵金	日期：2013 年 2 月 13 日
复核人：张慧	日期：2013 年 2 月 15 日
项目质量控制复核人：吴丹	日期：2013 年 2 月 17 日

项目数量	账面数额			盘点核实		
	数量	原值	已提折旧	数量	原值	已提折旧
丰田 SUV	2	700 000	290 000	2	700 000	290 000
方正电脑	10	75 000	30 000	10	75 000	30 000
美的空调	22	160 000	72 000	22	160 000	72 000
飞利浦音响	3	390 000	65 000	3	390 000	65 000
客货两用车	8	1 660 000	355 000	10	2 060 000	475 000
佳能打印机	19	58 000	20 000	19	58 000	20 000
宏基电脑	35	290 000	160 000	35	290 000	160 000
备注：盘点发现客货两用车实存比账面多出 2 辆，因捐赠资产未入账导致。						

在抽盘过程中，赵金发现金宏公司接受某公司捐赠的客货两用车 2 辆，未按制度规定进行会计处理，所以固定资产账面上也未反映这 2 辆车。接受捐赠的固定资产应根据捐赠者提供的有关凭据记账；捐赠方没有提供有关凭据的，如果同类或类似资产存在活跃市场，按市场价格估计入账；如果不存在活跃市场，按该接受捐赠资产预计未来现金流量的现值入账。赵金参照二手车市场的价格，作出调整分录，并提请公司管理层进行调账，调整分录为：

借：固定资产　　　　280 000

　贷：营业外收入　　　　280 000

三、案例分析与建议

本案例列示了一般情况下固定资产审计的程序及方法，反映了固定资产及累计折旧中所存在的会计错弊及其审计调整过程及结果。通过本案例我们可以进行如下小结：

（一）固定资产购建和建造过程中的常见错弊

1. 购建固定资产计划决策中的错弊

一般来说，固定资产购建工程投资额都较大，需要建设的，其建设时间也较长，因此，投资风险大。若决策失误，将会导致盲目购建、重复建设，购建的固定资产不能适应生产经营的需要，或效益不高，甚至无效益，造成企业资产的浪费和损失。因此，注册会计师应着重审查固定资产的购建是否经过严格的预算并经过专家详细论证。

2. 购建固定资产账务处理中的错弊

常见的错弊有：（1）将不合理、不合法的费用开支摊入购建费用，使购建成本增加；（2）将购建支出列入产品成本或计入其他费用，如将工程在建期间的利息支出计入财务费用，使购建成本降低；（3）仅将固定资产的购入价格计入成本，未将固定资产购入时发生的运费及安装费等资本性支出计入成本；（4）计算房屋及建筑物、机器设备的建造成本时，只算工程直接发生的价款，而漏计因建造发生的工程管理费等；（5）不按规定进行明细分类核算，造成不同项目间的费用难以划分清楚，难以正确计提折旧。

（二）对固定资产实地观察的程序很重要

实地观察固定资产，有助于审计人员深入了解被审计单位的生产经营情况，验证对固定资产增加、减少的会计处理的正确性。当被审计单位固定资产内部控制较薄弱时，实地观察程序显得尤其重要。审计人员可以固定资产明细分类账为起点，进行实地追查，以证明会计记录中所列固定资产确实存在，并了解其目前的使用状况；也可以实地为起点，追查至固定资产明细分类账，以获取实际存在的固定资产均已入账的证据。在实地观察的过程中，注册会计师应当注意观察固定资产的保养和使用状况，运行是否正常。对于未使用的闲置固定资产，如果不是由于大修理或订货不足或季节性原因暂时闲置，而是无法在未来期间继续使用的，还应关注其账务处理是否正确。

（三）固定资产增加方式及其审计程序

固定资产的增加包括购置、自行建造、投资者投入、融资租入、更新改造、以非现金资产抵偿债务方式取得或以应收债权换入、以非货币性资产交换方式换入、经批准无偿调入、接受捐赠和盘盈等多种途径。在本案例对固定资产增加的审计中，仅涉及前两种方式。如被审计单位有后述情况，对于投资者投入的固定资产，应检查投资者投入的固定资产是否按投资各方确认的价值入账，并检查确认价值是否公允，交接手续是否齐全；涉及国有资产的，是否有评估报告并经国有资产管理部门评审备案或核准确认。对于融资租赁增加的固定资产，获取融资租入固定资产的相关证明文件，检查融资租赁合同的主要内容，并结合长期应付款、未确认融资费用科目检查相关的会计处理是否正确。对于更新改造增加的固定资产，检查通过更新改造而增加的固定资产，增加的原值是否符合资本化条件，是否真实，会计处理是否正确，重新确定的剩余折旧年限是否恰当。对于企业合并、债务重组和非货币性资产交换增加的固定资产，检查产权过户手续是否齐备，检查固定资产入账价值及确认的损益和负债是否符合规定。如被审计单位为外商投资企业，检查其采购国产设备退还增值税的会计处理是否正确。对于通过其他途径增加的固定资产，应检查增加固定资产的原始凭证，核对其计价及会计处理是否正确，法律手续是否齐全。

（四）固定资产减值准备及其审计程序

本案例中被审计单位为有限责任公司，暂未执行新的企业会计制度，故未计提固定资产减值准备。如被审计对象是执行新会计制度的单位，则审计时还应注意企业是否按《企业会计准则》规定正确计提了固定资产减值准备。审计人员应确定计提固定资产减值准备的方法和比例是否恰当，增减变动的记录是否完整，期末余额是否正确等。

一般来说，应执行以下审计程序：获取或编制固定资产减值准备明细表，复核加计是否正确，并与总账数和明细账合计数核对是否相符；检查被审计单位计提固定资产减值准备的依据是否充分，会计处理是否正确；获取闲置固定资产的清单，并观察其实际状况，识别是否存在减值迹象；检查资产组的认定是否恰当，计提固定资产减值准备的依据是否充分，会计处理是否正确；计算本期末固定资产减值准备占期末固定资产原值的比率，并与期初该比率比较，分析固定资产的质量状况；检查被审计单位处置固定资产时原计提的减值准备是否同时结转，会计处理是否正确；检查是否存在转回固定资产减值准备的情况（按照企业会计准则的规定，固定资产减值损失一经确认，在以后会计期间不得转回）；确定固定资产减值准备的披露是否恰当。

CHAPTER

5 第五章 生产与存货循环审计案例分析

案例10　华新公司存货审计

一、背景介绍

信诚会计师事务所自2010年开始接受华新股份有限公司（以下简称华新公司）董事会委托，对华新公司进行年度财务报表审计。根据双方所签订的审计业务约定书，由以徐明为项目组长及以李静、张迪、刘华雨为组员的项目组于2013年2月13至3月5日对该公司2012年度的财务报表进行了审计。本案例主要反映存货的审计过程及相关问题。

根据《企业会计准则第1号——存货》规定，存货是指企业在日常活动中持有以备出售的产成品或商品、处在生产过程中的在产品、在生产过程或提供劳务过程中耗用的材料和物料等。在通常情况下，存货对企业经营特点的反映能力强于其他资产项目。存货对于生产制造业、贸易行业十分重要。通常，存货的重大错报对公司的财务状况和经营成果都会产生直接的影响，审计中有许多复杂和重大的问题都与存货有关。存货、产品生产和销售成本构成了会计、审计乃至企业管理中最为普遍、重要和复杂的问题。存货审计，尤其是对年末存货余额的测试，通常是审计中最复杂也最费时的部分，对存货存在性和存货价值的评估常常十分困难。

华新公司属于轻工业类制浆制造企业，公司主营业务为纸、纸板、纸箱制品。公司是某省重点扶持的骨干企业之一，也是国家火炬计划重点高新技术企业，公司经过产品结构的不断调整与优化，产品质量和技术装备均已达到国内先进水平，主导产品可替代进口，公司目前生产规模和经济效益连续多年居该省造纸业首位，全国同行业前列。公司坚持以废纸为主要原料，辅以商品木浆进行生产，减少污染，实现经济与环保双赢发展。该公司在董事会下设有审计委员会，在总经理下设有审计部，审计委员会和审计部在业务上是指导与被指导关系。注册会计师的审计工作得到了该公司内部审计的协助。

二、案例内容与过程

（一）审计目标

评价存货内部控制的健全性和有效性；确定资产负债表中记录的存货是否存在；确定所有应记录的存货是否均已记录；确定记录的存货是否由被审计单位拥有或控制；确定存货的品质状况，存货跌价准备的计提是否合理；确定存货的计价方法是否恰当；确定存货余额是否正确；确定存货是否已按照企业会计准则的规定在财务报表中作出恰当列报。

（二）对存货环节进行风险评估和控制测试

通常来说，在存货业务循环中，由于存货的成本归集较为复杂，且存货对其他项目的影响较大，因此企业在存货准确性的认定层次上存在重大错报风险。审计人员首先通过调查表（如表 5-1 所示）等方法对其进行了调查了解，并从华新公司取得了与存货有关的生产与费用循环的内部控制流程图，以文字形式对调查结果进行了描述，并运用检查凭证法、实地考察法等对应付账款内部控制进行了测试，在此基础上，对其进行了评价。本案例主要针对被审计单位存货与仓储环节进行探讨。

表 5-1　　存货业务循环内部控制调查表

被审计单位名称	财务报表期间	工作底稿索引号
华新公司	截至 2012 年 12 月 31 日	C18-2

编制人及复核人员签字：

编制人：李静	日期：2013 年 2 月 17 日
复核人：徐明	日期：2013 年 2 月 17 日
项目质量控制复核人：苏晓	日期：2013 年 2 月 18 日

续表

调查内容	是	否	不适用	评价
1. 对所有自行采购的或上级主管部门转来的货物是否均编制了验收报告?	√			
2. 是否有程序确保就货物短缺或损坏向承运人或供货商索赔，或向上级主管部门报告?	√			
3. 是否对收到的货物进行清点和检查?	√			
4. 是否将收到的货物与采购合同或上报的采购清单加以对比?	√			
5. 验收报告是否连续编号?	√			
6. 对特定用途的货物或设备采购，是否委派技术专家来监督评价合同的执行情况并批准验收?	√			
7. 如果没有专门的机构来组织验收，是否有足够的措施来保证由批准付款以外的人员负责验收已付款的货物，并确保其符合质量标准?	√			
8. 对于采购或接收的设备，是否设立资产登记簿，并定期与仓库记录核对?		√		
9. 是否对所有存货均有永续盘存记录?		√		
10. 存货是否按种类、性质集中堆放并有醒目的标记?		√		
11. 是否定期对存货进行盘点?	√			
12. 存货的盘盈、盘亏是否经报批后入账?	√			
13. 是否对呆滞、废损的存货进行了清理?	√			
14. 是否有专职的仓库管理员?	√			
15. 是否有充分的安全保护措施?	√			
16. 存货收发人与会计记录人是否分开?	√			
17. 仓库收发存记录是否定期与会计记录相核对?	√			
18. 货物的领用是否经核准后填开领用单?	√			
19. 货物是否有出门验证制度?	√			
20. 存货的收发月报是否根据当月的入库单、出库单（调拨单或领用单）分别汇总编制?	√			
21. 存货计价方法的确定与变更是否经授权批准?	√			

通过以上程序，审计人员了解到华新公司在存货与仓储环节建立了以下内部控制：存货建立了定期盘点制度，存货的盘盈、盘亏能及时报批处理，产成品的完工入库和销售发出都建立了相应的内控，产成品的核算采用加权平均法。审计人员还了解到被审计单位内部控制的主要问题在原材料的仓储管理环节，由于被审计单位生产用原材料主要是一些废纸（包括大量国外进口废纸、书本纸、牛皮纸）、毛竹、漂白苇浆、木浆等，这些原料在国内通过废品收购获取，国外废料则通过进口取得。这些原材料由于没有较规则的外形，成本又相对较低，所以仓储环节的内部控制很薄弱。一直以来，被审计单位没有很好地进行管理，所以原材料仓库很零乱，材料的领用也缺乏严格的制度控管。现阶段，被审计单位主要采取对原材料购入环节的严格控制和期末定期实地盘点制度。在对被审计单位内部控制进行调查和测试的基础上，审计人员开始实施下一步实质性程序。

（三）对存货实施实质性程序

由于存货对于企业的重要性、存货问题的复杂性以及存货与其他项目密切的关联度，要求注册会计师对存货项目的审计予以特别关注。相应地，要求实施存货项目审计的注册会计师应具备较高的专业素质和相关业务知识，分配较多的审计工时，运用多种有针对性的审计程序。对华新公司的存货审计，审计人员主要执行了以下程序：

1. 取得或编制存货明细表

取得或编制存货明细表及各大类（原材料、包装物及低值易耗品、产成品）明细表，与明细账、总账、报表的余额进行核对。核对结果表明华新公司的存货各大类合计数与总账余额相符，各大类明细表与存货表的期初余额、期末余额相符。

2. 进行存货监盘

期末存货的结存数量直接影响到财务报表上的存货金额、期末存货数量的确定，是存货审计中的重要内容。审计人员对存货监盘是存货审计中必不可少的一项审计程序。具体来讲，为了达到比较好的效果，存货监盘应做好盘点前的计划工作、盘点过程的监督工作以及盘点工作结束后的记录工作。具体程序如下：

（1）制定计划之前应考虑的问题。盘点不同于货币资金的突击盘点，有效的存货盘点工作，必须建立在事前周密计划的基础上。审计人员应参与被审计单位存货盘点的事前规划，或向委托人索取存货盘点计划。具体来讲，审计人员应考虑监盘时间、监盘的样本量、项目选取等问题。一般来讲，监盘时间以会计期末以前为优，如果企业的盘点在会计期末以后的时间进行，那么就必须编制从盘点日到期末的存货余额调节表，但应尽量使盘点时间靠近会计期末。在考虑选取多大样本量进行盘点时，应考虑有关实地盘点，永续记录的可靠性、存货的总金额及种类、不同的重要存货位置的数量、以及以前年度发现的误差性质和程度的内部控制等。至于样本选取事宜，则应将重要项目或典型存货项目作为对象，同时对可能过时或损坏的项目要仔细查询，并与管理人员就疑虑问题交换意见。通过进行存货盘点问卷调查，审计人员可以掌握被审计单位盘点准备工作做得如何。审计人员应在期末专程下到被审计单位进行盘点，并参与被审计单位盘点计划的编制，进行盘点准备工作。首先，编制连续编号的盘点标签或盘点清单，确定盘点顺序，有条件的还应绘制存货摆放示意图，规划盘点路线。因为被审计单位的财产物资品种繁多、存放地点分散，同步实施盘点既无可能也无必要，所以分次盘点几乎是必然的，但分次盘点有先后之分，盘点的地点等同于预告盘点，为防止被盘点单位弄虚作假，有必要对其实行封存，封存可以采取贴封条、上锁、请人看守、请人代为保管等方式。其次，查账人员应了解有关财产物资的内部控制和管理制度，对各项制度的遵循情况进行评价，发现存在的薄弱环节，明确盘点的重点。再次，做好盘点的人员准备，盘点是整个企业的大事，各级领导、有关人员都应参加，通过召开盘点预备会议，将盘点计划或指令贯彻到每一个参与人员。最后，通知被查部门，并要求其将有关物资盘点日的账面数轧出，将已经发现的错误数剔除，存货应停止流动。

（2）实施盘点。查账人员进入现场后，应察看被盘点部门和有关人员是否进入“状态”，有关手续是否已办理完毕；在监督盘点下，查账人员不能离开盘点现场，同时应把握盘点的进度，对有关人员所实施的盘点清查要实行全过程监控，不能只看其结果而不观察其过程；对一些重要的盘点环节还要细看，必要时要求其放慢速度或重复操作，演示其过程或者要求其解释盘点的结果，也可以对有关盘点结果进行复核和清点；要防止有关人员对查账人员玩弄“障眼法”，趁查账人员不注意时串换物资、搞“调包”，如果发现此类情况，查账人员应提出严肃批评，严重时应改为查账人员实施直接盘点。在盘点过程中，要严格记录程序，特别对盘点出现的结果要如实记录在案，并执行有关手续，填写有关的表格，写明盘点的实际数额，并签字为证。然后，进行抽点。企业盘点人员盘点后，注册会计师应根据观察的情况，在盘点标签尚未取下之前，进行复盘抽点。抽点的样本一般不得低于存货总量的10%。在比较抽点结果与盘点单上的记录时，不仅要核对数量，还应该核对存货的编号、品种、规格及产品品质等。在抽点在产品时，还应关注其完工程度是否适当。抽点如发现差异，除应督促企业更正外，还应扩大抽点范围，如发现差错过大，则应要求企业重新盘点。抽点结束后，应将全部盘点标签或盘点清单按编号顺序归总并据以登记盘点表。归总时，注册会计师应注意盘点标签或盘点清单编号的连续性，以免有缺号、重号现象。所有的盘点标签、盘点清单均应由企业参与盘点人员和监盘注册会计师签名，并复印两份，企业与会计师事务所各留一份。同时，注册会计师还应向企业索取存货盘点前的最后一张验收报告单（或入库单）、最后一张货运文件（或出库单），以便审计时作截止测试之用。

（3）总结盘点结果。盘点表格的手续完毕之后，还应将盘点的结果与有关账簿记录进行核对，确定其是否账实相符。账实不符的原因有多种，有的属于在物资材料收发过程中的正常的、小额的短少，即为正常的“盘盈”或“盘亏”。但超过正常的幅度和范围，事情就不那么简单了，对此类账实不符的情形，查账人员不能轻易下结论，而要结合其他查账环节，进行深一步的调查研究。最初的调查是询问被查单位有关人员，让其解释账实不符的原因并查找理由，如果能作出令人信服的说明，即可消除查账人员疑虑，可不作进一步追查；如果不能自圆其说，说明问题仍然存在，则应作跟踪检查，直到得到满意的结论为止。

（4）其他注意事项。观察盘点和抽点过程中，注册会计师还应检查有无代人保存和来料加工的存货，有无未作账务处理而置于（或寄存）他处的存货，这些存货是否正确列示于存货盘点表中。同时，注册会计师还应注意观察存货的残次冷背情况，确定其对损益的影响。对于企业存放或寄销在外地的存货、也应纳入盘点的范围。但盘点的方法可以选择，如委托当地会计师事务所负责监盘抽点或本所注册会计师亲自前往监盘，如存货量不大，也可以向寄存寄销单位函证或采用其他替代程序予以确认。

经过实地监盘，审计人员得出以下结论：仓库管理人员对存货很熟悉，盘点工作及复盘工作很认真，对审计师需要的资料积极配合予以提供，存货复盘结果正确，进而可以判断华新公司的存货账实相符。

3. 确定存货的所有权归属

企业存货的确认通常以获得该项商品或物资的所有权为标志，如某项存货已经验收入库且可供企业支配，即使货款尚未支付，应该看作企业的存货；同样，购买某项货物的货款已经支付而商品或材料尚未运达企业，也应看作企业的存货。对于发出的存货，应以标志该存货所有权已经转移的事件是否发生或凭证是否取得来确认存货的所有权归属而不管款项是否已经收到，若上述事实已存在，则存货的所有权已经转移，存货已不归被审计单位所有，不管该存货是否仍存放在被审计单位的仓库。代人保存和来料加工的存货，其所有权不归被审计单位所有，不应计入存货余额中；而企业存放或寄销在外地的存货，因其所有权属于被审计单位，所以其金额和数量应列入被审计单位存货余额中。审计中应注意收集能证明存货所有权的文件和凭证，如购销合同、购销发票等。

审计人员在执行这一审计程序时发现以下调整事项：华新公司年末一批外购原材料已验收入库，价值 105 300 元，也已纳入年末盘点项目中，但未及时进行账务处理，这样导致本期发出材料成本减少，进而减少本期生产产品成本。审计人员建议被审计单位将该批材料及时入账，被审计单位接受建议。

4. 确定存货的品质状况，判断存货跌价准备的计提是否合理

企业应当定期或者至少于每年年度终了，对存货进行全面清查，如由于存货遭受毁损、全部或部分陈旧过时或销售价格低于成本等原因，使存货成本不可收回的部分，应当提取存货跌价准备。存货跌价准备应按单个存货项目的成本与可变现净值计量，如果某些存货具有类似用途并与在同一地区生产和销售的产品系列相关，且实际上难以将其与该产品系列的其他项目区别开来进行估价的存货，可以合并计量成本与可变现净值；对于数量繁多、单价较低的存货，可以按存货类别计量成本与可变现净值。审计人员对华新公司原材料、库存商品的存货跌价准备进行了测试，具体如表 5-2 所示。

表 5-2　　原材料库存商品存货跌价准备表　　单位：元

被审计单位名称	财务报表期间	工作底稿索引号
华新公司	截至 2012 年 12 月 31 日	U1-1

编制人及复核人员签字：

编制人：李静	日期：2013 年 2 月 19 日
复核人：徐明	日期：2013 年 2 月 19 日
项目质量控制复核人：苏晓	日期：2013 年 2 月 20 日

续表

项目	期初数	本期增加	本期减少	期末数
原材料	263 540.58	—	151 210.26	112 330.32
库存商品	115 761.42	184 265.39	—	300 026.81
合计	379 302.00	184 265.39	151 210.26	412 357.13

华新公司存货可变现净值是按照期末存货市场价扣除相关税金和销售费用后确定的。审计人员分析了被审计单位存货余额及跌价准备变动的原因，原材料在2012年12月31日的余额比2011年末增长88.15%，主要原因系本期主要原材料国际、国内市场价格均大幅度下调，本公司适当增加原材料储备量所致，本期相应减少存货跌价准备。库存商品2012年年末比2011年末增长63%，主要原因是由于本公司为提高产量和适应市场需要，对主要生产线逐步进行大规模的技术改造，2012年期间几项在建工程改造项目调试成功后正式投产，本公司下半年生产量开始增加，同时随着产品结构调整，本公司增加了产品规格和品种。2012年下半年产量增加和品种调整后，由于市场开拓需要一定过程，库存商品较上年末有所增加，本期相应增加了存货跌价准备。审计人员建议对存货跌价准备进行调整，被审计单位接受建议。调整分录如下：

借：资产减值损失——存货跌价准备　　61 356.23

　贷：存货跌价准备　　61 356.23

5. *确定存货的计价方法是否恰当*

被审计单位存货的计价方法采用加权平均法，审计人员对被审计单位的产品进行了计价测试，见表5-3。

表5-3　存货计价测试表　　金额单位：元

被审计单位名称	财务报表期间	工作底稿索引号
华新公司	截至2012年12月31日	U1-2

编制人及复核人员签字：

编制人：李静	日期：2013年2月20日
复核人：徐明	日期：2013年2月20日
项目质量控制复核人：苏晓	日期：2013年2月22日

续表

产品	账面数								注册会计师测试		差异
	期初		本期入库		本期出库		期末				
	数量	金额	数量	金额	数量	金额	数量	金额	单价	金额	金额
	(1)	(2)	(3)	(4)	(5)	(6)	(7)=(1)+(3)-(5)	(8)=(2)+(4)-(6)	(9)=[(2)+(4)]/[(1)+(3)]	(10)=(9)×(7)	(11)=(10)-(8)
A产品	3 423.69	1 340 375.47	6 722.15	5 636 086.33	6 870.14	3 006 370.55	3 275.70	3 970 091.25	687.62	2 252 436.83	-1 717 654.42
B产品	271.63	247 673.53	53.86	32 485.22	149.65	228 877.23	175.84	51 281.52	860.73	151 350.76	100 069.24
C产品	110.21	8 318.68	6 023.56	5 616 651.13	3 429.01	5 062 376.65	2 704.76	562 593.16	917.05	2 480 400.16	1 917 807.00
D产品	1 827.37	3 632 310.70	2 017.25	2 421 296.68	2 319.17	4 539 120.24	1 525.45	1 514 487.14	1 574.56	2 401 912.55	887 425.41
E产品	2 858.67	4 745 487.38	352.27	1 476 196.67	583.69	1 618 682.25	2 627.25	4 603 001.80	1 937.65	5 090 690.96	487 689.16
审计结论：审计人员经计价测试，认为被审计单位产品计价基本正确，余额可以确认。											

三、案例分析与建议

本案例列示了一般情况下存货审计的程序及方法，反映了存货与仓储环节经常出现的会计错弊及其审计调整过程及结果。通过本案例，我们可以进行如下小结：

（一）要求被审计单位强化存货的盘点工作

审计人员对被审计单位存货进行了审计，从被审计单位存货的内部控制制度来讲，主要问题是原材料的仓储管理较弱，但由于原材料本身价格比较低廉，发生丢失和被盗窃的可能性也很小。在这一环节，被审计单位应加强对存货的实地盘点制度，可以在一定程度上改善仓储环节管理混乱的状况。

（二）审计人员对存货加强实地监盘和抽点

对存货的实地监盘和抽点是存货审计必要且非常重要的审计程序，从制订盘点计划开始，审计人员都应积极参与，提出合理化建议，审计人员应参与监督盘点，并进行一定比例的抽样盘点，对盘点的差异应找出原因，及时处理。

（三）严格按要求计提存货跌价准备

新会计制度对存货跌价准备的计提提出了明确要求，审计人员应就被审计单位存货的品质状况进行审查，应分别不同情况决定对存货全额计提跌价准备还是按存货账面成本与存货可变现净值的差额计提存货跌价准备。本案例中，审计人员根据本年度存货品质状况，对存货跌价准备提出了调整建议。

案例 11　东方公司生产成本审计

一、背景介绍

大风会计师事务所自 2004 年开始接受东方股份有限公司（以下简称东方公司）董事会委托，对东方公司进行年度财务报表审计。根据双方所签订的审计业务约定书，由以何时印为项目组长及以李东、张原、华迪为组员的项目组于 2013 年 2 月 16 日至 3 月 6 日对该公司 2012 年度的财务报表进行审计。本案例主要反映生产成本的审计过程及相关问题。

东方公司的主营业务为摩托车、助力车及其零部件的自制与开发。审计人员华迪负责生产成本的审计测试与取证工作。

二、案例内容与过程

（一）审计目标

（1）评价生产成本内部控制的健全性与有效性；

（2）确定生产成本会计处理的合法性与公允性。

（二）对生产成本进行风险评估和控制测试

华迪根据审计计划对生产成本进行了控制测试。审计人员首先利用调查表等方法对东方公司生产成本的内部控制制度进行了调查了解，以文字描述的形式对调查结果进行了描述，并运用检查凭证法、实地考察法等对生产成本内部控制进行了测试。在此基础上，对东方公司生产成本的内部控制制度进行了评价。有关东方公司生产成本的内部控制，华迪选择并获取成本报告期一至两种具有代表性的产品成本计算单，对其成本构成及核算过程进行了如下检查。

（1）东方公司直接材料的会计核算采用非定额单耗制度，华迪获取材料费用分配汇总表、成本计算单、领料单以及材料明细账，对成本计算单中直接材料成本与材料费用分配汇总表中该产品负担的直接材料费用进行核对，未发现任何问题。华迪还抽取了若干领料单，将直接材料的发出总量和各该种材料的实际单位成本之乘积与材料费用分配汇总表中各该种材料费用进行比较，主要检查了下列事项：领料单的签发是否经过授权批准；材料发出汇总表是否经过适当人员的复核；材料单位成本计价方法是否适当，在当年度有无重大变更。经审计，华迪确认，被审计单位的领料单的签发都有适当的授权批准手续，材料发出分配汇总表也经过适当人员复核，材料单位成本计价方法采用加权平均法，年度内无重大变更。

（2）华迪对直接人工成本进行测试，被审计单位是采用计时工资制的企业，华迪获取了若干实际工时统计记录、职员分类表和职员工资手册（工资率）、人工费用分配汇总表及成本计算单，将成本计算单中直接人工成本与人工费用分配汇总表中该样本的直接人工费用进行了核对，未发现任何问题；华迪又将样本的实际工时统计记录与人工费用分配汇总表中该样本的实际工时进行了核对，未发现任何问题；华迪还抽取了生产部门若干天的工时台账与实际工时统计记录进行了核对，未发现任何问题。

(3) 华迪对制造费用进行测试，首先获取若干制造费用分配汇总表、制造费用明细账和与制造费用分配标准有关的统计报告及其相关原始记录，然后将制造费用分配汇总表中样本分担的制造费用与成本计算单中的制造费用进行核对，未发现任何问题；华迪又将制造费用分配汇总表中的合计数与样本所属成本报告期的制造费用明细账总计数进行核对，未发现任何问题；华迪还审查了制造费用分配汇总表选择的分配标准，被审计单位采用的是按直接人工工资标准分配制造费用的方法，将其与相关的统计报告或原始记录进行核对，未发现任何问题，经审计可以确认被审计单位制造费用分配标准的选用较适当。

(4) 华迪最后对生产成本在当年期末完工产品与在产品之间的分配进行了测试，将成本计算单中在产品数量与在产品盘存表中的数量进行核对，数量无误；被审计单位的在产品采用约当产量法计算，经测试分配标准较合理；计算复核样本的总成本和单位成本，最终对当年采用的成本会计制度作出评价。

华迪对从不同方面收回的生产成本内部控制调查表进行了综合分析，根据测试结果认为生产成本内部控制有的方面是健全有效的，但在某些方面还存在着一些缺陷。

(1) 生产成本内部控制比较健全的方面。

第一，领料单的签发经过了适当授权批准，材料发出汇总表经过了适当人员的复核。

第二，成本计算单中直接人工成本与人工费用分配汇总表中该样本的直接人工费用经核对相符，样本的实际工时统计记录与人工费用分配汇总表中该样本的实际工时经核对相符。

第三，制造费用分配汇总表中，样本分担的制造费用与成本计算单中的制造费用经核对相符，制造费用分配汇总表中的合计数与样本所属成本报告期的制造费用明细账总计数经核对相符。

(2) 生产成本内部控制存在的问题。

第一，华迪在审计中发现，东方公司生产领用材料虽有适当的授权批准手续，但材料的发出缺乏定额控制，容易造成材料领用环节的浪费。由于材料的发出缺乏定额控制，生产环节总会有一些领而未用的材料，华迪公司又没有建立“假退料”制度，这势必会影响其生产成本的核算；华迪还发现，年度内东方公司的材料成本在某些月份出现异常波动，究竟是什么原因导致的，华迪决定在实质性测试环节进一步关注。

第二，华迪发现，东方公司的制造费用采用直接人工工资标准进行分配，如果审计期间直接人工工资发生调整，将影响制造费用在不同产品间进行分配的金额。所以需要进一步验证制造费用的分配标准在年度内是否发生变更以及直接人工工资是否发生变动，进而确定产品成本中制造费用的金额的正确性。

第三，东方公司在将生产成本在完工产品和在产品之间进行分配时，在产品按约当产量计算。但华迪发现在实务环节中，公司并未严格遵守该项成本核算制度，因此可能会对成本计算和报表产生影响，华迪因此需要在实质性程序中对其予以重点关注。

根据上述情况，华迪决定在执行实质性程序时对生产成本重点进行分析性复核和计价测试，对差异较大的部分增加凭证的抽查数量。

（三）对生产成本实施实质性程序

（1）获取生产成本汇总明细表，复核加计正确，并与总账数、明细账合计数核对是否相符。表 5-4 为东方公司提供的 12 月份生产成本汇总明细表。

表 5-4　生产成本汇总明细表

2012 年 12 月 31 日　　单位：元

项目	期初余额	本期发生			完工结转	期末余额
		直接材料	直接人工	制造费用		
W 型摩托	543 000	6 400 488.47	442 842.00	1 277 689.25	8 664 019.72	—
Q 型摩托	—	31 906 018.21	2 390 039.39	5 864 116.47	40 160 174.07	—
Z 型助力车	—	12 631 237.78	1 263 123.78	991 514.70	14 885 876.26	—
Y 型助力车	67 089	24 437 340.50	2 443 734.05	11 110 349.36	37 991 423.91	67 089
合计	610 089	75 375 084.96	6 539 739.22	19 243 669.78	101 701 493.96	67 089
审计结论：审计人员复核了 12 月份生产成本明细汇总表的正确性，将直接材料与材料耗用汇总表、直接工资总额与工资分配表、制造费用总额与制造费用明细表及相关账项明细表核对一致，并作交叉索引。						

（2）华迪重点对生产成本进行了分析程序，通过对比各月及前后期同一产品的单位成本，发现 Q 型摩托本年度产品单位成本较上年度有较大幅度增长，在本年度的 1—12 月内，12 月份产品单位成本尤其比其他月份和以前年度来得高。华迪了解到的情况排除了材料价格上涨的因素，进一步抽查成本计算单后发现，Q 型摩托 12 月份成本计算单中直接材料的单位用量增加异常，需要进一步抽查凭证和进行材料盘点，以确认是什么原因导致年末材料的用量较大。

华迪重点抽查了12月份的有关成本归集与分配的凭证，发现了两笔凭证需要进行调整。一笔是在建工程领用的价值1 232 000元的材料，记入了Q型摩托车的12月份成本计算单中；另一笔是在建工程工人的工资及福利费用共计592 800元，也计入了Q型摩托车的成本中。经过进一步审计，华迪了解到东方公司在12月份新上马一项在建工程，有关该项工程的开支全部计入Q型摩托产品成本开支中，经与有关人员询问，确认无误。

华迪经审查确定该产品年末无在产品，并且该批产品属订单生产，完工产品已于审计年度内全部销售。因此作以下调整分录：

借：在建工程——工程材料　　1 232 000

　　　　　　——工程人工及福利费　　592 800

　贷：主营业务成本——Q型摩托车　　1 824 800

（3）华迪进一步检查了车间在产品盘存资料，与成本核算资料核对，发现被审计单位生产环节确实存在领而未用材料的情况，也没有建立“假退料”制度，这势必会影响生产成本的核算。华迪在车间盘点材料时发现了一批材料闲置在角落中，经询问确认该材料是为生产Q型摩托车领而未用的材料A，需要作假退料处理，而东方公司没有进行恰当处理。经核算该批材料价值720 000元，应相应调整原材料、生产成本和单位成本。

借：原材料——A材料　　720 000

　贷：主营业务成本——Q型摩托车　　720 000

（4）东方公司的制造费用采用按直接人工工资标准进行分配的方法。经过测算，制造费用的分配并非按照制度规定进行分配，并且上述几笔经济业务的调整也影响了直接人工工资的金额。

经测算，Q型摩托车本期人工费用为：

2 390 039.39－592 800＝1 797 239.39(元)

所有产品本期人工费用为：

6 539 739.22－592 800＝5 946 939.22(元)

某产品的制造费用＝19 243 669.78/5 946 939.22×某产品直接人工费用

审计调整后具体数据，如表5-5所示。

表5-5　　生产成本汇总明细表（审计调整后）　　单位：元

被审计单位名称	财务报表期间	工作底稿索引号
东方公司	截至2012年12月31日	U1-2

编制人及复核人员签字：

编制人：华迪	日期：2013 年 2 月 18 日
复核人：何时印	日期：2013 年 2 月 18 日
项目质量控制复核人：简军	日期：2013 年 2 月 19 日

项目	期初余额	本期发生			完工结转	期末余额
		直接材料	直接人工	制造费用		
W 型摩托	543 000	6 400 488.47	442 842.00	1 432 990.13	8 819 320.60	—
Q 型摩托	—	29 954 018.21	1 797 239.39	5 815 677.62	37 566 935.22	—
Z 型助力车	—	12 631 237.78	1 263 123.78	4 087 335.69	17 981 697.25	—
Y 型助力车	67 089	24 437 340.50	2 443 734.05	7 907 666.34	34 788 740.89	67 089
合计	610 089	73 423 084.96	5 946 939.22	19 243 669.78	99 156 693.96	67 089

三、案例分析与建议

本案例研究了生产与存货业务循环中生产成本审计的程序和方法，反映了生产成本核算中易发生的会计错弊及其审计调整过程和结果。通过本案例，我们可以明确以下问题。

（一）生产成本有其特定的审计程序

生产成本有其特定的审计程序，应当采取适当审计程序确定：生产成本的发生、用途、性质和数额是否正确、合理；生产成本的核算对象，生产成本的分类、归属是否适当；生产成本的分配、成本计算方法是否合理；生产成本期末余额是否正确；生产成本的披露是否恰当。

（二）生产成本的控制测试有其特定的程序和内容

生产成本的控制测试有其特定的程序和内容。被审计单位的生产成本的核算方法不同，相应设计的内部控制制度就不同，如直接材料的核算，既可以选择采用定额单耗核算、非定额单耗核算，也可以采用标准成本法核算，每种方法都对应不同的测试程序和内容。本案例采用的是非定额单耗核算方法，这种方法由于对材料的耗用没有定额控制，所以容易造成材料的浪费和成本核算的不准确，从案例中我们应该有所认识，可以建议被审计单位采用定额单耗成本控制制度。

（三）生产成本的实质性程序有其特定的程序和方法

对于生产成本的实质性测试的程序和方法，一个明显的特点是料、工、费的归集和分配过程涉及大量相互有勾稽关系的单证和账表，对于这些证据的收集和复核是实质性测试环节的重要程序。此外，审计中应特别注意采用分析性复核程序，这对于确定审计重点和发现差异和异常波动非常有用。

CHAPTER

6 第六章 筹资与投资循环审计案例分析

案例 12　盛强公司负债融资审计

一、背景介绍

华信会计师事务所自 2007 年开始接受盛强股份有限公司（以下简称盛强公司）董事会委托，对盛强公司进行年度财务报表审计。根据双方签订的审计业务约定书，由以张军为组长及以王霞、张水、王佳佳为组员的项目组，于 2013 年 2 月 12 日至 3 月 6 日对盛强公司 2012 年度的财务报表进行了审计。本案例主要反映负债融资的审计过程及相关问题。负债融资是筹资活动的重要组成部分，它主要包括向银行或其他金融机构借款和发行公司债券等。在对负债融资审计时，其主要法律依据是《中华人民共和国商业银行法》、《企业会计准则第 17 号——借款费用》等。

盛强公司主营业务是节能电光源、照明电器、仪器设备的开发、制造和销售；照明电器、技术以及生产所需原材料和设备的销售及进出口国际业务、国际贸易等。2012 年，公司依靠社会各界和全体股东的支持，在董事会和经理层的领导下，通过全体员工努力，加强管理，取得了一定的成绩，实现主营业务收入 38 650 万元，主营业务利润 6 560 万元，主营业务收入比上年增长 130.80%，主营业务利润比上年增长 103.50%，主要原因是主导产品电子节能灯销售量稳步增长，同时，T 5 灯具及特种灯具已陆续投放市场，创造了部分利润。

盛强公司在董事会下设有审计委员会，在总经理下设有审计部，审计委员会和审计部在业务上是指导与被指导关系。注册会计师的审计工作得到了公司内部审计的协助。

根据审计计划，审计人员王霞负责负债融资的审计测试与取证工作。

二、案例内容与过程

（一）审计目标

（1）评价负债融资内部控制的健全性与有效性；

（2）确定负债融资会计处理的合法性与公允性。

（二）对负债融资环节进行风险评估和控制测试

审计人员了解到盛强公司负债融资涉及短期借款、长期借款、财务费用、应付债券等，融资的相关文件记录较为完整，负债融资程序在年度内进行了修订，负债融资的职责分工明确。盛强公司没有委托服务机构执行主要负债融资业务活动。

审计人员王霞通过调查表等方法，对盛强公司负债融资的内部控制进行调查了解，内部控制调查表如表 6-1 所示。

表 6-1　　内部控制调查表

被审计单位名称	财务报表期间	工作底稿索引号
盛强公司	截至 2012 年 12 月 31 日	Z2-5-1

编制人及复核人员签字：

编制人：王霞	日期：2013 年 2 月 14 日
复核人：张军	日期：2013 年 2 月 14 日
项目质量控制复核人：黄河	日期：2013 年 2 月 15 日

调查问题	调查结果				备注
	是	否		不适用	
		较轻	较重		
1. 是否编制借款计划？	√				
2. 借款申请是否经董事会批准？	√				
3. 是否签订借款合同？	√				
4. 是否对借款的批准人、经办人、会计记录人进行分工控制？	√				

续表

调查问题	调查结果				备注
	是	否		不适用	
		较轻	较重		
5. 是否按计划使用借款?		√			
6. 企业债券发行是否经过批准?	√				
7. 企业债券是否指定专人保管?	√				
8. 企业发行债券是否签订债券契约?	√				
9. 各项借款和应付债券的入账是否在取得和审核各种必要的凭证以后进行?	√				
10. 统驭账户和明细账的设置是否健全?	√				

审计人员了解到，盛强公司已经制定了相关的政策和程序以保持适当的职责分工，主要包括负债融资方案的拟订与决策、合同或协议的审批与订立、与负债融资有关的各种款项偿付的审批与执行、负债融资业务的执行与相关会计记录等职务相分离。各相关部门之间相互牵制并在其授权范围内履行职责，同一部门或个人不得处理负债融资业务的全过程。盛强公司现行的负债融资政策和程序经董事会批准，如需对该项政策和程序作出任何修改，均应经董事会批准后方能执行。这些政策和程序较合理；本年度这些政策和程序没有发生变化。

根据了解的业务活动及控制设计并评估其执行情况所获取的审计证据，审计人员王霞实施进一步审计程序即控制测试和实质性程序。测试负债融资控制运行有效性的工作包括：针对了解的盛强公司负债融资的控制活动，确定拟进行测试的控制活动；测试控制运行的有效性，记录测试过程和结论；根据测试结论，确定对实质性程序的性质、时间和范围的影响。测试负债融资内部控制有效性形成下列审计工作底稿：控制测试汇总表、控制测试程序及控制测试过程。控制测试过程工作底稿如表 6-2 所示。

表 6-2　　控制测试过程表

被审计单位名称	财务报表期间	工作底稿索引号
盛强公司	截至 2012 年 12 月 31 日	CZ3

编制人及复核人员签字：

编制人：王霞	日期：2013 年 2 月 15 日
复核人：张军	日期：2013 年 2 月 15 日
项目质量控制复核人：黄河	日期：2013 年 2 月 16 日

（1）与日常借款有关的业务活动的控制。

主要业务活动	测试内容	测试项目1	测试项目2	……
借款	借款申请表编号＃（日期）	NI-0816	STM-2024	
	借款申请表是否经恰当批准（是/否）	是	是	
	借款合同编号＃（如适用）	OM-203	AM-209	
记录借款	收款凭证编号＃（日期）	10月16日34＃	2月26日128＃	
	借款合同金额、期限等内容是否与借款申请表内容一致（是/否）	是	是	
	是否记入短期借款明细账贷方（是/否）	是	是	
	是否登记借款备查账（是/否）	是	是	
	明细账记录内容是否与借款备查账内容一致（是/否）	是	是	
	借款备查账记录内容是否与借款合同一致（是/否）	是	是	

（2）与偿还借款有关的业务活动的控制。

主要业务活动	测试内容	测试项目1	测试项目2	……
偿还	借款合同编号＃	QT01-117	BN06-109	
	付款申请表编号＃（日期）	PAD09－A12	PAD09－B20	
	付款申请表是否经恰当批准（是/否）	是	是	
	是否与借款合同规定还款日一致（是/否）	是	是	
记录借款	付款凭证编号＃（日期）	6月2日234＃	4月5日87＃	
	还款金额、期限等内容是否与付款申请表内容一致（是/否）	是	是	
	是否记入短期借款明细账借方（是/否）	是	是	
	是否登记借款备查账（是/否）	是	是	
	明细账记录内容是否与借款备查账内容一致（是/否）	是	是	
	借款备查账记录内容是否与借款合同一致（是/否）	是	是	

（3）与信贷情况表有关的业务活动的控制。

序号	选择的编制期间	是否有编制信贷情况表（是/否）	内容是否完整（是/否）	是否有适当层次的复核（是/否）
1	2012年4月	是	是	是
2	2012年9月	是	是	是
……				

（4）与借款差异调节表有关的业务活动的控制。

金额单位：元

序号	选择的编制期间	借款备查账金额	借款明细账金额	编制人是否签名（是/否）	复核人是否签名（是/否）	是否有调节项目（是/否）	是否与支持文件相符（是/否）	是否经过适当审批（是/否）	是否已调节借款（是/否）
1	2012年4月	38 000 000	38 000 000	是	是	否	是	是	否
2	2012年9月	46 000 000	46 000 000	是	是	否	是	是	否
……									

（5）与财务费用有关的业务活动的控制。

序号	选择的编制期间	借款利息回单编号#	如适用，是否估算借款利息（是/否）	如适用，是否与银行存款余额调节表核对一致（是/否）	记账凭证编号#	是否经过适当审批（是/否）
1	2012年4月	MV547857	是	是	108#	是
2	2012年4月	AJ297650	是	是	354#	是
……						

根据有关的控制测试结果，王霞认为盛强公司负债融资的内部控制存在健全有效之处，同时也存在缺陷。盛强公司负债融资内部控制比较健全有效的方面有：负债融资的申请、批准、经办、记录等工作由不同的职员来进行，有利于保持筹资环节中的内部控制得到有效实施，防止错误和欺诈行为的发生；各项借款和应付债券的入账是在取得和审核各种必要的凭证以后进行的；统驭账户和明细账的设置比较健全。负债融资内部控制存在的问题主要是：虽然编制了借款计划，但是没有按计划使用借款，如将借款用作为职工垫付购买100台彩电；此外，盛强公司虚设技改项目，从银行套取现金用于投资，违反长期借款合同的约定。

综合上述情况，项目组认为，盛强公司负债融资环节存在一定的重大错报风险。

（三）对负债融资环节实施实质性程序

根据上述情况，审计人员对盛强公司的负债融资业务实施了相应的实质性程序。

1. 编制借款明细表并与有关会计资料、相关借款合同及董事会批复核对相符，审阅借款明细账

长期借款明细表如表 6-3 所示。

表 6-3　　长期借款明细表

被审计单位名称	财务报表期间	工作底稿索引号
盛强公司	截至 2012 年 12 月 31 日	Z2-5-2

编制人及复核人员签字：

编制人：王霞	日期：2013 年 2 月 17 日
复核人：张军	日期：2013 年 2 月 17 日
项目质量控制复核人：黄河	日期：2013 年 2 月 18 日

贷款银行	借款期限		期初余额		本期增加		本期归还		期末余额	本期应计利息	本期实计利息	差异	借款条件	借款用途
	借款日	约定还款日	利率	本金	利率	本金	日期	本金	本金					
江北工行	2012-06-30	2013-06-30		0	5.040%	1 000 000		0	1 000 000	25 200	25 200		信用	技术改造贷款
江南农行	2012-02-28	2013-02-28		0	4.802%	600 000		0	600 000	24 010	24 010		信用	固定资产贷款
……														
合计				0	5 800 000			0	5 800 000	305 763	305 763			

审计说明：
长期借款合同见 Z2-5-5；
经测试，应计利息与实计利息无差异。

2. 函证江北工行、江南农行等贷款银行，以核实借款的实有额

审计人员王霞采取以下措施对函证实施过程进行控制：一是将江北工行、江南农行等贷款银行的名称、地址与盛强公司的有关记录核对；二是将询证函中列示的账户余额或其他信息与盛强公司有关资料核对；三是询证函经盛强公司盖章后，由王霞直接发出；四是在询证函中指明直接向接受业务委托的华信会计师事务所回函；五是将已发出询证函的事项记录于工作底稿；六是将收到

的回函形成工作底稿，并汇总统计函证结果。其中，江北工行以传真方式回函，王霞在接收后，要求江北工行寄回询证函原件。为了解盛强公司的借款、抵押、担保、质押等事项，在审计过程中，审计人员王霞去人民银行的当地分支机构查询盛强公司的贷款卡，当场打印贷款卡内所有信息，并要银行盖章，回到审计现场认真核对每一笔记录。

3. 审查发现借款的使用不符合借款合同的规定

在短期借款方面，王霞发现盛强公司 2012 年 6 月 1 日借入短期借款的 78＃记账凭证，其记录为：

借：银行存款　　340 000

　贷：短期借款　　340 000

后附“入账通知”和“借款合同”复印件原始凭证。

王霞根据上述情况，追踪调查存款的去向，在审阅银行存款日记账时，发现 6 月 20 日银付字 201＃凭证，减少银行存款 300 000 元。调阅该凭证时，其记账凭证分录为：

借：其他应收款——张某　　300 000

　贷：银行存款　　300 000

其摘要为“汇给某公司货款”。经核实，以上凭证所记汇出款项，是盛强公司为职工垫付的购买 100 台彩电的款项，张某是负责向职工收回垫付款的负责人，款项于 2012 年 8 月至 11 月陆续收回。该公司为职工垫付的彩电款实际上是占用了用于生产方面的短期借款。盛强公司不按借款用途使用借款，同时增加了企业的财务费用。

长期借款方面，王霞发现盛强公司 2012 年 6 月 30 日从江北工行借入技术改造借款 1 000 000 元，但在“在建工程”账户中没有相应的增加支出数。王霞怀疑盛强公司有挪用借款的行为。从 7 月和 8 月会计报表反映看，盛强公司增加长期投资 900 000 元。查问资金来源时，盛强公司承认是从江北工行借入的技术改造借款。盛强公司虚设技改项目，从银行套取现金用于投资，违反长期借款契约规定。

4. 审查发现盛强公司将不属于财务费用性质的支出列入财务费用

审计人员对盛强公司的财务费用检查情况如表 6-4 所示。

表 6-4　　财务费用检查情况表

被审计单位名称	财务报表期间	工作底稿索引号
盛强公司	截至 2012 年 12 月 31 日	Z2-5-3

编制人及复核人员签字：

编制人：王霞	日期：2013 年 2 月 18 日
复核人：张军	日期：2013 年 2 月 18 日
项目质量控制复核人：黄河	日期：2013 年 2 月 19 日

记账日期	凭证编号	业务内容	对应科目	金额	核对内容（用“√”、“×”表示）				备注
					1	2	3	4	
……									
7 月 30 日	87	应付短期借款利息	应付利息	16 780	√	√	√	√	
8 月 25 日	76	付开证手续费	银行存款	18 520	√	√	√	√	
……									
核对内容说明：1. 原始凭证是否齐全；2. 记账凭证与原始凭证是否相符；3. 账务处理是否正确；4. 是否记录于恰当的会计期间									
审计说明：我们在盛强公司 2012 年度财务费用明细账中随机选取样本进行检查。									

经审查，2012 年 12 月 30 日的第 92 号凭证分录为：借记“财务费用”350 000 元，贷记“长期借款”350 000 元，其摘要为工程借款利息支出。经与原始凭证核对，并实际查验该工程，发现该工程尚未竣工。根据有关规定，该项工程借款利息支出在尚未完工并办理竣工手续之前应记入“在建工程”。盛强公司应作如下调整：

借：在建工程　　350 000

　贷：财务费用　　350 000

5. 审查发现盛强公司溢价发行的企业债券，其实际收到的金额与债券票面金额的差额，没有在债券存续期间内采用实际利率法进行摊销

审计人员王霞在对应付债券业务进行审查时，了解到盛强公司于 2012 年 1 月 1 日以 120 万元的价格发行面值为 100 万元的 5 年期债券，票面利率为 12%。经审查，该公司 2012 年 12 月 30 日的第 97 号凭证的的会计分录是：

借：财务费用　　120 000

　贷：应付债券——应计利息　　120 000

其摘要为计提应付债券的利息费用。经与原始凭证核对，计提的是 2012 年 1 月 1 日以 120 万元的价格发行的、票面利率为 12%、面值为 100 万元的 5 年期债券的利息费用。按摊余成本和实际利率计算确定的债券利息费用为 85 000 元。审计人员王霞指出了盛强公司的错误做法，指出了这笔业务的正确会计分录，并要求盛强公司作出调整。

借：应付债券——债券溢价　　35 000

　贷：财务费用　　35 000

三、案例分析与建议

（一）合理使用所筹资金，不能随意改变资金投向

企业所筹资金到位后，筹资活动并没有结束。为了实现筹资的目的，应把筹资与投资有机地结合起来，对资金运作的全过程进行有效控制和监督。因此，资金到位后，有关人员必须审慎、合理地使用资金，不能随意改变资金投向。在本案例中，盛强公司为职工垫付的彩电款实际上是占用短期借款。盛强公司不履行借款合同，擅自改变借款用途，使借款合同的条款难以落实。值得注意的是，这种现象在很多贷款企业中并不少见，应引起审计人员的特别关注。

（二）正确计算与核算利息费用

通过贷款和债券筹资，是目前企业筹资的主要方式。根据借款费用准则的规定，借款费用确认的基本原则是：企业发生的借款费用，可直接归属于符合资本化条件的购建或者生产的，应当予以资本化，计入相关资产成本；其他借款费用，应当在发生时根据其发生额确认为费用，计入当期损益。借款费用必须同时满足三个条件，即资产支出已经发生、借款费用已经发生、为使资产达到预定可使用或者可销售状态所必要的购建或者生产活动已经开始。购建或者生产符合资本化条件的资产达到预定可使用或者可销售状态时，借款费用应当停止资本化。对此，应审阅、核对“长期借款”、“固定资产”、“在建工程”、“财务费用”等账户和相应的会计凭证等会计资料，以查明问题。本案例中，经审查的 2012 年 12 月 30 日的第 92 号凭证反映的工程借款利息支出的会计处理是违反准则的规定的，因为经查验该工程尚未竣工。根据有关规定，该项工程借款利息支出在尚未完工并办理竣工手续之前应记入“在建工程”，因此，盛强公司必须作出相应调整。此外，该公司的债券是溢价发行的，实际收到的款项与面值的差额，应记入“利息调整”明细科目，利息调整的金额应在债券存续期间内采用实际利率法进行摊销。为此，审计人员王霞指出了盛强公司的错误做法，并要求该公司作出调整。

（三）对负债融资审计时还应特别关注的其他违规问题

企业在负债融资核算时，可能出现的其他违规问题主要有：混淆长期借款

和短期借款的界限，使科目分类和报表反映数据不正确；记名债券债权人登记簿记载不完整、不及时、保管不善，与会计记录不符；未经批准擅自扩大或变相扩大公司债券发行规模；擅自改变全部或部分债券筹资的用途；由于资金使用不当，造成资金呆滞，致使到期无法兑付本息；筹资决策或投资决策失误，造成效益低下，甚至亏损；向证券管理机构和人民银行呈报虚假材料，募集债券时向社会公众和投资法人公布虚假的债券发行简章；会计账务处理时计价、核算和会计报告反映不真实、不合规或不合理等。

案例 13　宝鼎公司权益性融资审计

一、背景介绍

大风会计师事务所接受宝鼎公司董事会委托，对宝鼎公司进行年度财务报表审计。根据双方所签订的审计业务约定书，以钱进为组长及以张然、毛义、朱全为组员的项目组于 2013 年 2 月 10 日至 3 月 6 日对宝鼎公司 2012 年度的财务报表进行了审计。本案例主要反映权益性融资的审计过程及相关问题。所有者权益是企业投资者对企业净资产的所有权，包括投入资本、资本公积、盈余公积和未分配利润等内容。在对所有者权益审计时，审计项目小组对《公司法》、《公司登记管理条例》、《国有资产评估管理办法》等相关规定予以了特别关注。

宝鼎公司属纺织工业化学纤维行业，其主营业务范围是：聚酯切片及化纤、纺织原料及成品的生产及销售等。据有关资料，在全国纺织工业化学纤维行业年销售收入前 100 名企业名单中，宝鼎公司的排序为：销售收入第 20 名，利税总额第 15 名，利润总额第 12 名。本报告期内宝鼎公司紧紧围绕经济效益这一中心，内抓管理，外拓市场，生产经营状况良好，全年完成主营业务收入 51 586.5 万元，同比增长 25.89%；主营业务利润 12 631.7 万元，同比增长 0.37%。企业生产稳定，产品质量优良，产销两旺。

宝鼎公司在董事会下设有审计委员会，在总经理下设有审计部，审计委员会和审计部在业务上是指导与被指导关系。注册会计师的审计工作得到了该公司内部审计的协助。

根据审计计划，审计人员张然负责权益性融资的审计测试与取证工作。

二、案例内容与过程

（一）审计目标

（1）评价权益性融资内部控制的健全性与有效性；

（2）确定权益性融资会计处理的合法性与公允性。

（二）对权益性融资环节进行风险评估和控制测试

与权益性融资相关的交易和账户余额主要包括实收资本（股本）、资本公积、盈余公积、未分配利润等。审计人员了解到，宝鼎公司权益性融资的主要方式是实收资本，相关文件记录完整，审计年度内按照财政部 2008 年颁布的《企业会计准则》进行相应的会计核算，权益性融资流程于 2012 年进行了完善。

审计人员张然通过调查表等方法，对宝鼎公司权益性融资的内部控制进行调查了解，内部控制调查表如表 6-5 所示。

表 6-5　　内部控制调查表

被审计单位名称	财务报表期间	工作底稿索引号
宝鼎公司	截至 2012 年 12 月 31 日	N2-2

编制人及复核人员签字：

编制人：张然	日期：2013 年 2 月 12 日
复核人：钱进	日期：2013 年 2 月 12 日
项目质量控制复核人：李斌	日期：2013 年 2 月 13 日

调查问题	调查结果				备注
	是	否		不适用	
		较轻	较重		
1. 是否按年编制资本预算并经董事会批准？	√				
2. 权益性融资事项的审批人员、经办人员、记账人员等职责权限是否明确？			√		
3. 投入资本的验证程序是否完整、合法？	√				
4. 资本公积转增资本手续是否完备？	√				
5. 提取法定盈余公积或任意盈余公积是否符合规定？	√				
6. 权益性融资的入账是否在取得和审核各种必要的凭证以后进行？	√				
7. 统驭账户和明细账的设置是否健全？	√				

审计人员张然根据对交易流程的了解，记录了以下情况：宝鼎公司未委托其他服务机构执行主要业务活动；自前次审计后，宝鼎公司的业务流程和控制活动未发生重大变化；未发现控制偏差；未发现非常规交易或重大事项；未识别出其他风险；初步结论是权益性融资控制基本合理，但权益性融资事项的审批人员、经办人员、记账人员等职责权限还不够明确。

根据了解的业务活动及控制设计并评估其执行情况所获取的审计证据，审计人员张然实施进一步审计程序即控制测试和实质性程序。测试权益性融资控制运行有效性的工作包括：针对了解的该公司权益性融资的控制活动，确定拟进行测试的控制活动；测试控制运行的有效性，记录测试过程和结论；根据测试结论，确定对实质性程序的性质、时间和范围的影响。测试权益性融资内部控制有效性形成下列审计工作底稿：控制测试汇总表、控制测试程序及控制测试过程。测试结果表明，宝鼎公司内部控制的薄弱环节主要是职责分工不明确。

张然认为，筹资活动是一项综合性的系统活动。为了保证其合法性和效益性，需要通过分工实现相互制约。会计机构和会计人员通过自身的活动，关注或是监督整个筹资活动是否存在业务分工。通常，在一个企业中筹资业务的职责可作如下划分：主管财务的副总裁提出筹资方案，交由董事会批准，并负责全部筹资活动；财会部门具体实施方案，并负责会计记录。但是宝鼎公司的实际情况是，权益性融资事项的审批人员、经办人员、记账人员等职责权限不明确，授权、批准、决策、执行等程序不明确，没有做到相互分离、相互制约。审计人员决定与管理层及治理层沟通，并建议宝鼎公司完善有关控制程序。

综合上述情况，项目组认为，宝鼎公司权益性融资环节存在重大错报风险但不突出。

（三）对权益性融资环节实施实质性程序

根据上述情况，张然对与权益性融资有关的主要报表项目实施了实质性程序。

1. 审查实收资本

资产负债表中记录的实收资本是存在的，所有应当记录的实收资本均已记录，实收资本的增减变动符合法律、法规和合同、章程的规定，实收资本已按照企业会计准则的规定在财务报表中作出了恰当列报。在审查了有关的资料后，张然编制了如下审计工作底稿（见表 6-6、表 6-7）：

表 6-6 **实收资本（股本）明细表** 单位：元

被审计单位名称	财务报表期间	工作底稿索引号
宝鼎公司	截至 2012 年 12 月 31 日	N3-3

编制人及复核人员签字：

编制人：张然	日期：2013 年 2 月 13 日
复核人：钱进	日期：2013 年 2 月 13 日
项目质量控制复核人：李斌	日期：2013 年 2 月 14 日

股东名称	期初余额	本期增加额	本期减少额	期末余额	备注
A 公司	1 200 000			1 200 000	
B 公司	3 800 000			3 800 000	
C 公司	5 000 000			5 000 000	
合计	10 000 000			10 000 000	

表 6-7 **实收资本（股本）审定表** 单位：元

被审计单位名称	财务报表期间	工作底稿索引号
宝鼎公司	截至 2012 年 12 月 31 日	N3-3

编制人及复核人员签字：

编制人：张然	日期：2013 年 2 月 13 日
复核人：钱进	日期：2013 年 2 月 13 日
项目质量控制复核人：李斌	日期：2013 年 2 月 14 日

股东名称	期末未审数	账项调整		重分类调整		期末审定数	上期末审定数	索引号
		借方	贷方	借方	贷方			
A 公司	1 200 000					1 200 000	1 200 000	
B 公司	3 800 000					3 800 000	3 800 000	
C 公司	5 000 000					5 000 000	5 000 000	
合计	10 000 000					10 000 000	10 000 000	
审计结论：报表数经审计后无调整事项，可以确认。								

2. 审查发现接受捐赠财产的账务处理不正确

将属于营业外收入的内容错误地列入“资本公积”账内（如表 6-8 所示）。

表 6-8　　　　资本公积审计工作底稿

被审计单位名称	财务报表期间	工作底稿索引号
宝鼎公司	截至 2012 年 12 月 31 日	N4-2

编制人及复核人员签字：

编制人：张然	日期：2013 年 2 月 14 日
复核人：钱进	日期：2013 年 2 月 14 日
项目质量控制复核人：李斌	日期：2013 年 2 月 15 日

审计过程	经审查，2012 年 10 月 12 日的第 60 号凭证分录为：借记“银行存款”9 000 元，贷记“资本公积”9 000 元。其摘要为接受捐赠 9 000 元。所附原始凭证，一为捐赠协议，二为银行存款回执，证明确为捐赠。会计人员未把应作为营业外收入的捐赠列入“营业外收入”账户，使利润虚减。
调整分录	宝鼎公司应作如下调整： 借：资本公积　9 000 　贷：营业外收入　9 000

3. 审查发现有错列盈余公积的问题

审计人员张然在审核宝鼎公司“盈余公积”时，发现贷方一处记录摘要内容为“收到股利收入”，金额为 250 000 元，疑其有错列盈余公积的问题。张然调阅了该笔记账凭证，记账凭证显示的会计分录为：

借：银行存款　　250 000

　贷：盈余公积　　250 000

所附原始凭证为银行收款通知单，显示对方付款理由为“分派股息”。通过查阅宝鼎公司有关投资账户，张然认为宝鼎公司把本应作为投资收益的股利收入错入了盈余公积账。后查明，宝鼎公司为了少缴所得税，故意隐瞒收入。经向会计人员询问，会计人员说明是在公司经理授意下进行的。

对此，应作审计调整如下：

借：盈余公积　　250 000

　贷：投资收益　　250 000

三、案例分析与建议

（一）履行资本保全原则

我国财务制度明确了资本保全原则，要求企业筹集资本后，在生产经营期间，投资者除转让外，不得以任何方式抽走资本，转让也应依照法定的程序进行。对企业的减资行为，我国有关法律也有明确的规定，如企业准备减资时，应事先告知债权人，若其无异议方可减资；公司减资后的注册资本不得低于法定注册资本的最低限额等。审计人员通过审阅“实收资本”账户发现有转让或减资记录后，应进一步审查有关会计及其他记录，询证有关投资者，验证其出资是否真实与合法。在现实中，投资方抽逃资金行为时有发生，应引起审计人员的足够重视。

（二）执行无形资产出资的比例规定

我国《公司法》规定：股东可以用货币出资，也可以用实物、知识产权、土地使用权等可以用货币估价并可以依法转让的非货币财产作价出资，但企业不得以国家专项储备的物资以及国家规定不得用于对外投资的其他财产向其他单位投资。而且，全体股东的货币出资金额不得低于公司注册资本的30%，即非货币资产（包括无形资产）最高出资比例不得高于注册资本的70%。在现实中，无形资产投资违规的事例时有发生，应引起审计人员的足够重视。

（三）对权益性融资审计时还应特别关注的其他违规问题

企业进行权益性融资核算易出现的其他违规问题主要有：出资期限超过合同或法律规定的时间界限；增资或减资不符合规定或会计处理不当；将应列入收入类的内容转入资本公积科目，虚减利润；入账的资本公积缺乏应有的法律手续，如资产评估资料未经必要的确认程序或评估机构本身不具备资格；资本公积转增资本手续不完备；资本公积明细核算不规范，账务处理不正确；盈余公积的基数或者比例错误；未分配利润的形成有误；利润分配不当，向投资者分配过高，提取法定盈余公积或任意盈余公积不合规定，弥补以前年度亏损不合规；等等。

案例14 泰峰公司投资审计

一、背景介绍

大风会计师事务所自2007年开始接受泰峰股份有限公司（以下简称泰峰公司）董事会委托，对泰峰公司进行年度财务报表审计。根据双方所签订的审计业务约定书，以宋建强为组长及以赵水军、王东超、徐明为组员的项目组于2013年2月13日至3月5日对该公司2012年度的财务报表进行了审计。本案例主要反映投资的审计过程及相关问题。

投资审计包括对企业交易性金融资产、持有至到期投资、可供出售金融资产和长期股权投资的审计。交易性金融资产主要是指企业为了近期内出售而持有的金融资产，如企业以赚取差价为目的从二级市场购入的股票、债券和基金等。持有至到期投资是指到期日固定、回收金额固定或可确定，且企业有明确意图和能力持有至到期的非衍生金融资产。可供出售金融资产是指初始确认时即被指定为可供出售的非衍生金融资产，以及没有被划分为以公允价值计量且其变动计入当期损益的金融资产或持有至到期投资的金融资产。长期股权投资包括企业持有的对其子公司、合营企业及联营企业的权益性投资以及企业持有的对被投资单位不具有控制、共同控制或重大影响，且在活跃市场中没有报价、公允价值不能可靠计量的权益性投资。投资活动的安全和有效对企业生产经营活动有着重要影响。在对投资进行审计时，审计项目小组对《企业会计准则第2号——长期股权投资》、《企业会计准则第22号——金融工具确认和计量》、《企业会计准则第23号——金融资产转移》、《企业会计准则第37号——金融工具列报》等予以了特别关注。

泰峰公司的主营业务范围为：水产品养殖、加工、销售及深度综合开发，生物工程研究、开发及食品、饮料的销售。2012年，泰峰公司把经营工作的重点继续放在拓展主营业务上，除了抓好传统养殖和引进新的养殖品种外，合理利用水面资源，发展“三网”养殖，增加名特优新水产品养殖投入，使水产养殖继续保持稳定增长的势头。1—12月，公司共计实现主营业务收入4 342万元，实现净利润525万元，分别比上年同期增长154.27%和40.59%。

泰峰公司在董事会下设有审计委员会，在总经理下设有审计部，审计委员会和审计部在业务上是指导与被指导关系。注册会计师的审计工作得到了该公司内部审计的协助。

根据审计计划，审计人员赵水军负责投资的审计测试与取证工作。

二、案例内容与过程

（一）审计目标

（1）评价投资内部控制的健全性与有效性；

（2）确定投资会计处理的合法性与公允性。

（二）对投资环节进行风险评估和控制测试

与投资相关的交易和账户余额主要包括交易性金融资产、投资收益、长期股权投资、持有至到期投资、应收股利等。审计人员了解到，泰峰公司投资涉及上述各种主要方式，投资的相关文件记录有些不完整，审计年度执行了新的会计准则，投资政策和程序与公司实际存在脱节现象。

审计人员赵水军通过调查表等方法，对泰峰公司投资的内部控制进行调查了解，内部控制调查表如表 6-9 所示。

表 6-9　　内部控制调查表

被审计单位名称	财务报表期间	工作底稿索引号
泰峰公司	截至 2012 年 12 月 31 日	M2-2

编制人及复核人员签字：

编制人：赵水军	日期：2013 年 2 月 15 日
复核人：宋建强	日期：2013 年 2 月 15 日
项目质量控制复核人：陆冲	日期：2013 年 2 月 16 日

调查问题	调查结果				备注
	是	否		不适用	
		较轻	较重		
1. 各项投资是否订立投资协议？	√				
2. 重大投资合同、协议是否经过企业主管领导批准？	√				
3. 投资签约、经办与审批职责是否分离？	√				
4. 有价证券保管实物与账务记录是否分离？	√				
5. 管理部门是否定期检查有价证券实物？		√			
6. 投资购买的有价证券是否均以企业名义登记？	√				
7. 长期股权投资存在减值现象的，是否按照规定计提减值准备？	√				
8. 投资的本息是否及时按照投资协议的约定回收？	√				
9. 统驭账户和明细账的设置是否健全？	√				
10. 投资的入账是否在取得和审核各种必要的凭证后进行？	√				
11. 是否建立投资管理制度和实施细则？	√				

根据了解的投资业务活动及控制设计并评估其执行情况所获取的审计证据，审计人员赵水军实施进一步审计程序即控制测试和实质性程序。测试投资控制运行有效性的工作包括：针对了解的泰峰公司投资的控制活动，确定拟进行测试的控制活动；测试控制运行的有效性，记录测试过程和结论；根据测试结论，

确定对实质性程序的性质、时间和范围的影响。测试投资内部控制有效性形成下列审计工作底稿：控制测试汇总表、控制测试程序及控制测试过程。其中部分控制测试程序底稿如表 6-10 所示。

表 6-10　　控制测试程序

被审计单位名称	财务报表期间	工作底稿索引号
泰峰公司	截至 20012 年 12 月 31 日	N3-3

编制人及复核人员签字：

编制人：赵水军	日期：2013 年 2 月 15 日
复核人：宋建强	日期：2013 年 2 月 15 日
项目质量控制复核人：陆冲	日期：2013 年 2 月 16 日

控制目标	被审计单位的控制活动	控制测试程序	所测试的项目数量	……
已记录的投资均为公司的投资	每月末，财务经理编制资金状况表，报总经理审核。总经理根据资金盈余情况及短期内资金计划安排，确定是否进行交易性金融资产投资及投资规模，并报董事会批准。投资管理员根据确定的投资规模，编制交易性金融资产投资付款申请单，报投资管理经理审批。	选取交易性金融资产投资付款申请单并检查是否得到适当复核。	2	
投资交易均已记录	投资管理员根据交易流水单，对每笔投资交易记录进行核对、存档，并在交易结束后一个工作日内将交易凭证交投资记账员。投资记账员编制转账凭证，并附相关单证，提交会计主管复核。复核无误后进行账务处理。 每周末，投资管理员与投资记账员就投资类别、资金统计进行核对，并编制核对表，分别由投资管理经理、财务经理复核并签字。如有差异，将立即调查。	选取交易性金融资产核对表并检查是否得到适当复核。	3	
投资交易计价准确	投资记账员编制转账凭证，并附相关单证，提交会计主管复核。复核无误后进行账务处理。每周末，投资管理员与投资记账员就投资类别、资金统计进行核对，并编制核对表，分别由投资管理经理、财务经理复核并签字。如有差异，将立即调查。期末，投资管理员取得投资项目的公允价值，经投资管理经理审核后，交投资记账员对交易性金融资产进行后续计量。	取得记账凭证，检查与账务记录是否一致。	2	
……				

审计人员赵水军对投资进行内部控制测试后，对其进行了评价。赵水军认为，泰峰公司的投资内部控制较好方面是：投资的记录由独立于审批、执行的人员来进行；投资的入账是在取得和审核各种必要的凭证以后进行的；公司建立了投资管理制度和实施细则。投资的内部控制方面存在的主要问题是：没有对长期投资资产（股票、债券）进行定期盘点，即由证券公司代为保管的股票和债券，没有建立定期的核对制度；对存放在企业内部的有价证券，也没有建立定期的盘点制度，且未能对核对和盘点的结果与账簿记录进行比较，确保有价证券的安全、完整。为此，审计人员赵水军指出，泰峰公司应建立并完善对长期投资资产（股票、债券）定期盘点制度，强调核对和盘点工作应由企业的内部审计人员或不参与有价证券保管、记录和买卖的其他财会工作人员实施，以防止舞弊行为的发生。

综合以上情况，项目组认为，泰峰公司投资环节存在重大错报风险。

（三）对投资环节实施实质性程序

根据上述情况，赵水军对与泰峰公司投资有关的主要报表项目实施了相应的实质性程序。

1. 审查发现投资成本不真实

审计人员赵水军对泰峰公司长期投资业务进行审查时，将“长期股权投资”账户与有关货币资金及“应收股利”等账户相互核对，用以判断其入账的价值是否合规适当。结果发现，泰峰公司4月10日购入立益公司股票300 000股，实际买价为900 000元，其中买价中包含已宣告但尚未支付的股利27 000元，另支付印花税7 200元，经纪人佣金2 700元，该公司将所支付的款项全部作为权益资本，记入“长期股权投资”账户。审计人员赵水军向有关会计人员指出：按照准则的规定，企业在以货币资金购买股票时，如果企业实际支付的价款中含有已宣告尚未发放的股利，应按认购股票实际支付的价款扣除已宣告但尚未发放的股利作为长期股权投资的入账价值；对于已宣告但尚未发放的股利，应在“应收股利”科目核算。针对这些问题，泰峰公司的会计人员作了账项调整。

2. 审查发现泰峰公司利用现金股利虚减投资收益

审计人员赵水军发现该公司于2012年5月购入运通公司的股票60 000股，预计持有时间为4个月。每股面值为1元，每股购入价1.2元，实际支付金额为75 000元。该公司作分录如下：

借：交易性金融资产	72 000
投资收益	3 000

贷：银行存款　　75 000

赵水军审阅了该笔投资业务的原始凭证。发现投资收益借方所反映的是已宣告发放但未支付的股利。根据审计过程中所取得的审计证据，赵水军认定上述会计处理是错误的。于是，赵水军编制了如表 6-11 所示的工作底稿。

表 6-11　　投资收益审计工作底稿

被审计单位名称	财务报表期间	工作底稿索引号
泰峰公司	截至 2012 年 12 月 31 日	M4-2

编制人及复核人员签字：

编制人：赵水军	日期：2013 年 2 月 16 日
复核人：宋建强	日期：2013 年 2 月 17 日
项目质量控制复核人：陆冲	日期：2013 年 2 月 17 日

审计过程	经查，该公司于 2012 年 5 月购入运通公司的股票 60 000 股，预计持有时间为 4 个月。每股面值为 1 元，每股购入价 1.2 元，实际支付金额为 75 000 元，其中包含已宣告发放但未支付的股利 3 000 元。该公司作以下分录： 借：交易性金融资产　　72 000 投资收益　　3 000 贷：银行存款　　75 000 根据上述情况，认为该公司把本应记作“应收股利”的 3 000 元错入了“投资收益”账户。后查明，该企业为了少缴所得税，故意冲减投资收益。
会计调整	应调账如下： 借：应收股利　　3 000 贷：投资收益　　3 000

3. 审查发现权益法的使用不正确

长期股权投资的核算方法有两种：一是成本法；二是权益法。成本法核算的长期股权投资的范围包括企业能够对被投资单位实施控制的长期股权投资，及企业对被投资单位不具有控制、共同控制或重大影响，且在活跃市场中没有报价、公允价值不能可靠计量的长期股权投资。企业对被投资单位具有共同控制或者重大影响时，长期股权投资应当采用权益法核算。权益法下，企业“长期股权投资”账户反映的投资额要随着接受投资企业净资产的增减变动而变动。

审计人员发现泰峰公司 2012 年 1 月 10 日购买明光股份有限公司（以下简称明光公司）发行的股票 6 000 000 股准备长期持有，占明光股份有限公司股份的 30%。每股买入价为 5 元，另外，购买该股票时发生有关税费 600 000 元，款项已由银行存款支付。泰峰公司在取得对明光公司的股权后，派人参与了明光公司的生产经营决策。因能够对明光公司的生产经营决策施加重大影响，泰峰公司对该投资按照权益法核算。2012 年 12 月 31 日，明光公司所有者权益的账面价值（与其公允价值不存在差异）为 120 000 000 元。泰峰公司作如下会计处理：

计算原始投资成本：

股票成交金额（6 000 000×5）	30 000 000
加：相关税费	600 000
合计：	30 600 000

编制购入股票的会计分录：

借：长期股权投资——成本　　30 600 000

　贷：银行存款　　30 600 000

审计人员指出，长期股权投资的初始投资成本 30 600 000 元小于投资时应享有被投资单位可辨认净资产公允价值份额 36 000 000 元（120 000 000×30%），其差额 5 400 000 元应调整已确认的初始投资成本。同时按其差额，贷记“营业外收入”科目。

借：长期股权投资——成本　　5 400 000

　贷：营业外收入　　5 400 000

因此，赵水军要求泰峰公司进行调整。此外，审计人员发现，2012 年明光公司实现净利润 22 000 000 元，而且其可供出售金融资产的公允价值增加了 6 000 000 元。对此，泰峰公司并未按照持股比例确认与调整投资收益与资本公积。

审计人员指出，泰峰公司应根据被投资单位实现的净利润计算应享有的份额，即按照持股比例确认投资收益 6 600 000 元。泰峰公司应作如下调整分录：

借：长期股权投资——损益调整　　6 600 000

　贷：投资收益　　6 600 000

对于明光公司除净损益以外所有者权益的其他变动，泰峰公司应按持股比例计算应享有的份额，借记“长期股权投资——其他权益变动”科目，贷记“资本公积——其他资本公积”科目。即泰峰公司应按照持股比例确认相应的资本公积 1 800 000 元。泰峰公司应作如下调整分录：

借：长期股权投资——其他权益变动　　1 800 000

　贷：资本公积——其他资本公积　　1 800 000

对这笔投资业务，赵水军认为泰峰公司为了少缴所得税，没有正确使用权益法核算，故意减少投资收益和营业外收入。赵水军指出了正确的账务处理，该公司会计人员也接受了这种做法。

4. 盘点和询证有价证券

根据有价证券的不同保管方式，审计人员赵水军采取不同的审查方法。由证券公司代为保管的，由于保管机构拥有严密的财产保管制度和证券存取制度，一般不会发生资产的个人盗用，因而通过询证的方式加以证实。其询证函式样如下：

外存证券询证函

南方证券公司：

本公司聘请的大风会计师事务所正在对本公司 2012 年度财务报表进行审计，按照《中国注册会计师审计准则》的要求，应当询证本公司与贵公司有关的信息。现发函给贵单位，请协助如实提供本公司在贵公司代保管的甲企业债券的情况，如果回执页填写不下，可另附材料，回执页所附材料请在 2013 年 3 月 5 日前直接寄至大风会计师事务所。

回函地址：××市××区××路××号

邮编：××××××　　电话：×××××××××

传真：×××××××××　　联系人：×××

（公司盖章）

2013 年 2 月 18 日

回　执

我们证实泰峰公司情况如下：

证券种类：甲企业债券　　托管方式：代保管

证券面值：25.8 万元　　托管期限：3 年

托管起止日：2011 年 2 月至 2014 年 1 月

有价证券代保管单编号：NO. 00130

保管单位：南方证券公司

经办人：夏丽华

复核人：王海东

2013 年 2 月 23 日

对存放在泰峰公司内部的有价证券，采取突击式盘点审查方式，在证券保管人员、会计人员、有关领导和审计人员同时在场的情况下进行。清点时由原证券保管人员将证券和经双方签字的证券移交记录交给清点人员，清点人员每清点一批就将数目报给持有证券明细表的审计人员，边清点边核对，清点后将证券交给保管员，双方在移交记录上再次签字。清点时，审计人员不仅清点数目，同时检查证券的真伪，警惕伪造证券的可能性。此外，审计人员还确定了证券的所有权。对盘点数与账面数的差异，审计人员进一步查明原因。

三、案例分析与建议

（一）投资成本的核算要合规

在投资审计中，审计人员首先要关注的就是投资成本的真实、合法。按照规定，不同的投资形式，其入账价值的标准也是不同的。审查交易性金融资产的购入是否符合投资合同、协议的规定。重大投资项目，应查阅董事会有关决议，并取证。审查交易性金融资产取得时，是否按照该金融资产取得时的公允价值作为其初始确认金额，记入“交易性金融资产——成本”科目；取得交易性金融资产所支付的价款中包含了已宣告但尚未发放的现金股利或已到付息期但尚未领取的债券利息的，是否单独确认为应收项目，记入“应收股利”或“应收利息”科目。审计人员还应注意审查企业取得交易性金融资产所发生的相关交易费用，包括支付给代理机构、咨询公司、券商等的手续费和佣金及其他必要支出是否在发生时计入投资收益。审查企业取得的持有至到期投资时，应关注是否按该投资的面值，记入“持有至到期投资——成本”科目。支付的价款中包含的已到付息期但尚未领取的利息，是否作为应收项目单独核算；实际支付的金额与上述项目的差额是否在“持有至到期投资——利息调整”科目中核算。审查企业取得可供出售金融资产时，应关注是否按其公允价值和交易费用之和，计入可供出售金融资产的成本；企业取得的可供出售金融资产为债券投资的，是否按债券的面值计入可供出售金融资产的成本，按面值与实际支付的差额计入可供出售金融资产（利息调整）。此外，对于取得可供出售金融资产所支付的价款中包含了已宣告但尚未发放的现金股利或已到付息期但尚未领取的债券利息的，是否单独确认为应收项目，记入“应收股利”或“应收利息”科目。

长期股权投资的初始投资成本分别企业合并和非企业合并两种情况确定。企业合并可分为同一控制下的企业合并和非同一控制下的企业合并。对于同一控制下的企业合并，合并方以支付现金、转让非现金资产或承担债务方式作为合并对价的，应当在合并日按照取得被合并方所有者权益账面价值的份额作为初始投资成本，该成本与支付的现金、转让的非现金资产及所承担债务账面价值之间的差额，调整资本公积，资本公积不足冲减的，调整留存收益；合并方以发行权益性证券作为合并对价的，应当在合并日按照取得被合并方所有者权益账面价值的份额作为初始投资成本，该成本与所发行股份面值总额之间的差额，调整资本公积，资本公积不足冲减的，调整留存收益。对于非同一控制下的企业合并形成的长期股权投资，购买方应按照确定的企业合并成本作为初始投资成本。企业合并成本包括购买方付出的资产、发生或承担的负债、发行的权益性证券的公允价值以及为进行企业合并发生的各项直接相关费用。对于企业合并以外的方式取得的长期股权投资，如支付现金取得的长期股权投资，应按照实际支付的购买价款作为初始投资成本，包括企业所发生的与取得长期股权投资直接相关的费用、税金。因此，审计人员应结合企业取得长期股权投资的方式，来审查其初始投资成本的正确性，并将“长期股权投资”账户与有关“银行存款”、“资本公积”等账户相互核对，来判明其入账的价值是否合规适当。审查时还应注意企业取得长期股权投资，实际支付的价款或对价中包含的已宣告但尚未发放的现金股利或利润，应作为应收项目处理，不构成长期股权投资成本。本案例中，就存在投资购入成本不真实的问题。泰峰公司在以货币资金购买股票时，没有按认购股票实际支付的价款扣除已宣告尚未发放的股利作为长期股权投资的入账价值，对于已宣告尚未发放的股利，没有在“应收股利”科目核算，从而使入账价值虚增。

（二）正确使用权益法

在股权投资形成后，也就产生了关联企业。关联企业间的幕后交易，给审计人员增加了审计测试和判断的工作量。特别是有些投资企业利用投资方法的不同，来人为调节损益和隐瞒投资收益或损失。应注意审查企业有哪些投资项目适合权益法核算，并通过询问管理当局或函证接受投资企业等方式，确认企业是否确实对接受投资企业具有共同控制或重大影响，检查企业是否对这些项目采用了权益法。在权益法下，审计人员除了应注意审查接受投资企业净资产增减变化数额是否真实、准确以外，还要注意审查投资企业投资额占被投资企业实收资本或股本的比例及按此比例分享的净资产增减额是否真实、准确。为了检查上述问题，审计人员应尽量取得被投资企业经过审计的年度财务报表，如被投资企业是上市公司，其年度财务报表可以从公开渠道取得。否则，审计人员应与担任被投资企业审计工作的审计人员或与被投资企业联系，函证获得所需情况或数据。本案例中，审计人员发现泰峰公司在取得对明光公司的股权后，派人参与了明光公司的生产经营决策。因能够对明光公司的生产经营决策施加重大影响，泰峰公司对该投资按照权益法核算。在权益法下，企业“长期股权投资”账户反映的投资额要随着接受投资企业净资产的增减变动而变动。但是，在2012年明光公司实现净利润22 000 000元，而且其可供出售金融资产的公允价值增加了6 000 000元的情况下，泰峰公司并未按照持股比例确认和调整投资收益和资本公积，从而对该公司的净利润产生了很大的影响。

（三）投资减值准备的审查是投资审计中的难点

按照规定，审查企业是否在资产负债表日，按照持有至到期投资发生减值的金额，计提持有至到期投资减值准备，并计入当期损益。对于已提减值准备的持有至到期投资价值以后又得以恢复的，注意审查企业是否在原已计提的减值准备金额内，按恢复增加的金额，作出相反的处理。对于可供出售金融资产减值准备的审查，要审查企业对发生减值的可供出售金融资产，是否按照以下规定进行了处理：将减值金额计入资产减值损失，将其与所有者权益中转出原计入资本公积的累计损失金额的差额计入可供出售金融资产（公允价值变动）。对于已确认减值损失的可供出售金融资产，在随后会计期间内公允价值已上升且客观上与确认原减值损失事项有关的，审查是否按原确认的减值损失，计入可供出售金融资产（公允价值变动）和资产减值损失；可供出售金融资产为股票等权益工具投资的，是否计入可供出售金融资产（公允价值变动）和资本公积。在审查长期股权投资减值准备时，审计人员要审查企业在对子公司、合营企业及联营企业的长期股权投资在资产负债表日存在可能发生减值的迹象时，其可收回金额低于账面价值的，是否将该长期股权投资的账面价值减记至可收回金额，减记的金额确认为减记损失，计入当期损益，同时计提相应的资产减值准备。对于企业对被投资单位不具有控制、共同控制或重大影响，且在活跃市场中没有报价，公允价值不能可靠计量的长期股权投资，企业是否将该长期股权投资在资产负债表日的账面价值，与按照类似金融资产当时市场收益率对未来现金流量折现确定的现值之间的差额，确认为减值损失，计入当期损益。应注意审查企业的长期股权投资减值损失一经确认，在以后会计期间不得转回。

（四）对投资审计应特别关注的其他违规问题

企业进行投资核算易出现的其他违规问题主要有：用企业的基本流动资金进行短期投资，影响企业正常生产运营；出售交易性金融资产时，只将该金融资产出售时的公允价值与其初始入账金额之间的差额确认为投资收益，但没有同时调整公允价值变动损益，从而对投资收益产生影响；重大投资项目未进行可行性研究，盲目投资造成重大的损失浪费；对外进行实物投资不经评估或故意少评估；债券投资收益挂往来账；随意改变长期投资会计核算方法；转让、出售或收回的投资不入公司账，借机转移，隐匿财产物资，转移资金，损害投资者利益等。

CHAPTER

7 第七章 损益形成与利润分配循环审计案例分析

案例 15　阳光公司损益形成审计

一、背景介绍

东方会计师事务所自 2008 年开始接受阳光有限责任公司（以下简称阳光公司）董事会委托，对阳光公司进行年度财务报表审计。根据双方所签订的审计业务约定书，以李洋洋为项目组长及以秋林、张冬冬、廖云为组员的项目组于 2013 年 2 月 12 日至 3 月 10 日对该公司 2012 年度的财务报表进行了审计。本案例主要反映对损益形成环节的审计过程及相关问题。

阳光公司主营业务为家用电器原料、设备的加工、制造、销售及电器百货的零售业务。2012 年主要财务数据和指标是：净利润 3 360 万元，总资产 121 605 万元，所有者权益 55 522 万元，净资产收益率 6.12％，资产负债率 54.34％。

二、案例内容与过程

审计人员对阳光公司的损益形成分别实施了风险评估与应对、控制测试和实质性程序。

（一）审计目标

（1）评价损益形成内部控制的健全性与有效性；

（2）确定损益形成会计处理的合法性与公允性。

（二）对损益形成进行风险评估和控制测试

阳光公司主要经营家用电器原料、设备的加工、制造、销售和电器百货的零售业务。审计年度其主要财务数据和指标处于行业平均水平，并且本年利润总额与上年同期相比，呈现明显增长趋势，显示其获利能力的稳定性较强，可能发生错报的领域分布于营业利润、投资收益和营业外收支方面。审计项目组在考虑应对方案时，将主要审计人力和资源配置于可能发生重大错报风险的上述项目上。

根据审计方案的安排，审计人员首先对损益形成的内部控制实施了控制测试。他们通过调查表、流程图等方法对内部控制进行了调查了解，以文字的形式对调查结果进行了描述，并运用检查凭证法、实地考察法等方法对损益形成的内部控制进行了测试。在此基础上，对阳光公司的内部控制进行了评价。

在控制测试过程中，审计人员对有关损益形成内部控制的调查情况进行了综合分析。根据测试结果，他们对阳光公司关于损益形成的内部控制分析如下：

1. 损益形成环节内部控制比较健全的方面

阳光公司损益形成的记录由独立的专职人员负责，并设置了与损益形成有关的总账账户和明细分类账账户。总账账户中收益类账户根据汇总的收款凭单登记；损失类账户根据汇总的付款凭单登记。明细账分别根据各收付款记账凭证和原始单据登记。阳光公司与营业利润有关的内部控制，如销售环节的内部控制制度、成本费用的内部控制制度、货币结算制度和利润核算制度等已经设置并发挥作用。阳光公司营业外收支发生时，按规定的程序和审批权限办理审批手续，经手人和主管人员分别签章，公司营业外收支项目按企业会计准则的相关规定正确划分。

2. 损益形成环节内部控制存在的主要问题

阳光公司对投资收益尚未设置严格的登记制度，难以分清各项投资收益的界限；年末库存证券的盘点清单并未与投资明细表中投资种类、本年增减数额、年末余额和投资收益进行核对；该公司损益类项目的总账与明细账之间缺乏定期的核对制度；经测试发现营业外收支存在不及时入账的问题，影响了利润总额中营业外收支项目核算的及时性和准确性。

根据控制测试的情况，审计人员决定对损益形成的各项目增加施行实质性程序的时间和范围，以获取更多的审计证据。

（三）对损益形成实施实质性程序

针对认定层次重大错报风险的评估结果，可供选择的应对方案有实质性方案和综合性方案两种。出于成本效益的考虑，项目组选用综合性方案设计进一步审计程序，即将测试控制运行的有效性与实质性程序结合使用。

1. 编制利润总额分析表进行初步分析与复核

审计人员秋林从阳光公司财务部获取了2011年和2012年度的利润表，运用分析性复核方法，首先将2012年利润表中利润总额各构成项目与对应的总账、明细账中本年累计发生额加以核对；其次将各明细账、本年发生额的合计数与利润表构成项目的总账各对应项目进行核对，证明相符；最后编制了审计工作底稿——利润总额分析表（如表7-1所示），将2012年与2011年的利润构成项目加以比较，分析差异的成因。

表7-1 利润总额分析表 单位：万元

被审计单位名称	财务报表期间	工作底稿索引号
阳光公司	截至2012年12月31日	F8-1

编制人及复核人员签字：

编制人：秋林	日期：2013年2月14日
复核人：李洋洋	日期：2013年2月14日
项目质量控制复核人：涂苏苏	日期：2013年2月15日

项目	本年数	上年数	与上年的差异	
			金额	百分比（%）
一、营业收入	77 600	76 600	1 000	1.31
减：营业成本	64 400	63 700	700	1.10
营业税金及附加	998	990	8	0.81
销售费用	2 700	2 650	50	1.89
管理费用	3 175	3 175	0	0
财务费用	2 130	2 130	0	0
资产减值损失	240	240	0	0
加：公允价值变动收益（损失以“—”号填列）	0	0	0	0
投资收益（损失“—”号填列）	323	323	0	0
二、营业利润（亏损以“—”号填列）	4 280	4 038	242	5.99
加：营业外收入	236	230	6	6.61
减：营业外支出	36	37	—1	—2.70
三、利润总额（亏损以“—”号填列）	4 480	4 231	249	5.89
减：所得税费用	1 120	1 058	62	5.86
四、净利润（净亏损以“—”号填列）	3 360	3 173	187	5.89

审计人员秋林将本年实际利润总额与上年数加以比较，审核阳光公司利润总额的增减变化趋势。阳光公司本年实际利润总额 4 480 万元，比上年利润总额 4 231 万元明显增多，增加了 249 万元。秋林进一步分析了阳光公司利润构成的变动情况。发现该公司的利润总额中营业利润增幅较大，其中非经常性业务的增幅高于经常性业务的增幅。营业利润的增长是在其他业务利润和主营业务利润增长的基础上实现的，它是企业发展的根本。持续稳定的营业利润主要来源于经常性项目，而非经常性项目通常是偶发的，会降低企业的盈利质量，制约企业利润的持续增长。非经常性利润的增长表明该公司在生产经营、利润的有效管理等方面仍存在着一定问题。

2. 审查利润总额各构成项目的明细账

审计小组以利润总额的主要构成项目，即营业利润、投资收益和营业外收支作为审核的重点，审阅构成三大项目的有关明细账户所记录的摘要、日期、金额等内容，核对其是否与相应的收入、收益、成本费用和支出等原始单据以及现金日记账、银行存款日记账的有关项目相符。

审计人员运用审阅、复核、追踪、查询及函证等审查方法，检查阳光公司年度内各损益形成明细账金额是否正常，有无利用损益形成账户进行营私舞弊的问题。

（1）对营业利润构成项目明细账的审核。审计人员秋林在审查阳光公司的主营业务收入时，将主营业务收入的明细账与应收账款明细账进行核对，发现其中应收“冰峰公司”明细账，在 12 月 29 日有一笔借方发生额 234 000 元，审计人员认为这项记录金额较大并发生于月末，情况不寻常。于是将明细记录与有关记账凭证转字 912＃进行了核对，记账凭证中显示的会计分录是：

借：应收账款——冰峰公司　　234 000

　贷：主营业务收入　　200 000

　　　应交税费——应交增值税（销项税额）　　34 000

审计人员审阅该记账凭证发现它没有附任何原始凭证，进一步追查发票存根，没有发现相应的销售发票，查阅产成品仓库账，也没有发现提货记录。经向冰峰公司发函询证后，秋林确定这笔销售业务是阳光公司为完成 2012 年利润目标虚构的。审计人员建议阳光公司作如下账务调整：

借：主营业务收入　　200 000

　　应交税费——应交增值税（销项税额）　　34 000

　贷：应收账款——冰峰公司　　234 000

（2）对投资收益明细账的审核。审计人员张冬冬、廖云对阳光公司的投资收益项目施行了审计。他们在审阅“持有至到期投资”和“交易性金融资产”明细账时，发现阳光公司 2011 年 2 月有一笔长期债券投资 10 万元的业务。经核对投资合同，证实接受投资单位为风华公司，按债券合约规定每年 2 月 1 日发放 1 次债券利息，以转账方式支付。李洋洋审阅了“投资收益”明细账，发现 2012 年没有发生任何业务。于是派廖云到风华公司查询，该公司证明 2012 年初曾付给阳光公司 13 200 元的利息，并提供了证明材料。张冬冬进一步审阅了阳光公司 2012 年的“应付账款”明细账，发现有“风华公司”明细账户，同时发现该户 2 月份贷方有一笔 13 200 元的业务，是根据银收字 82＃记账凭证登记的，该记账凭证填制于 2012 年 2 月 3 日，其账务处理如下：

借：银行存款　　13 200

　贷：应付账款　　13 200

经核对原始凭证，查明确属风华公司转来的投资利息。在确凿的证据面前，公司经理和财务部长承认了隐瞒投资收益 13 200 元的事实，目的是留待以后效益不好时调节利润。

审计小组对阳光公司这起隐瞒投资收益的异常事项提出调整建议，调增利润 13 200 元，账务调整如下：

借：应付账款——风华公司　　13 200

　贷：投资收益——风华公司　　13 200

此外，审计人员张冬冬、廖云在审计投资收益明细账时，还发现阳光公司于 2012 年 6 月 15 日从二级市场支付价款 2 070 000 元购入金华公司发行的债券，另支付交易费用 30 000 元。金华公司发行的债券 6 月 1 日已到付息日，但债券利息 70 000 元尚未实际领取。这部分债券利息已包含于债券的买价之中。6 月 28 日，阳光公司收到金华公司支付的债券利息 70 000 元。对该笔短期债券投资业务，阳光公司的账务处理如下：

6 月 15 日，从二级市场购入金华公司发行的债券时，

借：交易性金融资产——成本　　2 100 000

　贷：银行存款　　2 100 000

6 月 28 日，阳光公司收到金华公司支付的债券利息时，

借：银行存款　　70 000

　贷：投资收益——金华公司　　70 000

对于上述情况，张冬冬和廖云建议阳光公司作如下账务调整：

借：投资收益——金华公司　　30 000

　　应收利息——金华公司　　70 000

贷：交易性金融资产——成本　　100 000

借：投资收益——金华公司　　70 000

贷：应收利息——金华公司　　70 000

（3）对营业外收支明细账的审阅。审计人员李洋洋对阳光公司营业外收支的明细账进行审计，发现以下问题。

一是阳光公司在 2011 年 3 月 1 日为甲壳虫公司向银行借款 90 万元提供担保。至 2012 年 9 月 1 日，甲壳虫公司因经营严重亏损，进行破产清算，无力偿还已到期的该笔银行借款。提供贷款的××工商银行支行因此向法院起诉，要求阳光公司承担连带偿还责任，支付借款本息 110 万元。2013 年 1 月 12 日，法院终审判决工商银行胜诉，由阳光公司支付借款本息 110 万元，并于 2013 年 1 月 22 日执行完毕。阳光公司在 2012 年度未对该诉讼案件作相应的会计处理。对查出的这一情况，李洋洋已向被审计单位的法律顾问发出询证函证实了相关情况，并建议作如下账务调整：

借：营业外支出——赔款支出　　1 100 000

贷：预计负债——未决诉讼　　1 100 000

二是阳光公司的存货盘点负责人在 2012 年 12 月 31 日清查盘点库存原材料时，发现短缺 200 万元，当时作了借记“待处理财产损溢——待处理流动资产损溢”科目 200 万元、贷记“原材料”科目 200 万元的会计处理。审核员报经批准的短缺原因中属于非常损失部分为 160 万元，属于一般经营损失部分为 35 万元，属于原材料仓库管理员沈丽丽过失而应由其赔偿部分为 5 万元。经审计人员李洋洋审查后，确认阳光公司存货盘点负责人报经批准的短缺原因属实。但阳光公司财务部门在 2012 年末未结转该笔待处理事项。对于阳光公司的账务处理，审计人员作出如下分析与调整：

首先，库存原材料短缺属于 2012 年度发生的事项，建议阳光公司区分不同原因调整 2012 年度相应的会计报表项目，作以下调整分录：

借：营业外支出——非常损失　　1 600 000

管理费用——物料消耗　　350 000

其他应收款——沈丽丽　　50 000

贷：待处理财产损溢——待处理流动资产损溢　　2 000 000

其次，对 50 000 元其他应收款余额按 5%的比例计提坏账准备 2 500 元。

借：资产减值损失——坏账损失　　2 500

贷：坏账准备　　2 500

3. 调整与审定利润表中各构成项目的金额

审计项目组在审核利润总额各构成项目的同时，对各项目结转“本年利润”账户的情况加以审核，未发现异常事项。在上述审核的基础上，审计人员廖云编制了试算平衡表工作底稿——阳光公司2012年度利润表（如表7-2所示），由李洋洋审核。

表7-2　利润表（试算平衡表）　单位：万元

被审计单位名称	财务报表期间	工作底稿索引号
阳光公司	截至2012年12月31日	F8-2

编制人及复核人员签字：

编制人：廖云	日期：2013年2月26日
复核人：李洋洋	日期：2013年2月16日
项目质量控制复核人：涂苏苏	日期：2013年2月17日

项目	未审金额	调整金额		审定金额
		借方	贷方	
一、营业收入	77 600	20	0	77 580
减：营业成本	64 400	0	0	64 400
营业税金及附加	998			998
销售费用	2 700	0	0	2 700
管理费用	3 175	35	0	3 210
财务费用	2 130	0	0	2 130
资产减值损失	240	0.25	0	240.25
加：公允价值变动收益（损失以“—”号填列）	0	0	0	0
投资收益（损失“—”号填列）	323	10	1.32	314.32
二、营业利润（亏损以“—”号填列）	4 280	65.25	1.32	4 216.07
加：营业外收入	236	0	0	236
减：营业外支出	36	270	0	306
三、利润总额（亏损以“—”号填列）	4 480	335.25	1.32	4 146.07
减：所得税费用	1 120	0	0	1 036.52
四、净利润（净亏损以“—”号填列）	3 360	—	—	3 109.55

注：表中的所得税数额未考虑本案例中调整事项所影响的所得税数额，同理，净利润也未考虑此因素。

三、案例分析与建议

本案例研究了利润表审计中对损益形成环节审计的程序与方法，反映了损益形成中所存在的会计错弊及其审计调整过程和结果。通过本案例我们可以明确以下问题：

（一）损益形成审计的特定目标

损益形成的审计属于利润表审计的重要组成部分。其主要审计目标是审核会计期内已实现利润总额的真实性、合法性，揭示损益形成核算中的会计差错和弊端。企业利润的形成取决于一定期间收入与费用的配比方式。根据我国会计准则的规定，利润总额的形成主要受三大项目影响，即营业利润、投资净收益和营业外收支净额。企业的利润总额通过“本年利润”账户核算，一般在期末将本期各项损益转入“本年利润”账户，进行配比，并计算本期所形成的利润或亏损。本案例中，审计项目组结合损益形成环节的特点，通过审核与“本年利润”账户相关的各损益类账户，审查损益形成的真实性、合法性，以实现本次损益形成审计的目标。

（二）损益形成环节控制测试的特定程序和内容

损益形成的控制测试是根据企业内部控制及其审计的基本理论与方法，针对损益形成各构成项目的特点，分析企业内部控制的关键控制点，在此基础上研究被审计单位损益形成内部控制制度的调查、了解、测试与评价等程序与方法。

（三）损益形成环节与其他业务环节实质性程序的共性与特点

其共性表现在：损益形成审计也需要在进行内部控制测试的基础上确定实质性程序的范围和重点。其特点在于：审计人员一般要编制利润总额分析表，运用分析性复核的方法将本年度损益形成各项目金额与上年度相应金额进行核对，分析差异的成因；审阅损益形成各明细账，查找漏记或错记损益形成项目的情况。这些程序与方法有其特定的运用过程。如在审阅损益形成明细账时，审计人员应从损益形成明细账中选择重点项目，审阅所记录的摘要、日期、金额等内容，核对其是否与发票、收据、盘盈盘亏报告等原始单据以及现金日记账、银行存款日记账的有关项目保持一致。

（四）损益形成审计的特殊性

损益形成审计的特殊性主要表现在：审查范围广、内容繁多，而且必须与收入、收益、费用和成本的审查相联系。利润指标是一个反映企业综合性经营成果的指标，这一指标数额的真实、准确，取决于各损益构成项目的真实、准确。因此，在确认利润指标时，应先审核各损益构成项目的数额。此外，利润组成中的支出项目属于收益性支出，在审查利润数额时，还要注意被审计单位是否存在混淆资本性支出与收益性支出的情况。

案例16 慧远公司利润分配审计

一、背景介绍

东方会计师事务所自2012年开始接受外商投资企业慧远股份有限公司（以下简称慧远公司）董事会委托，对慧远公司进行年度财务报表审计。根据双方所签订的审计业务约定书，以张青为项目组长及以何大海、李明、范晶晶为组员的项目组于2013年1月6日至2月5日对该公司2012年度的财务报表进行了审计。本案例主要反映利润分配环节的审计过程及相关问题。

慧远公司主营业务为制造、加工、销售化学药品、制剂、生化制品、医疗器械及提供相关技术服务。2012年主要财务数据和指标（按新企业会计准则）是净利润39 834 360元，每股收益0.129 1元，净资产收益率为5.12%，每股经营活动产生的现金流量净额0.403 2元，总资产778 260 252元，股东权益（不含少数股东权益）522 512 067元，资产负债率为30.21%，每股净资产2.13元。

二、案例内容与过程

审计项目组对该公司的利润分配分别实施了风险评估与应对策略、控制测试和实质性程序。

（一）审计目标

（1）评价利润分配内部控制的健全性与有效性；

（2）确定利润分配会计处理的合法性与公允性。

（二）对利润分配进行风险评估和控制测试

慧远公司主营业务为制造、加工、销售化学药品、制剂、生化制品、医疗器械及相关技术服务。审计年度其主要财务数据和指标低于行业平均水平，财务报表层次重大错报风险有可能分布于税前利润、应税利润和利润分配的构成项目之中。

根据审计方案安排，审计人员对利润分配施行了控制测试。首先通过调查表等方法对公司的内部控制进行了调查了解，以文字表述的形式对调查结果进行了描述；其次运用检查凭证、实地考察等方法对利润分配环节的内部控制进行了测试，在此基础上，对公司内部控制的健全、有效性作出了评价。

在控制测试过程中，审计人员对慧远公司有关利润分配内部控制的调查情况进行了综合分析。根据测试结果，认为慧远公司利润分配的内部控制在一些方面是健全有效的，而在某些方面还存在着缺陷。

1. 利润分配环节内部控制比较健全的方面

慧远公司的所有者权益变动表由专职人员负责编制；按公司章程的规定，慧远公司由董事会制定利润分配方案，由股东大会审议批准董事会制定的利润分配方案。该公司是股份有限公司，一方面按新会计准则规定健全了有关利润分配的总账和明细账的设置；另一方面根据《企业财务通则》的要求，规定了利润分配的顺序。

2. 利润分配环节内部控制存在的主要问题

慧远公司的财会部门对利润分配尚未健全集中管理、记录和审核控制制度，不能及时反映和监控公司利润，实现合理分配；公司没有定期将利润分配明细账与总账进行核对，这样有可能造成账账不符；有关利润分配各总账账户余额与所有者权益变动表、利润表中对应项目之间缺乏定期的核对制度；存在不按利润分配的顺序进行分配的问题，影响了所有者权益变动表中会计信息的真实性。

根据控制测试的情况，审计人员决定在施行实质性程序时，要对利润分配在较大范围内实施审核程序。不仅要对利润分配各明细账进行审阅，而且要对表表、账表、账证以及证证等进行核对，运用专业判断确定异常事项的性质，并提出审计调整建议。

（三）对利润分配实施实质性程序

基于成本效益原则，针对认定层次重大错报风险的评估结果，项目组选用综合性方案设计进一步审计程序，实施了相应的实质性程序。

利润分配环节的错弊集中体现为不按规定分配利润，漏缴所得税。对此，审计项目组重点审查了与利润分配相关的各明细分类账。审计人员首先按会计准则规定对利润分配的各个具体项目进行复算，如提取法定盈余公积、提取任意盈余公积、应付现金股利或利润、转作股本的股利、盈余公积补亏和未分配利润等，然后将复算结果与其他相关账户如应交税费、所得税费用、应付股利、股本、资本公积和盈余公积等进行核对，如有差异再进行有针对性的分析，查明企业是否存在漏缴税金、虚减或虚增会计利润、应税利润和税后利润等情况。在利润分配的审查过程中，审计项目组以审核慧远公司违反规定税前分配利润、不按规定确认应税利润和利润分配项目不真实等问题作为切入点，重点实施了以下实质性程序。

1. 对违反规定在税前分配利润的测试

慧远公司2012年度实现利润6 000万元（经损益形成审计确认正确），审计人员范晶晶在审阅“利润分配”明细账时，发现利润分配的具体项目中，提取法定盈余公积金465万元，相关项目“应交税费——应交所得税”1 350万元（5 400×25%），“应付优先股股利”300万元（6 000×5%），“应付普通股股利”372万元（4 650×8%），“任意盈余公积金”697.5万元（4 650×15%），“利润分配——未分配利润”为2 815.5万元。并且查明远方公司为慧远公司的优先股股东和控股子公司，慧远公司接受远方公司投资1 500万元，占股本的5%。慧远公司董事会审议通过的利润分配方案为：法定盈余公积金的提取比例为10%，按优先股股东远方公司的投资比例向其发放股利，按可供分配利润的8%向其他股东分配股利，并提取15%的任意盈余公积金，该公司适用的所得税税率为25%。

范晶晶对慧远公司利润分配各项目进行初步测算，结果应是：应交所得税费用1 500万元（6 000×25%），应提取法定盈余公积金420万元，“应付股利——远方公司”210万元（4 200×5%），“应付股利——其他股东”336万元（4 200×8%），“任意盈余公积金”630万元（4 200×15%），“利润分配——未分配利润”为2 904万元。为寻找与慧远公司对应项目存在差异的原因，范晶晶进一步对该公司利润分配实际提取数进行分析，并审阅了相关凭证，发现该公司转字312＃记账凭证所反映的业务内容有疑点，其账务处理如下：

借：利润分配——应付优先股股利　　　　3 000 000

　贷：应付股利——远方公司　　　　3 000 000

这笔分录的金额和“应付股利——远方公司”账户的内容表明，慧远公司向远方公司发放的股利不仅是直接按本年利润总额的5%计提的，而且是在抵扣所得税之前计列的。可以初步推定，慧远公司是以税前利润向远方公司发放的投资利润。范晶晶又对另一些数据进行分析，发现应交所得税 1 350 万元是慧远公司按利润总额 5 400 万元计算的，虚减利润 600 万元，其中 300 万元恰是向远方公司违规支付的投资利润数额。这进一步证实了慧远公司通过税前向其控股子公司多分配投资利润，以转移母公司利润，漏缴所得税的事实。按现行企业所得税法规定，企业向投资者支付的股息、红利等权益性投资收益款项不得在税前扣除，只能于税后向投资者支付。对慧远公司为转移母公司利润，税前分配投资利润，漏缴所得税的问题，范晶晶提出如下审计调整建议：

借：所得税费用　　750 000

　贷：应交税费——应交所得税　　750 000

经上述审核，审计项目组已确认慧远公司 2012 年度虚减利润 600 万元的事实，但仍有 300 万元虚减利润数额尚未查明原因。审计人员何大海以此为线索继续审查，在审阅“利润分配——未分配利润”明细账并进行账证核对时，发现 12 月 5 日有一笔借项金额 300 万元，找不到相应的记账凭证，摘要注明弥补亏损。何大海追踪审查以前年度的利润分配情况，查明公司前 5 年用税前利润延续弥补亏损后，仍有挂账亏损 300 万元。2012 年 12 月 5 日是第 6 次用税前利润弥补亏损，并且已在年末将以前年度亏损全部补完。何大海推定慧远公司存在用税前利润弥补亏损，漏缴所得税的问题。根据企业所得税法规定，企业发生的年度亏损，准予向以后年度结转，用以后年度的所得弥补，但结转年限最长不得超过 5 年。即税法允许企业可以在 5 年内用企业所得税税前利润延续弥补，延续 5 年未弥补的亏损，只能用缴纳企业所得税后的利润弥补。而慧远公司的做法已经违背了上述规定，造成了企业所得税的漏缴。

对于上述因违反规定而漏缴的企业所得税费用，何大海经复核后确认，慧远公司应调增利润总额 300 万元，补缴所得税 75 万元（300×25%），并提出以下审计调整建议：

借：所得税费用　　750 000

　贷：应交税费——应交所得税　　750 000

2. 对不按规定确认应税利润的测试

企业所得税是国家直接参与企业利润分配的形式，是国家对企业利润进行调节的税种。正确核定企业的应税利润（应纳税所得额）是正确计提和缴纳企业所得税的前提。一般地，只要税前会计利润与应税利润之间存在差异，无论是永久性差异还是暂时性差异，企业在计算缴纳企业所得税时，都应按照 2008

年 1 月 1 日施行的《中华人民共和国企业所得税法》、《中华人民共和国企业所得税法实施条例》和 2007 年 1 月 1 日起在上市公司范围内实行的《企业会计准则第 18 号——所得税》应用指南的有关规定和要求，对税前会计利润进行调整，计算出应纳税所得额，然后再根据适用税率计算出应纳所得税额。审计项目组对慧远公司所得税金额、税率，减免和上缴等进行了全面审查，发现该公司由于永久性差异未作调整而影响到当期应纳税所得额的确认。审计项目组的具体审查过程如下。

审计人员李明在审查应税利润（应纳税所得额）时，查明慧远公司 2012 年度的应税利润为 5 400 万元，与会计利润 6 000 万元相差的 600 万元，是违反规定税前分配利润的结果。经前述审计调整后，尽管应税利润与会计利润已保持一致，但李明认为慧远公司应税利润的确认仍存在着可疑之处。他依据税法的有关规定逐项衡量，发现慧远公司对本期应作调整的永久性差异事项，没有作任何调整。这些事项是：慧远公司当年的营业收入 2 500 万元，账面列支业务招待费 30 万元；该公司因部分产品违规经营支付的罚款 5 万元、支付的滞纳金 2 万元；购买国库券的利息收入 2 万元；经核定本年度企业发生的业务宣传费和广告费合计 410 万元；该公司已计入当年损益的研究开发费 100 万元；本年度发生的公益性捐赠 740 万元，非公益救济性捐赠现金 6 万元；赞助支出 5 万元。

为正确确认慧远公司的应税利润，李明依据企业所得税法及其实施细则的有关规定，对税前会计利润与应税利润之间存在的永久性差异，进行了分析和调整，其调整公式如下：

应税利润（应纳税所得额）＝利润总额±税前利润调整事项

经过分析与审核，李明认为上述事项按税法规定应调增应税利润的有以下五项：

（1）按税法规定，企业发生的与生产经营活动有关的业务招待费支出，按照发生额的 60％扣除，但最高不得超过当年销售（营业）收入的 5‰。按此规定，本年慧远公司准予扣除的业务招待费限额为 12.5 万元（2 500×5‰），而该公司账面列支业务招待费 30 万元，超限额列支 17.5 万元，对此该公司尚未调增应纳税所得额，漏缴企业所得税。

（2）按税法规定，企业的罚金、罚款和被没收财物的损失以及各种税收的滞纳金等，应在税后列支。而慧远公司的会计核算已在税前列入营业外支出，按规定在计算所得税时应调增应纳税所得额。由于慧远公司对罚款支出 5 万元、滞纳金 2 万元未作调整，导致虚减纳税利润 7 万元，漏缴企业所得税。

(3) 按税法规定，企业发生的符合条件的广告费和业务宣传费支出，除国务院财政、税务主管部门另有规定外，不超过当年销售（营业）收入15%的部分，准予扣除。按这项规定，本年度慧远公司准予扣除的广告费和业务宣传费支出限额为375万元（2 500×15%）。经审核确认由于慧远公司按410万元列支广告费和业务宣传费，超过限额35万元，并且该公司尚未调整应纳税所得额，致使本年本项目漏缴企业所得税。

(4) 按税法规定，非公益救济性捐赠在计算应纳税所得额时应作调增处理。慧远公司非公益救济性捐赠现金6万元，违反规定，虚减纳税利润6万元，漏缴所得税。此外，按税法规定企业发生的公益性捐赠支出，不超过年度利润总额12%的部分，准予扣除。企业所得税法定义的公益性捐赠，是指企业通过公益性社会团体或者县级以上人民政府及其部门，用于《中华人民共和国公益事业捐赠法》规定的公益事业的捐赠。其中公益性社会团体，是指同时符合以下条件的基金会、慈善组织等社会团体，即：依法登记，具有法人资格；以发展公益事业为宗旨，且不以营利为目的；全部资产及其增值为该法人所有；收益和营运结余主要用于符合该法人设立目的的事业；终止后的剩余财产不归属任何个人或者营利组织；不经营与其设立目的无关的业务；有健全的财务会计准则；捐赠者不以任何形式参与社会团体财产的分配；国务院财政、税务主管部门会同国务院民政部门等登记管理部门规定的其他条件。经注册会计师审核，慧远公司的公益性捐赠虽符合上述条件，但将740万元全部计入营业外支出而未加以调整的做法，虚减了应税利润，漏缴了企业所得税。按规定，本年慧远公司准予扣除的公益性捐赠限额为720万元（6 000×12%），而该公司超限额20万元列支了公益性捐赠。

(5) 企业所得税法定义的赞助支出，是指企业发生的与生产经营活动无关的各种非广告性质支出。按税法规定，在计算应纳税所得额时赞助支出不得扣除。由于慧远公司在营业外支出中列支了赞助支出5万元，应调增应纳税所得额5万元，补缴所得税。

按企业所得税法及其实施细则的规定，慧远公司应调减应税利润的情况有以下两项：

第一，国库券利息收入，慧远公司按会计准则的规定，已作为投资收益计入了税前会计利润，但按税法规定，国库券利息收入可免交所得税。因此，应调减纳税利润2万元。

第二，公司本年已计入损益的研究开发费用100万元，按企业所得税法实施细则规定，企业为开发新技术、新产品、新工艺发生的研究开发费用，未形成无形资产计入当期损益的，在按照规定据实扣除的基础上，可按照研究开发费用的

50％加计扣除。按此规定，对慧远公司本年已计入损益的研究开发费用 100 万元，可加计扣除的金额为 50 万元（100×50％）。由此，可调减纳税利润 50 万元。

审计人员李明建议慧远公司对应税利润作调增处理，调整金额的计算过程如下：

调增应税利润（应纳税所得额）＝17.5＋7＋35＋6＋20＋5－2－50＝38.5（万元）

同时，李明要求慧远公司根据调增的应税利润额补缴所得税 9.62 万元（38.5×25％），并建议其作如下审计调整账务处理：

借：所得税费用　96 200

　贷：应交税费——应交所得税　96 200

3. 对利润分配项目不真实的测试

审计人员范晶晶在审查慧远公司 2012 年度“应付职工薪酬”时，发现作为外商投资企业的慧远公司虽可以设置“职工奖励及福利基金”明细科目，但慧远公司从税后利润中提取的“职工福利基金”和“职工奖励基金”的增加数不正常。他首先分析了影响“职工奖励及福利基金”明细账贷方发生额正确性的因素，认为可能有三方面：一是税后利润分配数额的计算可能有错误；二是没有按规定的比例进行分配；三是利润分配账户的数额可能是从其他方面转入的。若是前两项因素造成的不正确，只需对税后留利数额和分配比例进行审阅和复核即可；如果是第三种因素影响的结果，那么审核工作将变得复杂。于是，范晶晶决定采用逆查法进行审计，即从“利润分配——提取的职工奖励及福利基金”项目开始逐步追溯到形成差错或弊端的根本原因。

范晶晶首先对照审阅了慧远公司与“应付职工薪酬——职工奖励及福利”增加相关的账务处理，其中 2012 年 12 月转字 2101＃、2102＃记账凭证反映的账务处理分别如下：

借：其他应付款　1 800 000

　贷：利润分配——提取的职工奖励及福利基金　1 800 000

借：利润分配——提取的职工奖励及福利基金　1 800 000

　贷：应付职工薪酬——职工奖励及福利　1 800 000

对上述凭证反映的内容，范晶晶经分析判断慧远公司额外分配的 180 万元的职工奖励基金和福利基金是从“其他应付款”中转来的。然而审查其记账凭证附件却无此笔转账的说明，为究其原委，范晶晶进一步检查了“其他应付款”的明细账户“待决应付款”及其对应账户。他查出：2010—2012 年该账户的贷项有 3 笔记录，2012 年有 1 笔借项记录，范晶晶将其明细情况及对应账户的审核结果编入审计工作底稿（见表7-3），其主要内容如下：

表7-3　其他应付款审计工作底稿　单位：元

被审计单位名称	财务报表期间	工作底稿索引号
慧远公司	截至2012年12月31日	F3-6

编制人及复核人员签字：

编制人：范晶晶	日期：2013年1月9日
复核人：张青	日期：2013年1月9日
项目质量控制复核人：林毅敏	日期：2013年1月10日

被审核项目发生时间	借方	贷方	对应账户
2010.9.29		500 000	材料成本差异
2011.10.12		700 000	材料成本差异
2012.11.20		600 000	材料成本差异
2012.12.31	1 800 000		利润分配
合计	1 800 000	1 800 000	

从上述资料可以看出，贷方3笔发生额的对应科目都是“材料成本差异”，范晶晶初步推定慧远公司虚列“其他应付款”是为了藏匿材料的成本贷差，从2012年12月31日结转180万元到“利润分配——提取的职工奖励及福利基金”账户，可以看出截留差异是为了扩大公司福利和增发奖金。上述4笔记录均无原始凭证，也没有任何说明。对于为什么会有那么多的材料成本差异，它是怎样形成的，范晶晶决定彻查到底。他开始审阅“材料成本差异”明细账和其相关记录，查明该公司按计划成本计价的只有一种原材料——原药，因此，“材料成本差异”实际上是核算原药的进价和计划价之差。通过对公司近3年的账户和凭证的检查，范晶晶找到了问题的根源。

近几年来，原药的计划价高于实际价8%～10%，贷差较大，从2010年开始慧远公司就没有进行差异分摊，产品材料成本一直按计划价结转，3年虚增产品成本180万元，虚减公司利润180万元，于是在“材料成本差异”账户中贷差越积越多。范晶晶运用监督盘存方法，到原材料仓库对原药进行了账实核对，发现直至审查日仍有2011年初领用的原药成本差异30多万元留在“材料成本差异”账户中，尚未及时计入当期损益。范晶晶对2010年、2011年漏缴的企业所得税39.6万元（120×33%），提出如下审计调整建议：

借：应付职工薪酬——职工奖励及福利　　1 200 000

　贷：以前年度损益调整　　1 200 000

借：以前年度损益调整　　396 000

贷：应交税费——应交所得税　　396 000

借：以前年度损益调整　　804 000

贷：利润分配——未分配利润　　804 000

对于 2012 年的记录，应作如下审计调整：

借：应付职工薪酬——职工奖励及福利　　600 000

贷：材料成本差异　　600 000

借：所得税费用　　150 000

贷：应交税费——应交所得税　　150 000

（三）调整并审定利润分配的构成项目

经上述审计调整后，慧远公司 2012 年度实现的利润总额（会计利润）为 6 000万元，应税利润为 6 218.5 万元，审计人员提请慧远公司结合上述审计调整分录，应补缴所得税。审计项目组已编制审计建议的调整分录。经审定慧远公司的净利润为 4 475.38 万元（6 000－1 524.62），加上以前年度损益调整形成的“利润分配——未分配利润”80.4 万元，可供分配的利润共计 4 555.78 万元。应提取法定盈余公积 455.78 万元（4 555.78×10%）和任意盈余公积 683.37 万元（4 555.78×15%）。审计项目组建议首先用红字冲销原错误分录，之后编制如下审计调整分录：

借：盈余公积——法定盈余公积　　4 557 800

——任意盈余公积　　6 833 700

贷：利润分配——提取法定盈余公积　　4 557 800

——提取任意盈余公积　　6 833 700

应付远方公司的股利为 227.79 万元（4 555.78×5%）；“应付股利——其他股东”为 364.46 万元（4 555.78×8%）。审计项目组建议用红字冲销原错误分录，并编制如下审计调整分录：

借：应付股利——远方公司　　2 277 900

贷：利润分配——应付优先股股利　　2 277 900

借：应付股利——其他股东　　3 644 600

贷：利润分配——应付普通股股利　　3 644 600

三、案例分析与建议

本案例研究了与利润审计相关的利润分配审计的程序、方法，反映了利润分配中所存在的会计错弊及其审计调整过程和结果。通过本案例我们可以明确以下问题：

（一）利润分配审计有其特定的审计目标

利润分配是企业在净利润即税后利润的基础上按照一定的先后顺序进行的分配。利润分配审计的目标是通过对利润分配的顺序、去向以及利润分配的标准和比例的审查，确定公司的利润分配真实性、合规合法性。为实现利润分配的审计目标，要先明确相关的衡量标准。按规定，公司制企业本年实现的净利润，应按下列顺序和标准分配：

1. 弥补以前年度亏损

企业发生的年度亏损可用下一年度税前利润进行弥补，但只可延续5年，如超过5年的未弥补亏损，只能在当期利润缴纳所得税之后再进行弥补，即税后利润补亏。

2. 提取法定公积金

我国现行《公司法》规定：公司分配当年税后利润时，应当提取利润的10％列入公司法定公积金。公司法定公积金累计额为公司注册资本的50％以上的，可以不再提取。

3. 按一定比例提取任意公积金

公司从税后利润中提取法定公积金后，经股东会或股东大会决议后，可以从税后利润中提取任意公积金。

4. 向投资者分配利润

按《公司法》规定，公司弥补亏损和提取公积金后所余税后利润，有限责任公司股东按照实缴的出资比例分取红利，但全体股东约定不按出资比例分取红利的除外；股份有限公司按照股东持有的股份比例分配利润，但股份有限公司章程规定不按持股比例分配的除外。股东会、股东大会或者董事会违反前款规定，在公司弥补亏损和提取法定公积金之前向股东分配利润的，股东必须将违反规定分配的利润退还公司。公司持有的本公司股份不得分配利润。

此外，《公司法》还规定，有限责任公司连续5年不向股东分配利润，而公司该5年连续盈利，并且符合公司法规定的分配利润条件的情况下，对股东会该项决议投反对票的股东可以请求公司按照合理的价格收购其股权。自股东会会议决议通过之日起60日内，股东与公司不能达成股权收购协议的，股东可以自股东会会议决议通过之日起90日内向人民法院提起诉讼。

（二）利润分配控制测试的特定程序和内容

利润分配控制测试是根据内部控制及其审计的基本理论与方法，针对公司利润分配应按照规定顺序和比例分配的业务特点，分析其内部控制的关键控制点，在此基础上研究被审计单位利润分配内部控制制度的调查、了解、测试与评价等程序与方法。

（三）利润分配环节与其他环节实质性程序的共性与特点

利润分配环节与其他环节实质性程序的相同之处在于，均需要在进行内部控制测试的基础上确定实质性程序的范围和重点。特点主要表现在：在利润分配实质性程序中审计人员经常运用审阅法、复核法、逆查法审核利润分配明细账以及有关的记账凭证和原始凭证，确定所有者权益变动表中各构成项目是否真实存在；还需要函证外部投资者确定被审计单位投资收益的真实数额；本案例审计项目组以税前利润、应税利润和税后利润是否正确确认作为审核的切入点和测试的重点。

（四）核查应税利润的真实性是审计的一项重要内容

由于企业在确定应税利润时，要在利润总额即税前会计利润的基础上经过一系列的调整，主要是将计算会计利润时多扣除的不符合税法规定的费用项目予以调增，因此应注意审查不得扣除项目的列支是否正确。审查内容包括：资本性支出是否根据不同情况分别计入固定资产、在建工程和无形资产，有无直接计入有关成本、费用、其他业务支出、营业外支出，以导致应税所得额的降低；违法经营的罚款和罚没财物的损失以及各种税收的滞纳金罚金等，应在税后列支；超过广告费和业务宣传费支出限额的支出，超过业务招待费比例限额部分，在计算所得税时均不得扣除；超过国家允许扣除规定的公益、救济性捐赠以及非公益、救济性的捐赠，在计算应纳税所得额时不得扣除；各种赞助支出在会计核算中列为营业外支出，但在税法中只允许税后列支。以上事项如不作及时调整都将虚减应税利润，漏缴所得税费用，导致税后利润分配的不真实。因此，审计人员对此环节应重点审查。

CHAPTER

8 第八章 货币资金的审计案例分析

案例 17　朝阳公司库存现金审计

一、背景介绍

新华会计师事务所自 2006 年开始接受朝阳科技农业股份有限公司（以下简称朝阳公司）委托，对朝阳公司进行年度财务报表审计。对朝阳公司 2012 年度的财务报表，新华会计师事务所派出以刘波为项目组长，陈军等为组员的项目组，于 2013 年 2 月 20 日至 3 月 18 日进行了审计，本案例主要反映库存现金的审计过程及相关问题。

朝阳公司主要从事农业高科技产品开发、培育、销售，以及水泥生产、销售。2008 年 10 月，朝阳公司与广州朝晖发展有限公司进行了重大资产置换，媒体一片溢美之词，称公司发生彻底改变，已转变为一家以果树种植为主，养殖、三高农业开发、休闲度假经营业务并举发展的现代高科技农业企业。项目组长刘波曾多次参与企业的审计业务，经验较为丰富，他根据企业的特点，决定将库存现金作为审计重点，并将库存现金项目的重要性水平确定为 3 000 元。

二、案例内容与过程

（一）审计目标

(1) 评价库存现金内部控制的健全性与有效性；

（2）确定库存现金会计处理的合法性与公允性。

（二）审计人员对库存现金项目进行风险评估和控制测试

朝阳公司属于农业高科技类上市公司，主营农业产品开发、零售业务。尽管现金流不是很大，但是现金属于被挪用风险较高的项目，良好的内部控制制度是保证资金安全的重要基础。新华会计师事务所从2006年接手朝阳公司的年报审计以来，从审计情况来看，公司内部管理制度健全，组织机构合理，审计部直接归审计委员会领导。但是会计人员素质不是很高，在会计处理上难免出现问题。公司经过股权重组后有十几个控股公司，近几年审计时在控股公司中屡次发现问题，必须加以重视，尤其是在库存现金的往来上风险很高。从朝阳公司的库存现金业务流程来看，现金管理存在一定的漏洞。陈军根据审计计划对库存现金进行了如下控制测试。

编制库存现金内部控制流程图是现金控制测试的重要步骤。陈军通过朝阳公司现金内部控制流程图来了解现金内部控制。他发现，朝阳公司的出纳员同时负责登记应收账款明细账，很可能发生循环挪用货款的情况。为测试现金收款的内部控制，陈军按现金的收款凭证分类，选取适当的样本量，作了如下检查：

（1）核对现金日记账的收入金额是否正确；

（2）核对现金收款凭证与应收账款明细账的有关记录是否相符；

（3）核对实收金额与销货发票是否一致。

通过以上三项检查，发现现金收款内部控制不强，很可能发生贪污舞弊或挪用等情况。为测试现金付款内部控制，在了解了现金支出控制流程图的前提下，陈军按照现金付款凭证分类，选取一定的样本量，作了如下检查：

（1）检查付款的授权批准手续是否符合规定；

（2）核对现金日记账的付出金额是否正确；

（3）核对现金付款凭证与应付账款明细账的记录是否一致；

（4）核对实付金额与购货发票是否相符。

并且他还抽取一个月的库存现金日记账与总账核对，结果发现库存现金日记账与总分类账不相符。所以，要重点核对现金日记账与现金总账余额是否相符。陈军还对上述现金控制流程进行询问，走访了朝阳公司的部分员工。在控制测试中，陈军发现朝阳公司现金的内部控制存在的漏洞，主要表现在以下两个方面：

（1）财务部稽核人员对收款台的现金盘点坚持不够好，未能经常进行不定期盘点。

（2）对现金的支付尽管能坚持审批制度，但在审批的职责权限划分上不够明确，个别细节控制不够严格。

在完成上述程序之后，项目组认为，朝阳公司银行存款项目的重大错报风险属于中等水平，确定了库存现金内部控制可信赖的程度为中等。

（三）对库存现金实施实质性程序

根据上述情况，审计人员对朝阳公司的库存现金实施了相应的实质性程序。

1. 核对现金日记账与现金总账

经过两者核对，未发现不相符的问题。

2. 突击监盘库存现金

陈军会同朝阳公司的出纳和会计主管人员等对库存现金进行了盘点，具体结果如下：

（1）保险柜现金的实存数为 14 860 元。

（2）有下列单据已收付款，但未入账：某职工报销差旅费，金额为 1 800 元，手续齐全，付款时间为 2013 年 2 月 18 日；某职工借条一张，未说明用途，无主管领导审批，金额为 1 300 元，付款日期为 2012 年 12 月 26 日。

（3）盘点前现金日记账的余额为 16 660 元；经核对 2013 年 1 月 1 日至 2 月 22 日的收、付款凭证和现金日记账，1 月 1 日至 2 月 22 日收入现金金额为 132 860 元，支出为 131 230 元，正确无误。

（4）朝阳公司银行核定的库存现金限额为 10 000 元。

库存现金盘点表如表 8-1 所示。

表 8-1　　库存现金盘点核对表　　单位：元

被审计单位名称	财务报表期间	工作底稿索引号
朝阳公司	截至 2012 年 12 月 31 日	D4-21

编制人及复核人员签字：

编制人：陈军	日期：2013 年 2 月 22 日
复核人：刘波	日期：2013 年 2 月 22 日
项目质量控制复核人：龙振华	日期：2013 年 2 月 23 日

项目	行次	金额	现金盘点记录（略）
一、盘点日现金日记账账面余额	1	16 660	
盘点日未记账的收入金额	2	0	

续表

项目	行次	金额	现金盘点记录（略）
盘点日未记账的付出金额	3	1 800	
盘点日账面应存金额	4=1+2-3	14 860	
二、盘点日库存现金实存金额	5	13 560	
白条抵库数	6	1 300	
盘点日实存现金金额	7=5+6	14 860	
三、盘点日应存与实存差额	8=4-7	0	
四、追溯至报表日账面结存金额			
报表日至盘点日支出总额	9	131 230	
报表日至盘点日收入总额	10	132 860	
追溯至报表日的实存金额	11=7+9-10	13 230	
五、报表日账面应存数	12=4+9-10	13 230	
六、报表日应存与实存差额	13=12-11	0	
审计说明及调整分录：经对现金组织突击监盘，账款相符。可以认定报表中现金的数额。但该公司现金管理中存在白条抵库问题，应对上年借支的1 300元予以收回，或补办正规的借款手续，及时入账。对这笔借款因未达到重要性水平，故不予调整。			

3. 抽查现金日记账发现现金及对应账户可能存在的问题

注册会计师陈军抽查某现金日记账付款凭证时发现，2012年6月份55号凭证是支付拆除2台燃油锅炉的劳务费，原始凭证是一张白条收据，收款人是个人，无正式发票，但有单位领导人的签字，引起了他的怀疑。付款凭证上的会计分录是：

借：营业外支出　　3 500

　贷：库存现金　　3 500

从分录和摘要上来看，该笔费用是固定资产清理费，应记入“固定资产清理”账户，却记入了“营业外支出”，这里有蹊跷。陈军决定追查相应的收款凭证和固定资产报废凭证。果然不出所料，在现金收款凭证中均未发现固定资产报废收入。同时，在同一月份的转字40号凭证中摘要记载2台燃油锅炉报废，所附原始凭证是经审批的固定资产报废文件，会计分录是：

借：营业外支出　　150 000

　　累计折旧　　150 000

　贷：固定资产　　300 000

很显然，从上述账户对应关系来看，报废固定资产应用“固定资产清理”科目，而不是“营业外支出”；且该报废固定资产并未达到报废年限，原值30万元，折旧才提15万元，应该还有使用价值，但无任何清理收入是明显不合情理的。于是陈军继续追查，发现经财务经理的授意，出纳将固定资产的收入存入了“小金库”。原因是消防不合格，相关部门不准许使用该类燃油锅炉，因此出售给私人，开三联收据，收款5万元存入账外“小金库”。对此，陈军提出进行审计调整，该公司管理当局接受审计意见，同意调整。由此，从“简单”的现金审计入手，审计人员查出了漏记收入、账外资金等问题。

对该项业务应作如下调整：

(1) 调整支付的固定资产拆除费用。

借：固定资产清理　　3 500

　贷：营业外支出　　3 500

(2) 调整固定资产报废结转分录。

借：固定资产清理　　150 000

　贷：营业外支出　　150 000

(3) 将固定资产的清理收入入账。

借：银行存款　　50 000

　贷：固定资产清理　　50 000

(4) 结清固定资产清理账户。

借：营业外支出　　103 500

　贷：固定资产清理　　103 500

4. 核查大额现金收付的真实性

陈军发现公司通过其他应付款隐藏销售收入，审计过程中发现该公司2012年6月8号记账凭证的会计处理是：

借：库存现金　　295 543.65

　贷：其他应付款——A公司　　295 543.65

收据摘要为借款，该款项是否真为借款呢？一般单位之间借款额都是整数，怎么可能会借到有元角分，这不合常规。于是，审计人员向A公司函证，确认此笔借款正是该公司销售款。

对此，应作如下审计调整（假设销售成本未漏转）：

借：其他应付款——A公司　　295 543.65

　贷：主营业务收入　　252 601.41

　　　应交税费——应交增值税（销项税额）　　42 942.24

陈军还发现该公司2012年7月8日25号记账凭证的会计处理是：

借：银行存款　　220 000

　贷：应付账款——B公司　　220 000

银行进账单的摘要为收款。这笔业务也不符合常规，收到B公司银行存款怎么反而欠B公司的钱呢？这笔资金也不可能是借款，因为公司银行存款充足，根本没有必要借款，再说企业间借款应该通过“其他应付款”而不是使用“应付账款”核算。从公司销售部门提供的销售合同上得知，这是一笔分期收款销售商品业务，按照我国税法规定，分期收款销售商品以合同约定的收款日期为收入确认时间，公司应该确认收入却挂在往来账上，迟迟不入账，形成一笔账外账。

对此，应作如下审计调整（假设销售成本未漏转）：

借：应付账款——B公司	220 000	
贷：主营业务收入		188 034.19
应交税费——应交增值税（销项税额）		31 965.81

5. 对现金进行截止性测试

审计人员选择了2012年12月份最后10天涉及的连续20个凭证号的记账凭证和2013年1月份最初10天涉及的连续20个凭证号的记账凭证，进行现金截止性测试。注册会计师在审计时发现，在2013年1月份的前20个凭证号的记账凭证中有3个记账凭证中包含2012年12月份开出的发票3份，合计不含税销售额260万元。这样就造成2012年少计收入260万元。根据截止性测试结果，建议企业调整2012年财务报表。

对此，应作如下审计调整（假设销售成本未漏转）：

借：应收账款	3 042 000	
贷：主营业务收入		2 600 000
应交税费——应交增值税（销项税额）		442 000

6. 审查记账凭证是否与现金日记账相符

注册会计师陈军发现现金日记账有多登记现象。该公司2012年9月份发放工资8 560元，其会计分录：

借：应付工资	8 560	
贷：库存现金		8 560

发现现金日记账登记为38 560元，相差30 000元，盘点现金时发现并无现金盘盈，查明属于会计和出纳由一人担任，贪污其差额3万元。

三、案例分析与建议

根据库存现金舞弊的不同形式，按照财经纪律和会计准则的规定，运用专门的检查方法可以将舞弊行为查证清楚，发现问题所在，并据以纠正舞弊行为。

（一）贪污公款的检查

根据贪污公款的各种行为表现，可以采取的检查方法主要有：一是审查各类收付款凭证，判断是否与实际情况有差别，如发现有疑点则应进一步进行核实，以查明是否有贪污公款的行为。二是审查有关费用凭证，判断其合法性与合理性，如果存在涂改原始凭证或报销凭证没有经过审签或者有关签字模糊不清，应进一步与相关单位或负责人核对证实，如与实际情况不相符则应进一步调查当事人，以查明是否有贪污公款行为。三是认真审查自制支出单据，查对审签程序是否符合规定，将应付工资福利明细账与原始凭证的工资福利结算单进行核对，查明是否利用自制凭证和虚拟工资福利进行贪污。四是企业有邮购商品的业务时，应与对方进行调查取证，查明是否有利用邮购经济业务进行贪污的行为。

（二）挪用公款的检查

对挪用公款的行为可采取以下方法进行检查：一是实地对库存现金盘点，并与会计账簿和库存现金日记账核对，如果发现有较大额度的盘亏或白条抵库行为，应该通过复查、核对与调查有关会计资料和相关人员来查证是否有挪用公款的行为。二是对经过审批而将借出公款挪作他用的行为，通过检查“应收账款”和“其他应收款”明细账的相关记录，如果发现有个人长期拖欠库存现金的行为，应进一步与会计凭证进行核对，从而证实是否存在挪用库存现金的问题；如还不能确定，则应追踪库存现金的去向，向有关单位进行询证或函证核实，予以确认。

（三）收取回扣的检查

对虚拟折扣行为，应将销售合同与收款日期进行核对，如果发现有超出合同规定折扣额度的，则应与购货方进行查实，以查明是否有收取回扣的行为及额度。对低价销售行为，则应与销售制度的规定特别是销售定价的规定进行核对，并与同一时期其他客户的销售价格比较，同时调查市场上同类产品的销售价格，以查明是否有随意降低销售价格的行为，如存在疑点，则应进一步与有关会计资料和相关单位进行核实，查实有无收取回扣的行为和金额。对高价采购收取卖方回扣的行为，应查证是否有舍近求远的行为，并与市场同类商品或原材料价格进行比较，如果存在高价采购原材料的现象则应进一步核实和查证，以查明是否有收取回扣的行为和金额。

（四）私设“小金库”的检查

对隐匿收入存入“小金库”的，应将收入明细账与产成品或商品明细账进行核对，如果不相吻合则应进一步查证，从而查明是否有将收入转入“小金库”的行为；并检查固定资产和周转材料的明细记录，尤其是报废财产物资的残值处理和罚没收入的明细账。如果单位财务账上没有相关记录或记录金额与实际相差较大，则有可能将残值及罚没收入列入了“小金库”，需进一步查实；同时核查对外投资的有关资料，查证是否将投资分利及收回投资款项及时足额记入会计账簿，如果存在疑点则应进一步向被投资方查证，以查证是否将资金存入了“小金库”。对虚列支出将资金转入“小金库”的行为，应查证有关会计资料，如果有“以领代报”或“以借代报”的记录，则有可能将相应的资金存入了“小金库”；同时进行职工工资名册与工资结算单的核对和工资结算单与考勤记录的核对，查证是否有“吃空额”和虚列津贴奖金等现象，并核查代扣、代发款项是否属实，如有疑点应向单位职工个人询证，以查实虚列支出套取库存现金存入“小金库”的行为。通过核查有关材料采购资料，分析采购行为是否存在舍近求远、价格虚高或不适销对路等状况，如果有此类现象存在，则应进一步查证是否有收取对方回扣而将所得款项存入“小金库”的行为。通过审查其他应收款明细账，看是否有长期拖欠押金、保证金的未收回的现象，如存在，则应当向对方求证，查证是否存在将已经收回的款项存入“小金库”的行为。

加强库存现金舞弊的检查，及时纠正舞弊行为，是保证资金安全运转，增强企业竞争力的重要途径。而最重要的还是要各企业采取有效措施，努力提高财务人员和相关工作人员的素质，使他们能够自觉地严格按照会计准则的规定和要求，认真加强会计核算，切实做好库存现金管理过程中每一道环节的各项工作，才是纠正和杜绝库存现金舞弊行为的根本所在。

案例 18　梅林公司银行存款审计

一、背景介绍

东方会计师事务所自 2005 年开始接受梅林股份有限公司（以下简称梅林公

司）委托，对梅林公司进行年度财务报表审计。对梅林公司 2012 年度的财务报表，东方会计师事务所派出以杨达才为项目组长，以何丽颖、李文、梅思影为组员的项目组，于 2013 年 2 月 16 日至 3 月 15 日对梅林公司 2012 年度的财务报表进行了审计。本案例主要反映银行存款的审计过程及相关问题。

梅林公司是一家商业类上市公司，公司主营零售业务，同时兼营部分房地产开发业务，并与某网站合作开展网上售货业务。梅林公司对零售业务采用售价金额核算法，毛利率的计算结转采用分类毛利率法，定期对库存商品进行盘点，有一套相对严密的内部管理制度。梅林公司自上市后业绩一直较为平稳，股价波动不大。

项目组长杨达才曾多次参与零售企业的审计业务，经验较为丰富，将银行存款项目的重要性水平确定为 5 000 元，并安排经验丰富的梅思影负责银行存款的审计工作。

二、案例内容与过程

（一）审计目标

（1）评价银行存款内部控制的健全性与有效性；

（2）确定银行存款会计处理的合法性与公允性。

（二）对银行存款项目进行风险评估和控制测试

梅林公司属于商业类上市公司，主营零售业务。良好的内部控制制度是保证银行存款安全的重要基础。东方事务所近几年一直接手梅林公司的年报审计，从审计情况来看，梅林公司高管诚信度较高，公司内部管理制度健全，组织机构合理，审计部直接归审计委员会领导，内部信息沟通渠道畅通，信息反馈及时。但该公司属于老牌国有企业，会计人员素质一般，对新的会计准则的理解和执行有一定的难度，在会计处理上难免出现问题。梅林公司下设 3 家控股公司，有一家属于提供商业服务业务的公司，梅林公司与其在业务上有交叉，2011 年审计时在控股公司中发现过问题，此次审计必须加以关注，尤其要关注资金的往来。梅思影根据审计计划对银行存款进行了控制测试。首先通过调查表等方法对梅林公司银行存款内部控制进行调查了解，调查表如表 8-2 所示；其次运用检查凭证法、实地考察法等对公司的银行存款内部控制情况进行了测试，在此基础上，对其进行了评价。

表 8-2　　银行存款内部控制调查表

被审计单位名称	财务报表期间	工作底稿索引号
梅林公司	截至 2012 年 12 月 31 日	D1-1

编制人及复核人员签字：

编制人：梅思影	日期：2013 年 2 月 22 日
复核人：杨达才	日期：2013 年 2 月 22 日
项目质量控制复核人：卓不群	日期：2013 年 2 月 23 日

调查问题	调查结果				备注
	是	否		不适用	
		较轻	较重		
1. 银行存款收支业务授权与经办职务是否分离？		√			
2. 银行存款票据的签发与印鉴的保管职务是否分离？	√				
3. 银行存款日记账与总账的登记是否由不同的人员负责？	√				
4. 独立人员是否定期编制银行存款调节表调节未达账项？	√				
5. 银行票据的领用是否经过批准并进行连续登记？		√			
6. 银行存款的总账和日记账是否定期核对？	√				
7. 现金和银行存款的支付是否坚持严格的审批制度？		√			

在控制测试中，梅思影发现梅林公司银行存款的内部控制存在一定的漏洞，主要表现在以下几方面：

（1）通过查看支票登记簿发现，登记领用的票据号码不连续，存在领用支票不登记的现象。

（2）对银行存款的支付基本能坚持审批制度，但在审批的职责权限划分上不够明确，从抽查的支付凭证来看，对相同业务的审批有时是财务经理的签字，有时是业务经理的签字，控制不够严格。

综合上述情况，项目组认为，梅林公司在银行存款项目上重大错报风险属于中等水平。

（三）对银行存款实施实质性程序

根据上述情况，审计人员对梅林公司的银行存款实施了相应的实质性程序。

1. 编制或获取被审计单位银行存款余额调节表，发现银行存款核算和管理中存在的问题

银行存款余额调节表的编制或取得，一方面可以证实被审计单位银行存款的余额；另一方面也可以根据银行提供的对账单来发现被审计单位核算中可能存在的问题。由于梅林公司每天送存销货款，购货业务也较为频繁，另外还有大量的代销业务，经常要与客户结算，银行往来业务较多。审计人员梅思影对截至2012年12月31日的银行对账单与银行存款日记账进行核对后，自行编制了银行存款余额调节表，具体见表8-3。

表8-3　　银行存款余额调节表　　单位：元

银行存款日记账余额	965 500	银行对账单余额	766 500
加：银行已收企业未收数	0	加：企业已收银行未收数	237 820
减：银行已付企业未付数	87 000	减：企业已付银行未付数	125 820
调节后的余额	878 500	调节后的余额	878 500

银行存款余额调节表从平衡金额上看没有问题，但梅思影在进行日记账与对账单核对过程中却发现，在对账单上有一笔收到预收款，两天后有一笔相同数额的现金支票开出，但银行存款日记账上却没有登记，提取现金也未在现金日记账中登记，现金支票的票根不知去向。经核对，其他月份也存在类似问题，审计人员判断该公司可能存在出租出借账号问题。从管理的角度来看，该公司对支票的领用与登记控制不严，容易造成随意使用支票而不入账的问题。

审计人员梅思影根据上述未达账项进一步核对了2013年1月1日至15日的银行对账单，发现梅林公司在2012年12月27日已记增加银行存款，并记入主营业务收入账户的未达账项，到2013年1月15日银行仍未收到，梅林公司登记的金额为230 000元。经与银行联系后得知，该支票为空头支票，早在年前已退回公司，经询问公司会计人员确有此事，但会计人员认为该业务不影响当期收益和资产额，过一段时间后对方账上有资金后会马上付款，就没进行调整。审计人员要求必须调整，尽管不影响收益，但对银行存款总额来说金额较大，并且影响企业的现金流量指标，若将其调入应收账款，还应按规定计提坏账准备（此案例中补提坏账准备的分录从略），最终也会影响到梅林公司的损益额。调整分录为：

借：应收账款——明昌公司　　230 000

　贷：银行存款　　230 000

2. 对银行存款进行函证，证实银行存款是否存在，并发现可能存在的银行贷款

为了确认银行存款的存在性，除了编制银行存款余额调节表外，还应向银行发询证函，发函对象为企业所有开过户的银行。银行询证函的一般格式如下：

银行存款询证函

编号：0016

中国工商银行××支行：

本公司聘请的东方会计师事务所正在对本公司2012年度财务报表进行审计，按照中国注册会计师审计准则的要求，应当询证本公司与贵行的存款、贷款往来，下列信息出自本公司账簿记录，如与贵行的记录相符，请在本函下端“信息证明无误”处签章证明。如有不符，请在“信息不符”处列明不符项目及具体内容；如存在与本公司有关的未列入本函的其他重要信息，也请在“信息不符”处列出其详细资料。回函请直接寄至东方会计师事务所。

地址：××市××区××大街53号　　　　邮编：××××××

电话：　　　　　　　　　　　　　　　联系人：

截至2012年12月31日，本公司与贵行相关的信息列示如下：

(1) 银行存款。

账户名称	银行账号	币种	利率	余额	是否被质押、用于担保或存在其他使用限制	备注
活期存款	×××××	人民币	×××	96.55万元	活期	
专用存款	×××××	人民币	×××	64万元	保证金	

除上述列示的存款外，本公司并无在贵行的其他存款。

(2) 银行借款。

借款人名称	币种	本息余额	借款日期	到期日期	利率	借款条件	抵（质）押品/担保人	备注
梅林公司	人民币	450万元	2012.9.6	2013.1.6	7%	抵押		
梅林公司	人民币	320万元	2012.5.8	2013.5.8	8%	抵押		

(3) ×××××

(为简化起见询证函其他事项略)

结论：

1. 信息证明无误。

2. 信息不符，请列明不符项目的具体内容。

（银行盖章） 短期贷款除了表中所列金额外，该公司还在12月20日取得一笔贷款，期限为6个月，金额为110万元。

年 月 日

经办人：

（银行盖章）

年 月 日

经办人：

梅思影对每家开户行进行函证后，除了上述回函说明有未入账的贷款外，没发现其他不符事项。对110万元未入账的银行贷款，财务经理承认将其存入了子公司账户，暂由子公司使用，但双方未办理相关手续。对此审计人员要求被审单位提供相关文件，作为工作底稿。

3. 抽查大额银行存款支出，以发现疑点

梅思影对梅林公司银行存款付款凭证进行抽查时，发现有两笔业务较为特殊。

其中一笔业务为一组费用报销凭证，在银行存款日记账摘要栏写明的均为修理费，具体内容如下。

2012年8月7日，银付字36＃凭证，摘要注明为修理超市的制冷设备，所附原始凭证为梅林劳动服务公司开具的发票，记账凭证内容为：

借：管理费用——修理费 320 000

贷：银行存款 320 000

2012年8月28日，银付字78＃凭证，摘要注明为修理运输设备，所附原始凭证也为梅林劳动服务公司开具的发票，记账凭证内容为：

借：销售费用——修理费 160 000

贷：银行存款 160 000

2012年9月16日，银付字37＃凭证，摘要注明也为修理运输设备，所附原始凭证也为梅林劳动服务公司开具的发票，金额为470 000元。

梅思影认为这3张修理费发票有些蹊跷，3张发票均出自梅林劳动服务公司，金额高达950 000元，该公司为梅林公司的控股子公司，参加梅林公司报表的合并，这3笔业务属于关联方交易。梅思影对此予以了高度关注，通过对有关经手人员询问，得到的信息是梅林公司 8—9 月份并没进行较大规模运输设备的修理。梅思影为了确定这 3 笔支出的性质，调阅了梅林公司的发票和记账凭证，核对后发现与这 3 张发票号对应的存根联和记账联金额分别为 320 000 元、160 000 元和 470 000 元，会计分录分别为：

借：银行存款　320 000
　贷：主营业务收入　32 000
　　应付账款——梅林劳动服务公司　288 000

借：银行存款　160 000
　贷：主营业务收入　16 000
　　应付账款——梅林劳动服务公司　144 000

借：银行存款　470 000
　贷：主营业务收入　47 000
　　应付账款——梅林劳动服务公司　423 000

在梅林劳动服务公司的账上，2012 年 9—10 月份又将这 3 笔应付账款分别以开出现金支票的形式归还，将应付账款转平。从双方的处理来看，梅林劳动服务公司明显存在开“阴阳”发票的问题，并且梅林公司通过多计费用达到套取现金用于非法开支并可少缴所得税的目的。在这项业务中，共多计费用 855 000 元，从而使当期利润少计 855 000 元，并影响所得税和未分配利润。对 855 000 元的款项，财务主管承认将其另外开立私人账户存放，没有正式在日记账中登记，到审计时已将其用于业务招待费开支共 305 000 元，并有相关的发票。假定业务招待费均为 2012 年度发生的，并在规定的控制数额之内，不需进行所得税调整。对上项业务是调整分录为：

借：银行存款　550 000
　贷：销售费用　550 000

并将修理费调入业务招待费子目，具体不再列示。

另一笔业务是审计人员进行银行存款大额支出凭证抽查时发现的，为梅林公司对外投资业务，凭证内容如下。

2012 年 12 月 6 日，银付字 36＃凭证登记 585 000 元，摘要为支付投资款，所附原始凭证为交割单和转账支票存根，分录为：

借：交易性金融资产　530 000
　　投资收益　55 000
　贷：银行存款　585 000

经仔细核对交易清单及该股票的信息后发现，记入“投资收益”账户借方的 55 000 元为应收股利，会计人员承认为会计处理错误，因该项错误处理会使当期收益少记 55 000 元，流动资产少记 55 000 元，且审计组对重要性水平的设定较低，应作出调整，调整分录为：

借：应收股利 55 000

贷：投资收益 55 000

三、案例分析与建议

（一）健全银行存款的内部控制制度

银行存款的内部控制制度必须健全有效，并应得到一贯的坚持才能避免舞弊的发生。银行存款极易出现舞弊问题，在内部控制制度中要充分体现不相容职务的分离，并有坚持良好的审核和核对制度。当然，再好的内部控制制度也要人来执行，若有关人员蓄意舞弊，再好的控制制度也只能流于形式。

（二）对银行存款大额收支凭证的抽查应结合其他业务的处理进行

对银行存款大额收支凭证的抽查应结合其他业务的处理进行分析。在进行凭证抽查时，不能仅停留在账户对应关系、审批手续、金额相符等表面现象上，要深入分析业务内容及其合理性，对发现的疑点要紧追不放，这样才能将问题查清，如本案例中对固定资产出售收入的审查就很好地说明了这一问题。在分析时，还应对相同的业务进行归类，分析其可能性，尤其对关联方的业务往来更应予以关注，以免企业之间利用关联方进行串通舞弊。在审计的常规检查中，若不仔细分析，很难发现被审计单位固定资产处置收入不入账、多列费用、截流资金，形成资金的体外循环问题。

（三）获取或编制银行存款余额调节表时，要注意未达账项

银行存款余额调节表的编制要注意未达账项，尤其要对长期未达账项进行分析，以发现可能存在的错报。为了验证未达账项的真实性，应向银行取得会计截止日后一段时间的对账单，对长期的未达账项要提请被审计单位进行调整，必要时应验证有关的支持性凭证，对在途时间较长的银行存款应持怀疑态度，验证其真实性。

（四）运用银行存款函证程序，审查账外资金和贷款

利用银行存款的函证程序，发现企业可能存在的账外资金和贷款。银行存

款函证程序是证实银行存款存在的重要证据，除了对经常提供对账单的开户行进行函证外，因企业经常多头开户，存在较少发生业务的账户，尤其是一些专用存款账户，函证时不能漏掉。有些户头年末存款余额即使为零，也应进行必要的函证。

CHAPTER

9 第九章 期初余额、期后事项与审计报告案例分析

案例 19　兆康公司期初余额审计

一、背景介绍

东方会计师事务所在 2013 年 2 月 8 日首次接受兆康股份有限公司（以下简称兆康公司）董事会委托，对兆康公司进行年度财务报表审计。双方签订了审计业务约定书，以李明阳为项目组长，以李新杰、张芳、韩多多为组员的项目组，于 2013 年 2 月 9 日至 3 月 7 日对该公司 2012 年度的财务报表进行审计。项目组对兆康公司的审计已基本接近尾声，对相关业务的交易测试和余额测试已经完成，因东方会计师事务所首次接受兆康公司委托，故项目组需要对期初余额进行确认。本案例主要反映期初余额审计的主要过程及相关问题。

兆康公司于 2004 年由原国有企业改制后上市，主营批发和零售业，下属有批发公司和 2 个大型百货商场。上市之初该公司股票市场表现非常活跃，曾被追捧为市场热点，股价几度翻番，公司业绩也跻身绩优股行列。但从 2009 年起，随着市场形势的变化，批发和零售业态都发生了较大的变化，新兴的连锁经营得到了长足发展，行业利润点开始转移，毛利率水平大幅度下滑。面对新的形势，兆康公司未能及时调整经营策略，开始进入亏损行列，且亏损额巨大，在 2009 年末股票被特别处理，进入“ST”行列，2010 年年度报告显示再次亏损。原承接年报审计的大华会计师事务所对其年报出具了保留意见的审计报告，经 2012 年股东大会讨论通过更换会计师事务所，在 2013 年 2 月东方会计师事

务所接任兆康公司的年报审计。

兆康公司 2011 年及 2012 年的相关资料见表 9-1、表 9-2。

表 9-1　　　　　　　　　资产负债表

编制单位：兆康公司　　　　　2012 年 12 月 31 日　　　　　　单位：万元

资产	期末数	年初数	负债和所有者权益（或股东权益）	期末数	年初数
流动资产：			流动负债：		
货币资金	210	120	短期借款	1 000	900
交易性金融资产			交易性金融负债		
应收票据	189	240	应付票据	230	340
应收账款	1 540	1 200	应付账款	1 700	1 911
预付款项		56	预收款项	23	87
应收利息	10	12	应付职工薪酬	51	55
应收股利	15	34	应交税费	56	86
其他应收款	3 462	3 500	应付利息		
存货	7 460	4 680	应付股利		
1 年内到期的非流动资产			其他应付款	87	35
其他流动资产		67	1 年内到期的长期负债		
流动资产合计	12 886	9 909	其他流动负债		
非流动资产：			流动负债合计	3 147	3 414
可供出售的金融资产			非流动负债：		
持有至到期投资	34	50	长期借款	6 000	6 000
长期应收款			应付债券		
长期股权投资	3 400	3 300	长期应付款	4 000	
投资性房地产			专项应付款		
固定资产	2 570	2 580	预计负债	340	210
在建工程			递延所得税负债		
工程物资			其他非流动负债	2 400	2 000
固定资产清理			非流动负债合计	12 740	8 210
生物性生物资产			负债合计	15 887	11 624
油气资产			股东权益：		
无形资产	25	30	股本	10 000	10 000
开发支出			资本公积	340	340
商誉			减：库藏股		
长期待摊费用	12	25	盈余公积	100	100
递延所得税资产			未分配利润	−7 400	6 170
其他非流动资产					
非流动资产合计	6 041	5 985	股东权益合计	3 040	4 270
资产总计	18 927	15 894	负债和股东权益合计	18 927	15 894

表 9-2 **利润表**

编制单位：兆康公司 2012 年度 单位：万元

项目	本年累积数	上年数
一、营业收入	4 100	2 100
减：营业成本	2 980	1 900
营业税金及附加	140	120
销售费用	1 000	1 110
管理费用	2 100	3 200
财务费用	−510	−502
资产减值损失	100	90
加：公允价值变动收益（亏损用“—”号填列）		
投资收益（亏损以“—”号填列）	830	−42
其中：对联营企业和合营企业的投资收益		
二、营业利润（亏损以“—”号填列）	−1 900	−4 864
加：营业外收入	1 100	1 200
减：营业外支出	0	12
其中：非流动资产处置损失		
三、利润总额（亏损以“—”号填列）	−800	−3 676
减：所得税费用	0	0
四、净利润（亏损以“—”号填列）	−800	−3 676
五、每股收益：		
（一）基本每股收益		
（二）稀释每股收益		

补充资料：

项目	本年累计数	上年实际数
1. 出售、处置部门或被投资单位所得收益	900	1 020
2. 自然灾害发生的损失		
3. 会计政策变更增加（或减少）利润总额		
4. 会计估计变更增加（或减少）利润总额		
5. 债务重组损失		
6. 其他		

说明：为了案例说明方便，将利润表中的上年数额一并进行了列示。

原大华会计师事务所对兆康公司出具的保留意见的审计报告主要内容如下。

审计报告

兆康公司全体股东：

我们审计了后附的兆康公司的财务报表，包括2010年12月31日的资产负债表，2010年度的利润表、股东权益变动表和现金流量表以及财务报表附注。

一、管理层对财务报表的责任

按照企业会计准则和《企业会计制度》的规定编制财务报表是兆康公司管理层的责任。这种责任包括：(1) 设计、实施和维护与财务报表编制相关的内部控制，以使财务报表不存在由于舞弊或错误而导致的重大错报；(2) 选择和运用恰当的会计政策；(3) 作出合理的会计估计。

二、注册会计师的责任

我们的责任是在实施审计工作的基础上对财务报表发表审计意见。我们按照中国注册会计师审计准则的规定执行了审计工作。中国注册会计师审计准则要求我们遵守职业道德规范，计划和实施审计工作以对财务报表是否不存在重大错报获取合理保证。

审计工作涉及实施审计程序，以获取有关财务报表金额和披露的审计证据。选择的审计程序取决于注册会计师的判断，包括对由于舞弊或错误导致的财务报表重大错报风险的评估。在进行风险评估时，我们考虑与财务报表编制相关的内部控制，以设计恰当的审计程序，但目的并非对内部控制的有效性发表意见。审计工作还包括评价管理层选用会计政策的恰当性和作出会计估计的合理性，以及评价财务报表的总体列报。

我们相信，我们获取的审计证据是充分、适当的，为发表审计意见提供了基础。

三、导致保留意见的事项

经审计，我们发现：兆康公司对1年以上的应收账款计提了65万元的坏账准备，根据贵公司的实际情况，我们无法估计贵公司坏账准备的计提金额是否足够谨慎充分；贵公司对上海SG公司的投资占上海SG公司股份总额的比例为45%，自2006年公司转让其中25%股权后，即改用成本法进行核算，上海SG公司2006年、2009年共亏损12 000万元，影响兆康公司的亏损数为3 000万元；兆康公司向兆康集团公司出售专营权，形成3 450万元的其他应收款，未计提坏账准备，该项资产的账面价值为2 430万元，由于该项业务使公司增加营业外收入1 020万元。

四、审计意见

我们认为，除存在上述内容的会计处理不符合规定外，上述会计报表符合《企业会计准则》和《企业会计制度》的规定，在所有重大方面公允地反映了龙华公司2010年12月31日的财务状况和2010年度的经营成果及其现金流量。

大华会计师事务所　　　　　　中国注册会计师：刘刚

（签章）　　　　　　中国注册会计师：钱蜜颖

中国××市　　　　　　报告日期：2011年3月22日

二、案例内容与过程

（一）审计目标

（1）确定期初余额的恰当性与正确性；

（2）评价前任注册会计师对上年度财务报表审计所出具审计意见的准确性。

（二）对应收款项和应付款项进行核对

对应收款项和应付款项的年初余额与2012年1月份的记录进行核对，证实应收款项的存在性和应付款项是否存在少记的问题，这是对短期债权债务进行期初审核的重要部分。审计人员核对应付款项时未发现异常变化；核对应收款项并结合对2012年应收款项的审计工作底稿进行衔接时发现以下问题。

（1）2011年已经逾期3年的应收账款320万元仍未收回，对该项债权兆康公司仅按5%提取了16万元的坏账准备，在2012年审核后发现兆康公司对该项逾期债权也未再增提坏账准备。

（2）2011年末，其他应收款中应收集团母公司的款额为3 450万元，未提坏账准备，从大华会计师事务所提供的底稿来看，上年该所负责审核的注册会计师就对此提出了调整意见，但被审计单位未接受调整意见。该公司解释的原因为，该项其他应收款为年末向集团公司出售一项专营权形成的，该项专营权账面价值为2 430万元。对此项出售，兆康公司还确认了1 020万元的营业外收入，并称款项将很快收回。上年的审计报告对此项业务已作了说明，但核对2012年的会计资料后发现该款项至今尚未收回，兆康集团公司财务状况也不很理想。

（3）2011年末，应收票据（商业承兑汇票）已经逾期的金额为120万元，但未将其转入应收账款，也未计提坏账准备。2011年的审计底稿也未对其进行调整。

对应收款项期初余额发现的上述问题，审计人员李明阳认为必须进行调整。对已经逾期了3年以上的应收账款应补提坏账准备，鉴于该公司的特殊情况，按应收账款的30%计提，应补提金额为：

坏账准备金额＝320×(30%－5%)＝80(万元)

对其他应收款也应计提坏账准备，根据兆康公司的计提比例5%计算，计提坏账准备金额应为：

坏账准备金额＝3 450×5%＝172.5(万元)

对应收票据，应将其调入“应收账款”账户，并补提坏账准备，补提金额为：

坏账准备金额＝120×5％＝6(万元)

对上述业务的调整分录为：

借：应收账款——远大集团　　1 200 000

　贷：应收票据　　1 200 000

补提坏账准备的分录为：

借：资产减值损失　　2 585 000

　贷：坏账准备　　2 585 000

（三）对存货进行审核，以确定其价值的公允性

期初存货是对报表有重要影响的项目，它既关系着本期期末余额确定的真实与否，也关系着当期主营业务成本的计算是否正确，进而会影响到当期财务成果。审计人员对存货的审核既要确认其数量的真实性，也要确认发出存货的计价方法是否有变动。审计人员李明阳将上年大华会计师事务所提供的存货审计底稿与年初数进行核对后，认为被审计单位发出存货的计价方法未改变。在数量方面，经与本年 1—2 月份的数据核对也未发现异常。

（四）对投资数额进行审核

投资的期初余额会影响期末资产总额，对投资收益的确认也会影响财务成果。从上年审计报告可知，兆康公司对上海 SG 公司的投资占上海 SG 公司股份总额的比例为 45％，自 2006 年公司转让其中 25％股权后，即改用成本法进行核算，上海 SG 公司 2006 年、2009 年共亏损 12 000 万元，对龙华公司的影响数为 3 000 万元。对该项投资，经与被投资方核对后，审计组认为兆康公司为第一大股东，会计核算应采用权益法，这部分亏损额应调整入账。调整分录为：

借：以前年度损益调整　　30 000 000

　贷：长期股权投资——损益调整　　30 000 000

审计人员在报表中应调减长期股权投资的期初数，未弥补亏损应调高 3 000 万元，并对利润分配表中的数据进行调整；同时，调整相关项目的期末数。

（五）对固定资产和在建工程进行核对

审计人员将 2011 年的会计记录和审计底稿进行核对，核对在建工程和固定资

产时发现，兆康公司有一台价值200万元的商用机器设备在2011年11月12日安装完毕后投入使用，但在12月份未提折旧，在上年的折旧计算表中没有该项固定资产折旧。上年的审计底稿也提到了此问题，但被审计单位未进行调整，直到2012年1月才开始计提折旧。因该固定资产每月应提的折旧额为12万元，已经达到了固定资产账户分配的重要性水平，审计人员建议进行调整。调整分录为：

借：管理费用　　120 000

　　贷：累计折旧　　120 000

审计人员在报表中应调整累计折旧和固定资产净值，并调整未弥补亏损数额。

除了审核上述项目外，审计人员还对资产负债表的其他项目进行了核对，未再发现其他异常事项。

综合以上调整结果，审计人员将调整后的报表（部分）列示如表9-3、表9-4所示。

表9-3　　资产负债表　　单位：万元

被审计单位名称	财务报表期间	工作底稿索引号
兆康公司	截至2012年12月31日	T2-1-1

编制人及复核人员签字：

编制人：李新杰	日期：2013年3月2日
复核人：李明阳	日期：2013年3月2日
项目质量控制复核人：秦安然	日期：2013年3月3日

资产	调整前年初数	调整后年初数	调整前期末数	调整后期末数	负债和所有者权益（或股东权益）	调整前年初数	调整后年初数	调整前期末数	调整后期末数
流动资产：					流动负债：				
……					……				
应收票据	240	120	189	69					
应收账款	1 200	1 061.5	1 540	1 460					
……									
流动资产合计	9 909	9 650.5	12 886	12 627.5	流动负债合计	3 414	3 414	3 147	3 147
非流动资产：					……				
……									
长期股权投资	3 300	300	3 400	400	非流动负债合计	8 210	8 210	12 740	12 740
……									

续表

资产	调整前年初数	调整后年初数	调整前期末数	调整后期末数	负债和所有者权益（或股东权益）	调整前年初数	调整后年初数	调整前期末数	调整后期末数
固定资产	2 580	2 568	2 570	2 558					
……					股东权益：				
					……				
					未分配利润	－6 170	－9 440.5	－7 400	－10 670.5
非流动资产合计	5 985	2 973	6 041	3 029	股东权益合计	4 270	999.5	3 040	－230.5
资产总计	15 894	12 623.5	18 927	15 656.5	负债和股东权益合计	15 894	12 623.5	18 927	15 656.5

表 9-4　　　　　　　　　　　　利润表　　　　　　　　　　　　单位：万元

被审计单位名称	财务报表期间	工作底稿索引号
兆康公司	截至 2012 年 12 月 31 日	T2-1-2

编制人及复核人员签字：

编制人：李新杰	日期：2013 年 3 月 2 日
复核人：李明阳	日期：2013 年 3 月 2 日
项目质量控制复核人：秦安然	日期：2013 年 3 月 3 日

项目	调整前上年数	调整后上年数	本年累积数（调整前）	本年累积数（调整后）
一、营业收入	2 100	2 100	4 100	4 100
减：营业成本	1 900	1 900	2 980	2 980
营业税金及附加	120	120	140	140
销售费用	1 110	1 110	1 000	1 000
管理费用	3 200	3 212	2 100	2 370.5
财务费用	－502	－502	－510	－510
资产减值损失	90	348.5	100	100
加：公允价值变动收益（亏损用“－”号填列）				
投资收益（亏损以“－”号填列）	－42	－3 042	830	－2 170
其中：对联营企业和合营企业的投资收益				
二、营业利润（亏损以“－”号填列）	－4 864	－8 134.5	－1 900	－5 170.5
加：营业外收入	1 200	1 200	1 100	1 100
减：营业外支出	12	12	0	0

续表

项目	调整前上年数	调整后上年数	本年累积数（调整前）	本年累积数（调整后）
其中：非流动资产处置损失				
三、利润总额（亏损以“－”号填列）	－3 676	－6 946.5	－800	－4 070.5
减：所得税费用	0	0	0	0
四、净利润（亏损以“－”号填列）	－3 676	－6 946.5	－800	－4 070.5
五、每股收益：				
（一）基本每股收益				
（二）稀释每股收益				

说明：为了案例说明方便，将利润表中的上年数额一并进行了列示。

假定审计人员对 2011 年报表已经审计完毕，在对本期业务的审核中未发现需要被审计单位调整的事项，但因期初余额的调整数额巨大，合计调增亏损额 3 270.5 万元，并使 2012 年的累积亏损额增加，所有者权益出现负值，资产负债率超过 100％，使被审计单位持续经营能力受到质疑，被审计单位拒绝调整，理由是上年已经审计的数额不能变动。审计人员经与公司管理层沟通后，对方仍然拒绝调整，因为未调整数额巨大，它将直接影响 2012 年度的报表数。对此，审计人员出具了保留意见的审计报告。

三、案例分析与建议

（一）加强对期初余额的审查

对新客户或首次接受审计的客户，审计人员在审计时要对期初余额予以充分关注。期初余额的审核是审计报告出具前重要的审计环节。审计人员应当根据已获取的审计证据，形成对期初余额的审计结论，并确定其对本期会计报表审计意见的影响。

（二）必须调整错报和漏报的期初余额

审计人员对期初余额的重要错报或漏报必须要求被审计单位予以调整或披露。本案例中，被审计单位期初余额存在严重影响本期会计报表的错报或漏报，审计人员应当提请被审计单位进行调整或披露。如被审计单位不接受建议，审计人员应当对本期会计报表发表保留意见或否定意见。上期会计报表如经其他会计师事务所审计，审计人员应当提请被审计单位或经其授权，将上述情况告知前任审计人员。

（三）充分重视和利用前任审计人员的工作底稿和审计报告的结论

从本案例的审核过程来看，前任会计师事务所出具的审计报告结论对期初余额的确认具有非常大的影响。在对新接手的客户进行期初余额的审计时，取得前任审计人员的合作是非常重要的。根据上年工作底稿中所揭示的问题发现线索并进行审核，能提高审计效率，并取得较好的效果。

审计人员在审计过程中应注重分析原报告中所提及事项的影响在本期是否已经消除。若在当年并未得到证实，影响也还存在，本年业务中也未得到处理，审计人员应对该类业务进行调整，如本案例中对其他应收款计提坏账准备，将对外投资亏损额调整入账。

（四）注意审计意见的准确性

期初余额对本期会计报表有重大影响，但无法对其获取充分、适当的审计证据，或期初余额中存在严重影响本期会计报表的错报或漏报，被审计单位拒绝进行调整，注册会计师应当对本期会计报表出具非无保留意见的审计报告。

案例 20　金冠公司期后事项审计

一、背景介绍

东方会计师事务所自 2011 年开始接受金冠股份有限公司（以下简称金冠公司）董事会委托，对金冠公司进行年度财务报表审计。根据双方所签订的审计业务约定书，由以辛勤勤为组长及以赵长阳、李光明、何苗为组员的项目组于 2013 年 2 月 5 日开始对该公司 2012 年度的财务报表进行审计。本案例主要反映期后事项的审计过程及相关问题。在对期后事项审计时，审计项目小组对《企业会计准则第 29 号——资产负债表日后事项》和《中国注册会计师审计准则第 1332 号——期后事项》等予以了特别关注。

金冠公司属旅游行业，公司主营项目有：饭店经营与管理；旅游服务；旅游产品开发、销售；出租汽车客运；承办展览展示活动；餐饮服务；设计、制作、代理、发布国内及外商来华广告；技术开发、技术服务、技术咨询。其中，饭店经营与管理、展览展示业务和旅行社业务的经营规模和经济效益在全国同行业中都处于较为领先地位。金冠公司在报告期内实现主营业务收入 65 980 万元，比上年增长 71.5%；实现主营业务利润 19 395 万元，比上年增长 11.3%。该公司在董事会下设有审计委员会，在总经理下设有审计部，审计委员会和审计部在业务上是指导与被指导关系。注册会计师的审计工作得到了该公司内部审计的协助。

根据审计计划，审计人员赵长阳负责期后事项的审计测试与取证工作。

二、案例内容与过程

（一）审计目标

（1）确定期后事项的完整性；

（2）确定期后事项对财务报表和审计报告的影响。

（二）审查采取的主要程序

（1）向金冠公司的业务经理、副经理和总经理等管理层人员进行调查询问，对或有负债、承诺，金冠公司的资产及资本结构的重大变化，资产负债表日未完全解决项目的现状，资产负债表日后的一些异常事项进行调查。

（2）审查金冠公司的资产负债表日后编制的内部报表。审计人员赵长阳将审查的重点放在 2012 年生产经营业务中与同期结果有关的变化上，调查生产经营结果的重大变化。

（3）审查金冠公司的资产负债表日后编制的会计记录，重点审查了公司的资产负债表日后的日记账和分类账，从而确定所有与 2012 年度相关业务的存在及其内容。由于日记账尚未记载到当前，因此检查了有关凭证。

（4）审查金冠公司的资产负债表日后发布的会议记录。对金冠公司的资产负债表日后发布的股东大会和董事会的会议记录，重点审查了其中影响 2012 年度的会计报表的重大期后事项。

（5）向金冠公司律师（或法律顾问）询问有关诉讼和索赔事项。

（三）汇总期后事项处理中存在的主要问题

（1）审查发现金冠公司有一笔销售退回业务，是资产负债表日之前售出的商品在资产负债表日至财务报告批准报出日之间发生的，按照企业会计准则的规定，应当作为资产负债表日后事项的调整事项处理，调整 2012 年度的收入、成本等，但金冠公司没对其进行调整。这笔销售退回业务的具体情况是：金冠公司 2012 年 11 月销售给 A 企业一批产品，销售价格 15 000 000 元（不含应向购买方收取的增值税税额），销售成本 11 000 000 元，货款当年 12 月 31 日尚未收到。2012 年 12 月 28 日接到 A 企业通知，A 企业在验收物资时，发现该批产品存在严重的质量问题需要退货。金冠公司希望通过协商解决问题，并与 A 企业协商解决办法。公司按应收账款年末余额 5%计提坏账准备。2013 年 1 月 10 日双方协商未成，金冠公司收到 A 企业通知，该批产品已经全部退回。金冠公司于 2013 年 1 月 15 日收到退回的产品，以及购货方退回的增值税专用发票的发票联和税款抵扣联（假如该物资增值税税率为 17%，金冠公司为增值税一般纳税人，不考虑其他税费因素）。针对这种情况，根据企业会计准则的规定，审计人员赵长阳要求金冠公司进行如下账务调整（金额单位：元）：

①调整销售收入。

借：以前年度损益调整　　15 000 000

　　应交税费——应交增值税（销项税额）（15 000 000×17%）

　　　　2 550 000

　贷：应收账款　　17 550 000

②调整坏账准备余额。

借：坏账准备（17 550 000×5%）　　877 500

　贷：以前年度损益调整　　877 500

③调整销售成本。

借：库存商品　　11 000 000

　贷：以前年度损益调整　　11 000 000

（2）审查发现，金冠公司未在报表附注中反映以下对会计报表无直接影响，但应予以反映的事项：

一是金冠公司经批准于 2013 年 1 月 12 日发行 5 年期债券 680 000 万元，面值 100 元，年利率 8%，按 109 元的价格发行，并于 2013 年 2 月 26 日结束发行。由于企业发行股票、债券以及向银行或非银行金融机构举借巨额债务都是比较重大的事项，虽然这一事项与企业资产负债表日的存在状况无关，但这一事项的披露能使财务报告使用者了解与此有关的情况及可能带来的影响，故准则规定应予披露。

二是金冠公司在 2013 年 2 月经批准将 2 600 万元资本公积转增资本。由于资本公积转增资本将会改变公司的资本（或股本）结构，影响较大，故也需要在报表附注中披露。

对上述事项，审计人员赵长阳要求金冠公司在附注中反映，金冠公司也同意了赵长阳的处理意见。

（四）签署审计报告日期

东方会计师事务所在2013年3月1日完成了审计工作。然而，审计人员赵长阳得知以下事项：金冠公司于3月2日收购了另一家公司。在这种情况下，赵长阳认为该购买事项对金冠公司2012年度会计报表的可靠性有重要影响，需要扩大对该期后事项的审计。假定审计人员重新回到金冠公司的工作现场，并在3月8日完成了与收购有关的审计。

《中国注册会计师审计准则第1501号——审计报告》第二十一条规定，审计报告应当注明报告日期。审计报告的日期不应早于注册会计师获取充分、适当的审计证据（包括管理层认可对财务报表的责任且已批准财务报表的证据），并在此基础上对财务报表形成审计意见的日期。《中国注册会计师审计准则第1332号——期后事项》取消了原《独立审计具体准则第15号——期后事项》在审计报告中标注双重日期的规定，要求采用更改审计报告日的做法。因此，在本案例中，3月8日即为审计报告日。相比之下，更改审计报告日的做法在财务报表审计范围内全面地扩大了注册会计师的审计责任范围，而标注双重日期的做法仅在反映有关的特定项目方面扩大了注册会计师的责任范围。可以看出，取消标注双重审计报告日期的做法，意味着新准则对注册会计师的要求进一步提高了。

三、案例分析与建议

（一）在观念上要重视期后事项的审计

企业的经营活动是持续进行、连续不断的，但财务报表的编制却是建立在“会计分期假设”的基础上的。进一步讲，作为审计对象的财务报表，其编制基础是对连续不断的经营活动的一种人为划分。因此，注册会计师在审计某一会计年度的财务报表时，就必须瞻前顾后，除了对所审会计年度内发生的交易和事项实施必要的审计程序外，还必须对在会计期末之后发生的、对所审财务报表产生重大影响的期后事项进行审计。这样，才能使得财务报表审计具有完整性。但是在现实中，有些会计师事务所在观念上对期后事项的审计没有引起足够的重视，不考虑期后事项对财务报表的影响，因为专业能力的问题，对期后事项视而不见。实际上，因期后事项的问题而被诉讼的会计师事务所也是存在的，这需要引起事务所的高度重视。

（二）区分期后事项的种类，并进行正确处理

根据期后事项发生的时间及对被审计单位财务报表公允性的影响程度，可以将期后事项划分为对财务报表有直接影响并需要调整的事项和对财务报表没有直接影响但应予以反映的事项。本案例中，金冠公司对期后事项的不当处理涉及这两类。关于第一类，金冠公司的一笔销售退回业务，是资产负债表日之前售出的商品在资产负债表日至财务报告批准报出日之间发生退回的，按照企业会计准则的规定，应当作为资产负债表日后事项的调整事项处理，调整 2012 年度的收入、成本等。但金冠公司却没对其进行日后调整。因此，审计人员要求金冠公司调整 2012 年度会计报表有关项目的内容。关于第二类，本案例涉及两个事项，一项是举借巨额债务问题，另一项是转增资本金问题。

（三）关注期后事项审计准则的变化及其影响

新发布的《中国注册会计师审计准则第 1332 号——期后事项》在对原《独立审计具体准则第 15 号——期后事项》进行修正的基础上作出补充和完善，必将对审计实务产生一定影响。特别是在增加注册会计师审计工作量、扩大审计责任等方面，应引起审计人员的足够关注。

原准则所称期后事项是指资产负债表日至审计报告日发生的，以及审计报告日至财务报表公布日发生的对财务报表产生影响的事项。期后事项涉及两个时段，即资产负债表日至审计报告日发生的事项为第一时段期后事项，审计报告日至财务报表报出日发生的事项为第二时段期后事项。新准则所称期后事项是指资产负债表日至审计报告日之间发生的事项以及审计报告日后发现的事实。新准则中的期后事项涉及三个时段，第一时段期后事项和原准则相同，第二时段期后事项是指审计报告日至财务报表报出日发现的事实，第三时段期后事项是指财务报表报出日后发现的事实。因此，新准则增加了第三时段期后事项，意味着财务报表报出后，注册会计师还应该关注有关的期后事项，承担相应的审计责任，这说明审计人员对被审计单位财务报表的审计工作可能延长至财务报表公布后。换言之，新准则延长了期后事项的审计时间，扩大了审计责任的时间范围，强化了注册会计师的审计责任。

新准则针对期后事项的时段分别规定了相应的责任和要求实施的审计程序，内容较全面、明确，审计人员可以对照各时段期后事项的规定进行实务操作，增强了对审计实务的指导性。针对第二时段的期后事项，原准则规定可以签署双重审计报告日，而新准则中取消了这一规定，要求签署新的审计报告日。另

外，针对第三时段的期后事项，原准则没有作出修改审计报告日期方面的规定，而新准则规定，如果管理层修改了财务报表，注册会计师应当根据具体情况实施必要的审计程序，复核管理层采取的措施能否确保所有收到原财务报表和审计报告的人士了解这一情况，并针对修改后的财务报表出具新的审计报告。新的审计报告应当增加强调事项段，提请财务报表使用者注意财务报表附注中对修改原财务报表原因的详细说明，以及注册会计师出具的原审计报告。新的审计报告日期不应早于董事会或类似机构批准修改后的财务报表的日期。相应地，注册会计师应当将用以识别期后事项的审计程序延伸至新的审计报告日，以避免重大遗漏。

总之，审计人员应提高对期后事项的关注力度，在审计工作中把握新旧准则的变化要点，有效识别期后事项，并在此基础上追加审计程序，采取有效的审计措施，有针对性地对期后事项进行审计，以提高审计质量，降低审计风险。

案例 21　五星公司审计报告

一、背景介绍

东方会计师事务所自 2009 年开始接受五星股份有限公司（以下简称五星公司）董事会委托，对五星公司进行年度财务报表审计。根据双方所签订的审计业务约定书，由以李斌为项目组长及以王晓华、赵毅、孙朝阳为组员的项目组于 2013 年 2 月 16 日至 3 月 8 日对该公司 2012 年度的财务报表进行了审计。本案例主要反映审计报告阶段的审计过程及相关问题。

五星公司是专业从事互联网应用及软件开发的高科技企业，主要服务于电子商务、网站设计、程序软件开发、域名注册、全球虚拟主机及服务器租用、互联网增值服务及企业上网工程等领域。该公司在董事会下设有审计委员会，在总经理下设有审计部，审计委员会和审计部在业务上是指导与被指导关系。注册会计师的审计工作得到了该公司内部审计的协助。

由中国注册会计师协会负责制定，财政部批准发布的《中国注册会计师鉴证业务基本准则》、《中国注册会计师审计准则第 1501 号——审计报告》、《中国注册会计师审计准则第 1502 号——非标准审计报告》对审计人员编制和出具审计报告进行了规范，2010 年财政部对审计准则作了修订，对出具审计报告的规定有所变动。证监会也针对上市公司报表披露的格式和内容颁布了一系列规范文件，用以指导审计人员按规范格式和要求出具审计报告。

二、案例内容

审计人员在审计报告阶段的一项重要内容就是编制审计差异调整分录表、试算平衡表和审计后的财务报表。

（一）编制审计差异调整表

审计人员在外勤工作阶段编制的审计调整分录汇总如表 9-5 所示。

表 9-5　　单位：元

被审计单位名称	财务报表期间	工作底稿索引号
五星公司	截至 2012 年 12 月 31 日	C6-1

编制人及复核人员签字：

编制人：王晓华	日期：2013 年 3 月 1 日
复核人：李斌	日期：2013 年 3 月 1 日
项目质量控制复核人：秦安然	日期：2013 年 3 月 2 日

项目　　一级科目	借方	贷方
以前年度滚调：		
1. 以前年度多计折旧滚动调整		
累计折旧	11 018 056.00	
年初未分配利润		11 018 056.00
2. 滚动调整以前年度盘盈资产补计折旧的影响		
年初未分配利润	2 083 518.81	
累计折旧		2 083 518.81
3. 上年未提足电费调整		
年初未分配利润	160 400.50	
其他应付款		160 400.50
4. 将坏账误计管理费调整		
坏账准备	92 387.52	
年初未分配利润		92 387.52
5. 滚动调整以前年度所得税的影响		
年初未分配利润	80 201.49	
应交税费		80 201.49
6. 调整上年多提工资		
应付职工薪酬	532 929.39	

续表

项目　　　　一级科目	借方	贷方
年初未分配利润		532 929.39
7. 上年存货跌价损失		
年初未分配利润	218 036.12	
存货跌价准备		218 036.12
8. 上年多计利息资本化金额		
年初未分配利润	217 509.33	
在建工程——甲项目		101 952.16
在建工程——乙项目		30 045.96
固定资产原价		85 511.21
9. 补提盈余公积		
年初未分配利润	113 420.32	
盈余公积——法定盈余公积		56 710.16
盈余公积——任意盈余公积		56 710.16
重分类分录：		
1. 对应收账款贷方余额重分类		
应收账款	1 572 911.24	
预收账款		1 572 911.24
2. 对其他应收款贷方余额重分类		
其他应收款	1 691 319.18	
其他应付款		1 691 319.18
3. 对预付账款借方余额重分类		
在建工程	102 514 238.00	
预付账款		102 514 238.00
4. 对预付账款贷方余额重分类		
预付账款	13 290 230.00	
应付账款		13 290 230.00
5. 对应付账款借方余额重分类		
预付账款	11 524 368.85	
应付账款		11 524 368.85
6. 对其他应付款借方余额重分类		
预付账款	563 340.00	
其他应付款		563 340.00
7. 一年内到期的长期负债		
长期借款	35 000 000.00	
长期应付款	20 000 000.00	
一年内到期的长期负债		55 000 000.00
8. 抵销双方同时挂账项目		
预收账款	255 160.00	

续表

项目　　　　一级科目	借方	贷方
应收账款		255 160.00
9. 其他应收款重分类调整		
固定资产原价	213 400.00	
其他应收款		213 400.00
10. 其他应收款重分类调整		
预付账款	737 700.00	
其他应收款		737 700.00
调整分录：		
1. 补提坏账准备		
资产减值损失	156 540.00	
坏账准备		156 540.00
2. 补提累计折旧		
主营业务成本	218 563.14	
累计折旧		218 563.14
3. 其他应收款——个人往来调整		
管理费用	233 853.77	
其他应收款		233 853.77
4. 管理费用误入发行费用调整		
管理费用	114 494.02	
其他应付款		114 494.02
5. 银行未达账项调整		
货币资金	2 168 600.00	
其他应付款		1 818 600.00
其他应付款		350 000.00
6. 6 号机完工转固定资产		
固定资产原价	8 649 033.85	
在建工程		8 649 033.85
7. 9 号机资本化利息调整		
应付利息	65 352.00	
在建工程		65 352.00
8. 6 号机资本化利息调整		
应付利息	26 130.00	
固定资产原价		26 130.00
9. 调整 8 万吨在建工程资本化利息		
专项应付款	1 699 830.00	
应付利息	137 500.00	
在建工程		1 837 330.00
10. 汇兑损益调整		

续表

项目　　　　一级科目	借方	贷方
货币资金（银行存款）	32 120.76	
货币资金（其他货币资金）	28 640.24	
短期借款（甲项借款）	42 268.12	
短期借款（乙项借款）	81 976.88	
财务费用		185 006.00
11. 调整无形资产入在建工程		
在建工程	4 670 258.47	
无形资产		4 670 258.47
12. 调整存货跌价准备		
资产减值损失	57 700.00	
存货跌价准备		57 700.00
13. 调整其他货币资金		
其他应收款	2 000 000.00	
货币资金		2 000 000.00
14. 调整评估费用		
其他应付款	180 000.00	
管理费用		180 000.00
15. 预提 2013 年度审计费		
管理费用	480 000.00	
其他应付款		480 000.00
16. 冲回土地使用权的摊销		
累计摊销	95 279.53	
管理费用		95 279.53
17. 将已收到法定裁定书的破产企业的坏账核销		
坏账准备	183 366.45	
应收账款		183 366.45
18. 补提折旧		
主营业务成本	893 853.87	
其他业务成本	63 799.24	
累计折旧		957 653.11
19. 根据影响损益相应调整的所得税		
应交税费——应交所得税	580 311.11	
所得税		580 311.11
20. 调整盈余公积		
盈余公积	235 641.48	
提取法定盈余公积		117 820.74
提取任意盈余公积		117 820.74

（二）编制试算平衡表

审计人员根据调整分录汇总表编制试算平衡表，如表 9-6 所示。

表 9-6　　**资产表**　　单位：元

被审计单位名称	财务报表期间	工作底稿索引号
五星公司	截至 2012 年 12 月 31 日	C6-3

编制人及复核人员签字：

编制人：王晓华	日期：2013 年 3 月 1 日
复核人：李斌	日期：2013 年 3 月 1 日
项目质量控制复核人：秦安然	日期：2013 年 3 月 2 日

项目	调整前	调整金额		调整后
		借方	贷方	
流动资产：				
货币资金	145 410 700.00	2 229 361.00	2 000 000.00	145 640 061.00
交易性金融资产	0.00	0.00	0.00	0.00
应收票据	20 277 000.00	0.00	0.00	20 277 000.00
应收股利	0.00	0.00	0.00	0.00
应收利息	0.00	0.00	0.00	0.00
应收账款	34 889 800.00	1 572 911.24	438 526.45	36 024 184.79
减：坏账准备	(2 796 610.00)	275 753.97	156 540.00	(2 677 396.03)
预付款项	109 290 400.00	26 115 638.85	102 514 238.00	32 891 800.85
其他应收款	1 099 330.00	3 691 319.18	1 184 953.77	3 605 695.41
存货	57 926 260.00	0.00	0.00	57 926 260.00
减：存货跌价准备	(218 030.00)	0.00	275 736.12	(493 766.12)
其他流动资产	0.00	0.00	0.00	0.00
流动资产合计	365 878 850.00	33 884 984.24	106 569 994.34	293 193 839.90
非流动资产：				
长期股权投资	34 300 280.00	0.00	0.00	34 300 280.00
固定资产原价	186 008 120.00	8 862 433.85	111 641.21	194 758 912.64
减：累计折旧	(60 388 310.00)	11 018 056.00	3 259 735.06	(52 629 989.06)
固定资产净值	125 619 810.00	19 880 489.85	3 371 376.27	142 128 923.58
固定资产减值准备	(340 350.00)	0.00	0.00	(340 350.00)

续表

项目	调整前	调整金额		调整后
		借方	贷方	
在建工程	100 178 800.00	107 184 496.50	10 683 713.97	196 679 582.53
固定资产清理		0.00	0.00	0.00
固定资产合计	225 458 260.00	127 160 265.85	14 055 090.24	338 563 435.61
无形资产	4 670 258.47		4 670 258.47	0.00
累计摊销		95 279.53		95 279.53
非流动资产合计	264 428 798.47	127 160 265.88	18 725 348.71	372 863 715.61
资产总计	630 307 648.47	161 140 529.62	125 390 622.58	666 057 555.51

表 9-7　　负债及所有者权益表　　单位：元

被审计单位名称	财务报表期间	工作底稿索引号
五星公司	截至 2012 年 12 月 31 日	C6-5

编制人及复核人员签字：

编制人：王晓华	日期：2013 年 3 月 1 日
复核人：李斌	日期：2013 年 3 月 1 日
项目质量控制复核人：秦安然	日期：2013 年 3 月 2 日

项目	调整前	调整金额		调整后
		借方	贷方	
流动负债：				
短期借款	42 029 700.00	124 245.00	0.00	41 905 455.00
应付票据	3 250 000.00	0.00	0.00	3 250 000.00
应付账款	1 524 750.00	0.00	24 814 598.85	26 339 348.85
预收款项	0.00	255 160.00	1 572 911.24	1 317 511.24
应付职工薪酬	0.00	532 929.39	0.00	(532 929.39)
应付职工薪酬	(343 210.00)	0.00	0.00	(343 210.00)
应交税费	1 421 800.00	580 311.11	80 201.49	921 690.38
其他应交款	41 300.00	0.00	0.00	41 300.00
其他应付款	39 692 700.00	180 000.00	5 178 153.70	44 690 853.70
应付利息	1 580 860.00	228 982.00		1 351 878.00
一年内到期的长期负债		0.00	55 000 000.00	55 000 000.00
流动负债合计	89 197 900.00	1 901 627.50	86 645 865.28	173 942 137.78
长期负债：				

续表

项目	调整前	调整金额		调整后
		借方	贷方	
长期借款	163 500 000.00	35 000 000.00	0.00	128 500 000.00
应付债券	0.00	0.00	0.00	0.00
长期应付款	20 000 000.00	20 000 000.00	0.00	0.00
专项应付款	16 872 200.00	1 699 830.00	0.00	15 172 370.00
其他长期负债	0.00	0.00	0.00	0.00
长期负债合计	200 372 200.00	56 699 830.00	0.00	143 672 370.00
负债合计	289 570 100.00	58 601 457.50	86 645 865.28	317 614 507.78
股东权益：				
股本	160 500 000.00	0.00	0.00	160 500 000.00
资本公积	132 838 410.00	0.00	0.00	132 838 410.00
盈余公积	9 929 560.00	235 641.48	113 420.32	9 807 338.84
未分配利润	37 469 578.47	5 091 890.61	12 919 611.03	45 297 298.89
股东权益合计	340 737 548.47	5 327 532.09	13 033 031.35	348 443 047.73
负债和股东权益合计	630 307 648.47	63 928 989.59	99 678 896.63	666 057 555.51

表 9-8 **利润及利润分配表** 单位：元

被审计单位名称	财务报表期间	工作底稿索引号
五星公司	截至 2012 年 12 月 31 日	C6-8

编制人及复核人员签字：

编制人：王晓华	日期：2013 年 3 月 1 日
复核人：李斌	日期：2013 年 3 月 1 日
项目质量控制复核人：秦安然	日期：2013 年 3 月 2 日

项目	调整前	调整金额		调整后
		借方	贷方	
一、营业收入	267 217 200.00	0.00	0.00	267 217 200.00
减：营业成本	227 772 200.00	1 176 216.25	0.00	228 948 416.25
营业税金与附加	971 980.00	0.00	0.00	971 980.00
销售费用	3 430 330.00	0.00	0.00	3 430 330.00
管理费用	13 329 400.00	828 347.79	275 279.53	13 882 468.26
财务费用	5 162 300.00	0.00	185 006.00	4 977 294.00
资产减值损失	0.00	214 240.00	0.00	214 240.00

续表

项目	调整前	调整金额		调整后
		借方	贷方	
加：公允价值变动收益	0.00	0.00	0.00	0.00
投资净收益	13 344 840.00	0.00	0.00	13 344 840.00
二、营业利润	29 895 830.00	2 218 804.04	460 285.53	28 137 311.49
加：营业外收入	16 500.00	0.00	0.00	16 500.00
减：营业外支出	34 000.00	0.00	0.00	34 000.00
其中：非流动资产处置净损失	0.00	0.00	0.00	0.00
三、利润总额	29 878 830.00	2 218 804.04	460 285.53	28 119 811.49
减：所得税	5 420 285.66	0.00	580 311.11	4 839 974.55
四、净利润	24 458 044.34	2 218 804.04	1 040 596.64	23 279 836.94
加：年初未分配利润	17 903 143.00	2 873 086.57	11 643 372.91	26 673 429.34
可供分配的利润	42 361 187.34	5 091 890.61	12 683 969.55	49 953 266.28
减：提取法定盈余公积	2 445 804.43	0.00	117 820.74	2 327 983.69
提取任意盈余公积	2 445 804.43	0.00	117 820.74	2 327 983.69
可供股东分配的利润	37 469 578.48	5 091 890.61	12 919 611.03	45 297 298.90
未分配利润	37 469 578.48	5 091 890.61	12 919 611.03	45 297 298.90

说明：其他业务收入 1 366 800 元，其他业务成本 708 400 元。

（三）评价审计风险、撰写审计总结、形成审计结论

对重要性和审计风险进行最终评价，是审计人员确定发表何种类型审计意见的必要手段和过程。审计人员在审计计划阶段已确定了审计风险的可接受水平。随着可能错报总和的增加，财务报表可能被严重错报的风险也会增加。如果审计人员得出结论，审计风险处在一个可接受水平，则可以直接提出意见；如果审计人员认为审计风险不能接受，则应追加实施额外的实质性程序，或要求被审计单位作必要调整，以使重要错报的风险降低至可接受水平，并进而得出恰当的审计意见。此外，审计人员在确定发表何种类型审计意见时，对以下情况也应给予足够关注：

一是报告期内公司发生的主要关联交易事项；

二是报告期内公司各类业务合同是否正常进行，有无重大合同纠纷发生；

三是报告期内公司有无重大诉讼、仲裁事项；

四是报告期内公司董事及高级管理人员有无受到监管部门处罚；

五是报告期内公司有无托管、承包其他公司或其他公司托管、承包租赁本公司资产事项；

六是报告期内公司会计政策、会计估计变更情况以及对会计报表的影响程度等。

上述都是上市公司年报需要披露的内容，审计人员应有针对性地搜集被审计单位上述情况的证据，并充分考虑其对发表审计意见类型的影响。具体到本案例，审计人员搜集到以下证据：

（1）五星公司本年度内以协议价格从其控股股东处采购材料 1 650 000 元，销售给其控股股东货物 21 190 000 元，经审计确认以上关联交易事项属于正常的生产经营业务往来。

（2）截至 2012 年 12 月 31 日，五星公司原第一大股东某省振华实业集团公司累计拖欠五星公司往来款 1 186 000 元，其中有 1 005 000 元的债权该公司以相应资产提供了抵押保证；同时五星公司账面净值 30 480 000 元的房产亦被该集团公司用于借款抵押。由于受权责范围的限制，审计人员无法合理估计该往来及被抵押资产可能形成的损失及对上述财务报表的影响。

（3）五星公司对应收飞亚公司在资产、债务承接过程中于 2012 年 11 月 22 日重大资产出售所产生的其他应收款未计提坏账准备。若根据五星公司会计政策与会计估计，对一年以内的应收款项按 10%的比率计提坏账准备，五星公司应计提坏账准备 156 540 元。

（4）期末存货原按实际成本计价，现改为按成本与可变现净值孰低计价，五星公司期末存货实际成本高于可变现净值，未计提存货跌价准备。审计人员已作了调整分录，建议被审计单位调整。

（5）五星公司会计政策变更已采用追溯调整法调整了 2012 年度会计报表相关项目的期初数或上年数，并调整了 2012 年年初留存收益。调整分录见调整分录汇总表。

（6）该年度五星公司在建工程资本化利息计算有误，已作了调整分录建议被审计单位调整。

项目组对审计工作和总结如下：

审计总结

针对被审计单位的实际情况，审计人员已搜集了充分的审计证据并已作了建议调整分录。审计人员还应就上述有关情况与被审计单位进行沟通。

（四）与被审计单位进行沟通

与客户沟通，主要是与被审计单位管理当局沟通，是指审计人员就财务报表审计有关事项询问、告知被审计单位管理当局或与其进行商讨。与客户沟通，有利于明确双方的责任，建立良好的合作关系，保证审计质量与提高审计效果和效率。

审计人员与被审计单位管理当局的沟通有口头和书面两种方式。在审计实施阶段，审计人员大多采用口头方式进行沟通，如向管理当局询问被审计单位的基本情况，与管理当局就审计中的有关问题进行讨论等。对于某些重要事宜，审计人员应当采用书面沟通方式。书面沟通文件统称为沟通函，包括管理建议书及其他各种致管理当局函等。

（五）签发审计报告

审计人员应先对会计报表进行总体性复核，分析其是否还可能存在其他异常情况，以确定是否追加实施额外的审计程序。然后，审计人员应对具体的审计工作底稿进行复核。这时的复核是指部门经理对经过项目经理复核（第一层次）过的审计工作底稿进行的第二层次复核，以及在此基础上由会计师事务所主任会计师进行的最终复核（第三层次），以便发现和解决有关问题。

针对本案例，与被审计单位协商的结果是，被审计单位接受审计人员的调整建议，但由于上述相关情况，注册会计师出具了保留意见审计报告。

审计报告

〔2013〕47 号

五星公司全体股东：

我们审计了后附的五星公司财务报表，包括 2012 年 12 月 31 日的资产负债表，2012 年度的利润表、股东权益变动表和现金流量表以及财务报表附注。

一、管理层对财务报表的责任

按照企业会计准则的规定编制财务报表是五星公司管理层的责任。这种责任包括：（1）设计、实施和维护与财务报表编制相关的内部控制，以使财务报表不存在由于舞弊或错误而导致的重大错报；（2）选择和运用恰当的会计政策；（3）作出合理的会计估计。

二、注册会计师的责任

我们的责任是在实施审计工作的基础上对财务报表发表审计意见。除本报告“三、导致保留意见的事项”所述事项外，我们按照中国注册会计师审计准则的规定执行了审计工作。中国注册会计师审计准则要求我们遵守职业道德规范，计划和实施审计工作以对财务报表是否不存在重大错报获取合理保证。

审计工作涉及实施审计程序，以获取有关财务报表金额和披露的审计证据。选择的审计程序取决于注册会计师的判断，包括对由于舞弊或错误导致的财务报表重大错报风险的评估。在进行风险评估时，我们考虑与财务报表编制相关的内部控制，以设计恰当的审计程序，但目的并非对内部控制的有效性发表意见。审计工作还包括评价管理层选用会计政策的恰当性和作出会计估计的合理性，以及评价财务报表的总体列报。

我们相信，我们获取的审计证据是充分、适当的，为发表审计意见提供了基础。

三、导致保留意见的事项

经审计，我们发现，截至 2012 年 12 月 31 日，贵公司原第一大股东某省振华实业集团公司累计拖欠往来款 1 186 000 元，其中有 1 005 000 元的债权该集团公司以相应资产提供了抵押保证；同时贵公司账面净值 30 480 000 元的房产亦被该集团公司用于借款抵押。由于受权责范围的限制，我们无法合理估计该往来及被抵押资产可能形成的损失及对上述财务报表的影响。

四、审计意见

我们认为，除了前段所述事项产生的影响外，五星公司财务报表已经按照企业会计准则的规定编制，在所有重大方面公允地反映了五星公司 2012 年 12 月 31 日的财务状况以及 2012 年度的经营成果和现金流量。

东方会计师事务所

中国××市××路××号

中国注册会计师李斌

中国注册会计师赵义

2013 年 3 月 8 日

三、案例分析与建议

（一）关于编制审计报告的步骤

审计人员编制审计报告应当以审计工作底稿为依据，并对照国家法律、法规、财务会计制度的规定和有关协议、合同、章程的要求。编制审计报告的步骤包括整理和分析审计工作底稿、调整客户会计报表、确定审计意见的类型和措辞、编制和出具审计报告等。审计人员应先根据委托审计的内容、范围和要求，对审计工作底稿进行整理和分析，全面总结审计工作。审计人员及其助理人员应整理好自己的工作底稿，回顾是否有遗漏环节，着重列举审计中发现的问题。项目负责人应对全部审计工作底稿进行综合分析，并对审计人员在审计过程中是否遵循了独立审计准则要求进行检查，对审计工作底稿作出综合结论形成书面意见。在此基础上，审计人员向被审计单位通报审计情况、初步结论和应调整会计报表的事项，提请被审计单位加以调整。然后，审计人员根据被审计单位是否接受提出的审计调整和是否已作了调整等情况，确定审计意见的类型和措辞。如被审计单位会计报表已根据调整意见作了调整，除专门要求说明者外，审计报告不必将被审计单位已调整事项再作说明。如被审计单位不接受调整意见，审计人员应当根据需要调整事项的性质和重要程度，确定审计意见的类型和措辞。注册会计师还应同时关注期后事项和未决事项，并判断其对审计意见类型的影响。

（二）关于编制和使用审计报告的要求

为便于审计报告使用者根据审计意见了解和判断被审计单位的财务状况、经营成果和现金流量，发挥审计报告的作用，审计人员编制审计报告时应做到内容完整，反映客观、公正。近几年来，上市公司的年报披露一直在根据需要进行调整、变动，体现了报告使用人的需要，而这一切取决于审计人员扎实的工作，只有审计报告所列的事实证据充分确凿，才能令报告使用人信服。

案例 22　中国证券市场第一份否定意见审计报告

一、知识介绍

（一）注册会计师审计报告的特征

审计报告是指注册会计师根据审计准则的规定，在执行审计工作的基础上，对财务报表发表审计意见的书面文件。

审计报告具有以下特征：

(1) 注册会计师应按照审计准则的规定执行审计工作。

(2) 注册会计师在实施审计工作的基础上才能出具审计报告。

（3）注册会计师通过对财务报表发表审计意见履行业务约定的责任。财务报表通常包括：资产负债表、利润表、所有者权益变动表、现金流量表和财务报表附注。

（4）注册会计师应当以书面形式出具审计报告。

（二）不同意见类型审计报告的出具条件

1. 无保留意见

注册会计师经过审计后，认为被审计单位财务报表符合下列所有条件，注册会计师应当出具无保留意见的审计报告：

（1）财务报表已经在所有重大方面按照适用的财务报告编制基础编制，公允反映了被审计单位的财务状况、经营成果和现金流量。

（2）注册会计师已经按照中国注册会计师审计准则的规定计划和实施了审计工作，在审计过程中未受到限制。

如果认为有必要在审计报告中增加强调事项段，则出具带强调事项段的无保留意见。（见表 9-9）

2. 非无保留意见

表 9-9　　非无保留意见类型

导致发表非无保留意见的事项的性质	这些事项对财务报表产生或可能产生影响的广泛性	
	重大但不具有广泛性	重大且具有广泛性
财务报表存在重大错报	保留意见	否定意见
无法获取充分、适当的审计证据	保留意见	无法表示意见

二、案例内容与过程

（一）渝钛白公司简介

重庆渝港钛白粉股份有限公司（以下简称渝钛白公司）是在以吸收合并方式接受重庆化工厂后于 1992 年 9 月 11 日宣告成立的，是以社会募集方式设立的公众股份有限公司。1993 年 7 月 12 日，渝钛白公司在深圳证券交易所上市交易（股票代码：000515）。公司上市之后，起初经营业绩还算可以，但从 1996 年开始，公司在经营上开始出现问题，当年亏损 1 318 万元。

（二）审计报告

1998 年 3 月 8 日，重庆会计师事务所对渝钛白公司出具了中国证券市场上第一份否定意见的审计报告。内容如下：

审计报告

重庆渝港钛白粉股份有限公司全体股东：

我们接受委托，审计了贵公司1997年12月31日资产负债表和1997年度利润及利润分配表、财务状况变动表。这些会计报表由贵公司负责，我们的责任是对这些会计报表审计意见。我们的审计是依据中国注册会计师独立审计准则进行的。在审计过程中，我们结合贵公司的实际情况，实施了包括抽查会计记录等我们认为必要的审计程序。

1997年度应计入财务费用的借款及应付债券利息8 064万元，贵公司将其资本化计入了钛白粉工程成本；欠付中国银行重庆市分行的美元借款利息89.8万美元（折合人民币743万元），贵公司未计提入账。两项共影响利润8 807万元。

我们认为，由于本报告第二段所述事项的重大影响，贵公司1997年12月31日资产负债表和1997年度利润及利润分配表、财务状况变动表不能公允地反映贵公司1997年12月31日财务状况和1997年度经营成果及资金变动情况。

此外，我们在审计过程中注意到：贵公司目前正面临沉重的债务负担和巨额的固定资产折旧压力，除非贵公司能尽快达到正常生产经营状况并能与有关债权人就债务重整达成协议，且市场形势在短期内发生有利于贵公司的重大变化，否则贵公司的财务状况经营将陷入极为严峻的困境。如果贵公司出现不能持续经营的情形，则应对其资产和负债重新加以评价、分类，并据以重新编制1997年度会计报表。

重庆会计师事务所　　　　中国注册会计师：石××

中国注册会计师：邓××

中国·重庆　　　　1998年3月8日

三、案例分析与建议

（一）出具否定意见审计报告的原因

渝钛白公司1997年度原编报亏损总额为3 136万元。

重庆会计师事务所对渝钛白公司1997年年报出具否定意见的审计报告，其主要原因是审计师与公司之间对于公司的一些会计处理产生了分歧。具体如下：

1. 1997年借款的应付债券利息8 064万元属于资本支出还是费用

渝钛白公司认为，一般的基建项目建设完工即进入投资回收期，当年就开始产生效益，但钛白粉工程项目不同于一般的基建项目。一方面，钛白粉这种基础化工产品不同于普通商品，对各项技术指标的要求非常严格。需要通过反复试生产，逐步调整质量、消耗等指标，直到生产出合格的产品才能投放市场；而试生产期间的试产品性能不稳定，是不能投放市场的。另一方面，原料的腐蚀性很重，如生产钛白粉的主要原料硫酸，一旦停工，则原料淤积于管道、容器中，再次开车前，就必须进行彻底的清洗、维护，并调试设备。年报中披露的900万元亏损中很大一笔就是设备整改费用。因此，钛白粉项目交付使用进入投资回报期、产生效益前，还有一个过渡期，即整改和试生产期间，这仍属于工程在建期。也就是说，公司在1997年度年报中，将8 064万元的项目建设期借款的应付债券利息计入工程成本是有依据的，另外，渝钛白公司还以重庆市有关部门的批复文件为依据（重庆市有关部门曾下发批文，对上市公司的会计信息作出解释），坚持认为该工程为在建性质，而并非完工项目。

重庆会计师事务所的审计师认为，渝钛白公司的钛白粉工程于1995年下半年开始试生产，1996年已经可以生产出合格产品，由于各种原因，这项工程曾一度停产，但1997年全年总共生产钛白粉1 680多吨，虽然与该工程设计生产能力15 000吨还相差很远，但主要原因是缺乏流动资金，该工程应被认定为已经完工交付使用，钛白粉工程增加数中含资本化利息8 064万元不应该资本化，而应计入当期损益。

2. 欠付银行的借款利息89.8万美元（折合人民币743万元）是否应计提入账

截至1997年年底，渝钛白公司欠付银行利息89.8万美元。对此，公司管理当局的解释为：这是1987年12月原重庆化工厂为上PVC彩色地板生产线，向中国银行重庆分行借入的60万美元贷款造成的。该项目建成后，一直未正常批量生产；1992年公司改制时，已部分作为未使用资产。但改制前，重庆化工厂已部分偿还了利息和本金。数年之后（1997年），该行通知公司欠付利息89.8万美元。1997年决算期间，公司未能和银行认真核对所欠本息数额，故未予转账。公司打算在1998年度核对清楚后再据实转账。而重庆会计师事务所则坚持认为：这笔利息已经发生，应予以确认并计提入账。

（二）报告格式及措辞

在发表否定意见之前，有导致否定意见事项段：“1997年度应计入财务费用的借款及应付债券利息 8 064 万元，贵公司将其资本化计入了钛白粉工程成本；欠付中国银行重庆市分行的美元借款利息 89.8 万美元（折合人民币 743 万元），贵公司未计提入账。两项共影响利润 8 807 万元。”该段明确说明了导致否定意见的直接原因，不恰当的资本化利息费用及未计提的借款利息虚增利润 8 807 万元，再加账面上的亏损 3 136 万元，对渝钛白公司而言，1997 年该公司实际亏损过亿元。

在否定意见段之后，该报告又增加了一个强调事项段，“此外，我们在审计过程中注意到：贵公司目前正面临沉重的债务负担和巨额的固定资产折旧压力，除非贵公司能尽快达到正常生产经营状况并能与有关债权人就债务重整达成协议，且市场形势在短期内发生有利于贵公司的重大变化，否则贵公司的财务状况经营将陷入极为严峻的困境。如果贵公司出现不能持续经营的情形，则应对其资产和负债重新加以评价、分类，并据以重新编制 1997 年度会计报表。”再次强调了注册会计师对渝钛白公司持续经营能力的疑虑，也提醒会计信息使用者关注该事项对其决策产生的重大不利影响。

CHAPTER

10 第十章 验资与经济责任审计案例分析

案例 23　长江公司验资业务

一、背景介绍

东方会计师事务所接受长江有限责任公司（以下简称长江公司）董事会委托，根据双方签订的验资业务约定书以及《中国注册会计师审计准则第 1602 号——验资》和准则指南的要求，组成以李玉华为验资项目组长，以霍小苗、米达、王乐为组员的项目组，于 2012 年 10 月 12 日至 31 日对长江公司截至 2012 年 9 月 30 日的实际投入资本情况进行了设立验资；并于 2013 年 5 月 6 日至 31 日对该公司截至 2013 年 4 月 30 日的注册资本及实收资本的变更情况实施了变更验资。本案例主要反映验资业务的审验过程及相关问题。

长江公司经市工商行政管理局批准，由冰点公司、上和公司和康达公司共同出资组建（康达公司为外方）。其主营业务为研制、生产、经销医疗、健身器械，并且提供相关技术服务。根据经批准的协议、合同和章程的规定，注册资本人民币 6 000 万元，由出资各方在 2012 年 9 月 30 日前一次缴足。冰点公司应出资 1 600 万元，占注册资本的 27%，其中，房屋、建筑物等出资 1 300 万元，土地使用权出资 300 万元。上和公司应出资 1 500 万元，占注册资本的 25%，其中货币资金 1 000 万元，专有技术 500 万元。康达公司应出资 2 900 万元（折合美元 362.5 万元），占注册资本的 48%，其中，进口设备 262.5 万美元，货币资金 100 万美元。合同约定汇率为 1∶8.0。长江公司的记账本位币与注册资本币别相同。经出资三方同意，报经有关部门批准，各方实际出资如果超出合同、协议规定的按资本公积处理；经三方同意，并由长江公司确认，出资者缴付的货币资金、实物资产和无形资产在 2012 年 9 月 30 日前办理汇入和产权转移手续。

长江公司经过半年的经营，取得了较好的效益，其产品的市场发展前景良好。为扩大经营规模，经董事会决议于 2013 年 4 月 1 日至 30 日，各股东增加对公司的投入，共追加投资 4 000 万元，将公司注册资本增加至 1 亿元。经增资三方同意，并由长江公司确认，增资者缴付的资本在 2013 年 4 月 30 日前办理增资手续。仍委托东方会计师事务所进行变更验资。东方会计师事务所由原项目组成员组成变更验资项目组于 2013 年 5 月 6 日至 31 日对长江公司实施了变更验资工作。

二、案例内容与过程

（一）审计目标

（1）对被审验单位注册资本的实收情况或注册资本及实收资本的变更情况进行审验；

（2）出具验资报告。

（二）经调查慎重签订验资业务约定书，拟定验资计划

在长江公司董事会委托验资事项时，东方会计师事务所首先对长江公司的基本情况进行了调查了解，并调阅了不久前审计人员实施财务报表审计出具的审计报告。在此基础上，初步评价验资风险为低度，由注册会计师王乐编制了被审验单位基本情况表，如表 10-1 所示。

表 10-1　　被审验单位基本情况表　　单位：万元

被审计单位名称	财务报表期间	工作底稿索引号
长江公司	截至 2012 年 9 月 30 日	F6-2

编制人及复核人员签字：

编制人：王乐	日期：2012 年 10 月 9 日
复核人：李玉华	日期：2012 年 10 月 9 日
项目质量控制复核人：国华	日期：2012 年 10 月 10 日

续表

被审验单位名称：长江有限责任公司			法人代表：何明新	
法定地址：××省××市东城区 201 号			联系电话：81780540	
经济性质：有限责任			邮政编码：572036	
经营范围：医疗、健身器械			批准机关：××市工商行政管理局	
合同批准文号：A22068			合同期限：10 年	
营业执照文号：56016			开始经营日期：2012 年 10 月 1 日	
主要负责人	董事长：何明新		总经理：李进	
	认缴注册资本		实收资本	
投资人名称	金额	占注册资本总额%	金额	占注册资本总额%
冰点公司	1 600	27%	1 500	25%
上和公司	1 500	25%	1 300	22%
康达公司	2 900	48%	2 880	48%
备注：初步评价验资风险为低度				

在东方会计师事务所确定接受委托的意向后，进一步与委托人商议验资委托事项的具体内容，如介绍会计师事务所的验资工作程序，明确被审验单位需提供的资料，商议收费标准等，之后双方签订了验资业务约定书。

东方会计师事务所与长江公司签订的验资业务约定书主要明确了三个问题：一是确认委托、受托验资关系成立；二是明确验资目的、范围；三是明确双方的责任、义务，包括被审验单位需提供哪些文件、资料和其他验资必须的条件，事务所主要的工作程序、工作时间、收费金额和付费方式等，经双方签字盖章后生效。

验资业务约定书签署后，东方会计师事务所以注册会计师李玉华为组长，组成验资项目组，制订了验资工作总体计划，包括：验资的目的、范围、重点、方法、程序、人员分工、聘请其他专家协助工作和验资时间安排等内容，合理安排验资工作。之后验资项目组进入验资实施阶段。

（三）严格审验资产，获取验资证据

验资小组执行整个验资业务的实质性阶段是验资实施阶段。由于验资种类、投资者出资方式和被审验单位类型等的差异，验资小组的注册会计师在承办每一项具体验资业务时，所开展的工作内容各不相同。其中，取证和审验是验资实施阶段的工作重点。

1. 设立验资

验资小组在进行设立验资时，获取了下列有关资料，同时对其进行了审验，形成了验资证据。这些资料分别是：长江公司的设立申请报告、可行性论证报

告以及审批机关的批复等；长江公司的合同、协议、章程；投资单位冰点公司、上和公司和康达公司的法人资格证明、营业执照及财务报表资料等；长江公司法定代表人的任职文件和身份证明等；工商行政管理部门核准的“企业名称预先核准通知书”；工商行政管理部门准予开业的营业执照副本、准予组建筹委会的临时营业执照等。

验资小组按照企业会计准则的规定，重点审验了与投入资本相关的会计处理，包括实收资本、资本公积和相关的货币资金、固定资产、存货、无形资产、往来款项等项目的财务报表数据，与有关的总账、明细账、日记账、记账凭证和原始凭证核对相符，确认其真实性、准确性和完整性。

（1）对货币资金出资的审验。验资小组在检查长江公司和其开户银行出具的收款凭证、对账单及银行回函的基础上，审验了出资额中包含货币资金出资的上和公司、康达公司的实际出资金额。审验结果发现两方面问题：

一方面，根据长江公司与上和公司签订的合同规定，上和公司应于2012年9月30日前缴付货币资金1 000万元，注册会计师张华在审核由长江公司提供的实缴依据“银行存款单”和“银行存款证明单”时发现，这两张单据均为复印件，上列实缴金额与合同规定的出资额一致。霍小苗在仔细审阅的基础上，决定向长江公司的开户银行××路工商银行发函询证（如表10-2所示）。

表10-2　　长江公司缴入出资额函证表　　单位：万元

缴款人	缴入日期	银行账号	币种	金额	款项用途	备注
上和公司	2012年8月12日	×××××××	人民币	1 000	出资款	
合计金额（大写）		人民币壹仟万元整				

长江有限责任公司（筹）

法定代表人：何明新　（签名并盖章）

2012年10月5日

结论：1. 数据及事项证明无误。 年　月　日	经办人：	银行签章：
2. 如果不符，请列明不符事项。 年　月　日	经办人：	银行签章：

银行询证函

编号：2

××市××路工商银行：

本公司（筹）聘请的东方会计师事务所正在对本公司的注册资本实收情

况进行审验。按照国家有关法规的规定和中国注册会计师审计准则的要求，应当询证本公司（筹）出资者（股东）上和公司向贵行缴存的出资额。下列数据及事项如与贵行记录相符，请在本函下端“数据及事项证明无误”处签章证明；如有不符，请在“列明不符事项”处列明不符事项。有关询证费用可直接从本公司（筹）银行存款账户中收取。回函请直接寄至东方会计师事务所。

回函地址：××省××市东城区623号

邮编：572039　　　　　　　　电话：11780650

传真：11780650　　　　　　　联系人：李华

霍小苗采取了以下措施对函证过程进行控制：将上和公司的地址与长江公司的记录相核对；询证函发出前，由长江公司签章后，由霍小苗直接寄发；在询证函中，明确指出向东方会计师事务所回函，并注明详细的地址；将已寄发询证函的事项记录于验资工作底稿，作为对回函的控制。霍小苗于2012年10月20日收到××路工商银行的回函，证明上和公司于8月12日实际缴付出资款780万元，未按规定缴足金额为220万元。长江公司提供的“银行存款单”和“银行存款证明单”的复印件，是变造的虚假单据。

另一方面，按长江公司与康达公司签署的协议规定，康达公司应于2012年8月12日汇入长江公司开户银行100万美元。但在审验中，王乐发现康达公司提供的“银行存款单”复印件上盖有“现金收讫”的字样，按照我国的外汇管理制度，外资企业的外汇存款只能从境外由银行直接汇入，而不能以现钞方式在中国境内存入企业账户，银行也不会受理外资企业的现钞存款。经查询康达公司的当事人，王乐了解到由于外方投资者一时资金周转不开，请中方合伙人在境内以美元存款临时垫付，并于2012年8月20日从境外正式汇入100万美元。王乐仔细审阅8月20日汇入长江公司的“银行存款单”原件，证明康达公司已从境外转账汇入出资款100万美元，他将当事人的口头证据书面化，结合审验情况记入验资工作底稿。

（2）对实物、无形资产出资的审验。对于出资额中含实物出资的冰点公司、康达公司，验资小组事先取得了证明两家公司投入实物资产的财产清单、财产移交及验收证明、作价依据等，之后通过观察、监盘实物，验证其产权归属，并按照国家有关规定在资产评估、价值鉴定的基础上审验其价值。其中，冰点公司出资的房屋、建筑物的账面价值为1 300万元，2012年9月1日经资产评估机构评估确认价值为1 300万元。康达公司出资的进口设备于2012年8月12

日运抵长江公司，国家商检部门的鉴定价值为260万美元（2 080万元人民币），而协议规定的出资额为262.5万美元（2 100万元人民币），未按规定缴足金额为2.5万美元（20万元人民币）。对于出资额中含无形资产出资的冰点公司和上和公司，验资小组在获取投入无形资产的协议、专利证书、商标注册证书、土地管理部门关于划拨土地的批文、土地使用权证、作价依据等证明的基础上，验证其产权归属，并按照国家有关规定在资产评估或各出资者商定之后，审验其价值。冰点公司按合同规定应于2012年9月30日前缴付土地使用权出资300万元，2012年9月1日经资产评估机构评估确认价为200万元，未按规定缴足金额为100万元；同时验资小组验证了康达公司以专有技术500万元所作的出资，该项出资尚未超过长江公司注册资本的20%。2012年8月1日，经资产评估机构评估确认价为520万元，按规定超出的20万元已计入资本公积。在上述验资取证的基础上，验资小组提出了验资意见，编制了设立验资报告，详细验资报告见后面。

2. 变更验资

2013年4月1日，由于长江公司经过半年的经营，取得了较好的效益，为扩大公司经营规模，增加其产品的市场占有率，经董事会决议，将长江公司注册资本增加至1亿元。经增资三方同意，各股东共追加对公司的投资4 000万元。东方会计师事务所变更验资项目组受托进行变更验资。

验资项目组在进行变更验资时，取得下列有关资料：长江公司变更合同、协议、章程；长江公司截至2013年4月30日的会计报表、设立验资报告；长江公司出具的客户声明书。三家公司变更增资时，资产评估部门的确认报告；经投资三方共同认可的资产评估结果等。

在实施变更验资程序时，验资项目组首先根据长江公司变更合同、协议、章程，对该公司截至2013年4月30日的投入资本、资本公积、盈余公积和未分配利润进行了严格审验（与设立验资的审验方法相似，在此从略），由霍小苗、米达编制了“所有者权益和资产、负债验证过程表”验资工作底稿（如表10-3所示）。之后，由王乐根据项目组的审验情况编制了“变更前后注册资本、实收资本对照表”（如表10-4所示）和“变更前后资产、负债和所有者权益对照表”（如表10-5所示）。审验结果表明：长江公司注册资本的变更事宜，符合法定程序；相关的会计处理符合企业会计制度的要求；增资三方的追加投入已经到位。东方会计师事务所变更验资项目组于2013年5月31日对长江公司注册资本增加的真实性予以确认，并出具了变更验资报告（从略）。

表 10-3　　所有者权益和资产、负债验证过程表　　单位：万元

被审计单位名称	财务报表期间	工作底稿索引号
长江公司	截至 2012 年 4 月 30 日	F6-5

编制人及复核人员签字：

编制人：霍小苗、米达	日期：2012 年 5 月 20 日
复核人：李玉华	日期：2012 年 5 月 20 日
项目质量控制复核人：国华	日期：2012 年 5 月 21 日

类别	明细项目	编报数	确认数			备注
			金额	合同规定比例	实际比例	
实收资本	冰点公司	1 600	1 500	27%	25%	
	上和公司	1 500	1 300	25%	22%	
	康达公司	2 900	2 880	48%	48%	
	合　计	6 000	5 680	100%	95%	
资本公积		220	220			
留存收益	盈余公积	3 000	3 000			
	未分配利润	931	931			
所有者权益合计		10 151	9 831			
资产	流动资产	820	820			
	长期资产	6 000	6 000			
	固定资产净值	3 211	3 211			
	无形资产	720	720			
资产合计		10 751	10 751			
负债	流动负债	310	630			
	长期负债	290	290			
负债合计		600	920			

表 10-4　　变更前后注册资本、实收资本对照表　　单位：万元

被审计单位名称	财务报表期间	工作底稿索引号
长江公司	截至 2013 年 4 月 30 日	F6-6

编制人及复核人员签字：

编制人：王乐	日期：2013 年 5 月 20 日
复核人：李玉华	日期：2013 年 5 月 20 日
项目质量控制复核人：国强	日期：2013 年 5 月 21 日

续表

股东名称	认缴注册资本				实收资本				
	变更前		变更后		变更前		本次增加额	变更后	
	金额	出资比例	金额	出资比例	金额	出资比例		金额	出资比例
冰点公司	1 600	26.67%	3 100	31%	1 500	25%	1 500	3 100	31%
上和公司	1 500	25%	2 150	21.5%	1 300	22%	650	2 150	21.5%
康达公司	2 900	48.33%	4 750	47.5%	2 880	48%	1 850	4 750	47.5%
合计	6 000	100%	10 000	100%	5 680	95%	4 000	10 000	100%

表 10-5　　变更前后资产、负债和所有者权益对照表　　单位：万元

被审计单位名称	财务报表期间	工作底稿索引号
长江公司	截至 2013 年 4 月 30 日	F6-7

编制人及复核人员签字：

编制人：王乐	日期：2013 年 5 月 20 日
复核人：李玉华	日期：2013 年 5 月 20 日
项目质量控制复核人：国华	日期：2013 年 5 月 21 日

资产和负债项目	变更前余额	变更后余额	所有者权益项目	变更前余额	变更后余额
资产：			所有者权益：		
流动资产	820	1 920	实收资本	5 680	9 680
长期投资	6 000	6 000	资本公积	220	220
固定资产净值	3 211	5 211	盈余公积	3 000	3 000
在建工程	0	0	未分配利润	931	931
无形及其他资产	720	1 620			
资产合计	10 751	14 751			
减：负债					
流动负债	630	630			
长期负债	290	290			
其他负债	0	0			
负债合计	920	920			
所有者权益合计	9 831	13 831	所有者权益合计	9 831	13 831

（四）形成验资意见，出具验资报告

验资报告是验资业务的最终产品，验资小组在实施了必要的审验程序后，

以经过核实的验资证据为依据，形成审验意见，撰写验资报告。长江公司设立验资报告（变更验资报告本案例从略）如下。

设立验资报告

长江有限责任公司（筹）：

我们接受委托，审验了贵公司（筹）截至2012年9月30日止申请设立登记的注册资本实收情况。按照法律法规以及协议、章程的要求出资，提供真实、合法、完整的验资资料，保护资产的安全、完整是全体股东及贵公司（筹）的责任。我们的责任是对贵公司（筹）注册资本的实收情况发表审验意见。我们的审验是依据《中国注册会计师审计准则第1602号——验资》进行的，在审验过程中，我们结合贵公司（筹）的实际情况，实施了必要的审验程序。

根据协议、章程的规定，贵公司（筹）申请登记的注册资本为人民币6 000万元。根据我们的审核，截至2012年9月30日止，贵公司已收到出资者投入的资本5 680万元，全部为实收资本。与上述投入资本相关的资产总额为5 680万元，其中货币资金1 580万元，实物资产3 380万元，无形资产720万元，尚未低于注册资本的最低限额。

根据经批准的贵公司（筹）合同、协议和章程规定，冰点公司应于2012年9月30日前缴付土地使用权出资300万元，实际缴付200万元，未按规定缴足金额为100万元；上和公司应于2012年9月30日前缴付货币资金1 000万元，实际缴付780万元，未按规定缴足金额为220万元；康达公司应于2012年9月30日前缴付设备2 100万元（262.5万美元），实际缴付2 080万元（260万美元），未按规定缴足金额为20万元（2.5万美元）。

本验资报告供贵公司（筹）申请办理设立登记及据以向全体股东签发出资证明时使用，不应将其视为是对贵公司（筹）验资报告日后资本保全、偿债能力和持续经营能力等的保证。因使用不当造成的后果，与执行本验资业务的注册会计师及会计师事务所无关。

附件：1. 注册资本实收情况明细表（见表10-6）

2. 验资事项说明（略）

东方会计师事务所（盖章）　　中国注册会计师：李玉华（签名并盖章）

中国注册会计师：霍小苗、米达、王乐

（签名并盖章）

中国·××市　　2013年4月30日

附件

表 10-6　　注册资本实收情况明细表　　单位：万元

被审计单位名称	财务报表期间	工作底稿索引号
长江公司	截至 2012 年 9 月 30 日	F6-9

编制人及复核人员签字：

编制人：王乐	日期：2012 年 5 月 23 日
复核人：李玉华	日期：2012 年 5 月 23 日
项目质量控制复核人：国华	日期：2012 年 5 月 24 日

股东名称	认缴注册资本		实际出资情况				
	金额	出资比例	货币资金	实物资产	无形资产	合计	占注册资本总额比例
冰点公司	1 600	27%	—	1 300	200	1 500	25%
上和公司	1 500	25%	780	—	520	1 300	22%
康达公司	2 900	48%	800	2 080	—	2 880	48%
合计	6 000	100%	1 580	3 380	720	5 680	95%

三、案例分析与建议

本案例研究了审计鉴证业务中验资业务的程序、方法，反映了验资业务中所存在的主要会计错弊及其审计调整过程和结果。通过本案例我们可以明确以下问题。

（一）本次验资的依据及作用

本次验资是注册会计师依法接受委托，按照《中国注册会计师审计准则第 1602 号——验资》和准则指南的要求，对被审验单位的实收资本及其相关的资产、负债的真实性、合法性所进行的审验。这次验资的作用体现在两个方面：一是界定长江公司产权，验资的当时就明确了出资者投资的比例和投资的数额，为该公司未来的利益分配提供了依据；二是验证长江公司的资本金是否达到法律规定的最低数额。

（二）本次验资业务的特定目标

验资的目的因验资类型的不同而有所差别。本次验资有设立验资和变更验资两种主要类型。设立验资的主要目的是为验证被审验单位的注册资本是否符合法律法规的要求，各投资者是否按合同、协议、章程规定的出资比例、出资方式和出资期限缴足资本。变更验资的主要目的是为了验证被审验单位注册资本的变更事宜是否符合法定程序，注册资本的增减是否真实，相关的会计处理是否正确。审计组织通过实施有效的审验程序以实现上述验资目标。

（三）审验货币出资应注意的问题

在本次验资业务中，对出资者以货币出资的审验占有较大的比重，也是审验的重点。注册会计师在检查被审验单位开户银行出具的收款凭证、对账单及银行函证回函等基础上，审验了出资者的实际出资金额。在审验中应注意以下方面：货币出资清单填列的出资者、出资金额、出资币种、出资日期等内容是否符合协议、合同、章程的规定；收款凭证的金额、币种、日期等内容是否与货币出资清单一致；收款凭证是否加盖收讫章或转讫章；收款凭证的收款人是否为被审验单位，付款人是否为出资者；收款凭证中是否注明该款项为投资款；截至验资报告日的银行对账单所记载的收款金额、币种、日期等是否与收款凭证一致并关注被审验期间资金往来有无明显异常情况；向银行寄发询证函，检查出资者是否缴存货币资金，金额是否与收款凭证一致，注册会计师要严格控制函证的全过程；审验货币出资清单是否与注册资本实收情况明细表保持一致。

（四）防范验资风险应考虑的问题

为防范验资风险，在验资的计划阶段，审验小组充分了解被审验单位的基本情况，谨慎选择客户。对陷入财务困境的委托单位更应慎重。据统计，绝大部分涉及审计人员的诉讼案，都集中于宣告破产的审计客户。为避免不必要的法律诉讼，会计师事务所对于背景复杂、投资关系混乱，或通过熟人关系找来的业务，要特别予以关注，慎重签订审计验资业务约定书。

案例 24　明信公司总经理经济责任审计

一、背景介绍

明信股份有限公司（以下简称明信公司）总经理刘志坚任期届满，在调任之前（即 2013 年 1 月 5 日），××市审计局接受××市市委组织部的委派，依据《审计法》、《国家审计准则》和《国有企业及国有控股企业领导人员任期经济责任审计暂行规定》、《县级以上党政领导干部任期经济责任审计暂行规定》，对总经理刘志坚施行任期 2 年（2011.1.1—2012.12.31）的经济责任审计。根据市委组织部的要求，××市审计局该项目组工作时间为 2013 年 1 月 5 日至 2 月 1 日。本次审计由李铮任项目组长，以彭小慧、蒋红、张涿、廖金海、华宇、吴琦为组员，组成了 2 个审核小组，分别是：由华宇、吴琦和彭小慧组成的真实性与合法性责任审计组；由张涿、廖金海和蒋红组成的经济效益和社会效益审计组。李铮负责整体的组织与协调工作。

明信公司为国有控股公司，其主营业务为医药产业投资、高新技术产业投资、新药与高新技术产品的开发、生产、销售及服务，高新技术成果的转让及技术咨询服务。2012 年主要财务数据和指标为净利润 2 036.3 万元，每股收益 0.106 元，净资产收益率 2.97%，每股经营活动产生的现金流量净额 0.213 9 元，总资产 110 615.5 万元，股东权益（不含少数股东权益）46 288.762 万元，资产负债率 38.1%，每股净资产 3.5 元。

该公司设有股东大会、董事会和监事会，在董事会下设审计委员会，在审计委员会下设内部审计机构。审计委员会与内部审计机构在业务上是指导与被指导关系。××市审计局实施经济责任审计得到了明信公司内部审计机构的支持。

二、案例内容与过程

（一）审计目标

（1）评价被审计者的经济责任；

（2）出具经济责任审计报告。

（二）在审计的准备阶段，实行双向承诺制度

××市审计局在接受市委组织部委托后，针对经济责任审计的责任范围广、时间跨度长、工作难度大的特点，从防范审计风险，提高审计质量考虑，审核小组对明信公司进行初步调查，调阅了前任经济责任审计报告，提炼出所需的资料。并审阅了前任离任时点的资产、权益情况，之后预测本次审计的风险为低度。在此基础上，市审计局与明信公司董事会签订了双向承诺书，以书面形式明确明信公司和审计项目组的法律责任。一方面，市审计局审计项目组组长李铮向明信公司董事会承诺，保证按审计工作方案规定的内容和审计操作规程进行审计，对递交的审计报告的真实性和执行廉政纪律情况负责；另一方面，

明信公司董事会及其主要负责人、财务负责人及有关人员向市审计局作出书面承诺，保证对其提供给审计项目组的会计资料及其相关资料的及时性和完整性负责。之后，市审计局组成以李铮为项目组长的经济责任审计项目组，及时编制了审计工作方案（如表 10-7 所示），向明信公司下发了审计通知书。

表 10-7　　　　明信公司总经理刘志坚经济责任审计工作方案

被审计单位名称	财务报表期间	工作底稿索引号
明信公司总经理刘志坚	2011 年 1 月 1 日至 2012 年 12 月 31 日	H4-3

编制人及复核人员签字：

编制人：吴琦	日期：2013 年 1 月 4 日
复核人：李铮	日期：2013 年 1 月 4 日
项目质量控制复核人：梁建军	日期：2013 年 1 月 4 日

<table>
<tr><td>被审计公司总经理</td><td>刘志坚</td><td rowspan="2">××市审计局局长
签署审批意见</td></tr>
<tr><td>控股子公司</td><td>明生药业</td></tr>
<tr><td>审计类型</td><td>经济责任审计</td><td rowspan="2">同意
史进朝
2013. 1. 5</td></tr>
<tr><td>被审计期间</td><td>2011. 1. 1—2012. 12. 31</td></tr>
<tr><td colspan="3">审计方案编制依据：《审计法》、《国家审计准则》、《国有企业及国有控股企业领导人员任期经济责任审计暂行规定》、《县级以上党政领导干部任期经济责任审计暂行规定》和双向承诺书等。</td></tr>
<tr><td colspan="3">审计进度安排：
准备阶段：1 月 2 日至 5 日初步调查，评估审计风险程度，签订双向承诺书，制订审计工作方案。
实施阶段：1 月 6 日至 25 日取得总经理任期目标，听取总经理的述职报告，围绕总经理受托经济责任的内容取证，选择内部控制中的关键控制点进行测试，编制审计工作底稿。按受托经济责任的内容，将参审人员分为真实性与合法性责任审计组和企业效益与社会效益责任审计组。项目组长定时听取各组审计人员的进度汇报，使各组审计人员既有分工又有合作。
终结阶段：1 月 26 日至 2 月 1 日撰写审计报告征求意见稿，向董事会和总经理征求意见。审计局局长审定审计报告，将审定的审计报告送交市委组织部。</td></tr>
<tr><td colspan="3">经济责任审计的实施方案：
1. 通过财务审计，确定总经理任期（2011. 1. 1—2012. 12. 31）实际完成各项经济指标的真实性、合法性，评价其真实性和合法性责任的履行情况；
2. 在财务审计的基础上，以审定后的经济指标为依据，实施经济效益审计，分析各类差异及成因，评价企业效益、社会效益的履行情况。</td></tr>
<tr><td>按受托经济责任的内容对参审人员的分工</td><td colspan="2">项目组长：李铮。
项目组成员：彭小慧、蒋红、张涿、廖金海、华宇、吴琦。
真实性与合法性责任审计组：华宇、吴琦、彭小慧。
企业效益与社会效益责任审计组：张涿、廖金海、蒋红。
李铮负责整体的组织与协调工作。</td></tr>
</table>

（三）在审计的实施阶段，按责任内容进行查证分析

进入审计的实施阶段，审计项目组围绕审计工作方案，施行现场审计。紧扣经济责任人经济责任的履行情况和经营管理业绩收集审计证据。在取证时，项目组从明信公司董事会与总经理签订的委托经营合同中获取总经理刘志坚的任期目标（见表10-8），项目组长李铮根据审计工作方案，安排真实性与合法性责任审核组测试与评价明信公司的内部控制制度，侧重审核任期目标中各项指标来源的真实性、合法性，评价真实性与合法性责任的履行情况；企业效益与社会效益责任审核组侧重审核与公司效益和社会效益有关的各项经济指标，分析差异的成因，评价其企业效益与社会效益责任的履行情况。两组成员在完成各自的主要任务后，要对所获取的证据加以汇总、归类整理，在此基础上进行综合分析，得出整体的评价结论。

1. 对真实性与合法性责任履行情况的审核

由华宇、吴琦和彭小慧组成的真实性与合法性责任审核组，首先对明信公司内部控制制度的关键控制点进行了测试与评价，发现该公司在应收账款控制与存货控制上存在薄弱环节。其次对照总经理任期目标，调阅了明信公司2011年、2012年的全部财务会计资料，从财务报表的构成项目入手实施审计，运用逆查法、审阅法及核对法相结合的方法进行审核。发现2012年的审前经济指标中，有2项与内部控制薄弱环节有关的经济指标，其真实性值得怀疑。

华宇在审核速动比率指标时，同时审阅了资产负债表中“货币资金”、“交易性金融资产”、“应收票据”和“应收账款”等速动资产的主要构成项目。并且核查了表与表之间的勾稽关系，他将资产负债表“货币资金”项目中库存现金的年初与年末数同现金流量表中“现金及现金等价物净增加情况”下的“现金的期末余额”和“现金的期初余额”进行核对，发现现金流量表中现金的期末余额比资产负债表中相应数额小2万元。华宇进而调阅现金日记账、收付款凭证，发现尽管现金日记账余额、现金收付款凭证汇总金额与资产负债表相符，但现收字508＃凭证没有附原始凭证。华宇推定速动资产虚增库存现金2万。进一步审核“交易性金融资产”、“应收票据”、“应收账款”和“存货”等相关项目，在进行明细账与记账凭证的逐笔核对时，华宇查出转字311＃、312＃填制时间均为2012年12月28日，且摘要栏完全空白。311＃、312＃记账凭证所反映的会计分录分别如下：

借：交易性金融资产	380 000
应收账款	200 000

　　贷：其他应付款　580 000
　借：其他应收款　50 000
　　贷：库存商品　50 000

上述两张记账凭证不仅未附原始凭证，而且没有填写明细科目，经华宇核查确认明信公司 2012 年 12 月份的速动资产 265 万元，流动负债为 322 万元，速动比率 0.82，小于 1。速动比率是速动资产与流动负债的比率，它反映着企业变现能力、短期债务偿还能力的强弱。如果该项比率小于 1，不仅意味着未完成任期目标，而且无异于向外界利害关系人表明明信公司只有靠变卖部分存货才能偿还到期债务，这将给公司的信用带来危机。以此确凿的证据为依据，华宇查询了经办会计人员，在事实面前，经办人道出了原委。原来是为了掩盖上述问题，公司决定在编制"资产负债表"时，虚增库存现金 2 万元，交易性金融资产 38 万元，虚增应收账款 20 万元，使速动资产总额增至 325 万元，同时调减存货 5 万元，结果使得速动比率被调增为 1.02。

审计人员吴琦在审核应收账款周转率时，将 2012 年资产负债表中应收账款和其他应收款项目同利润表和财务分析报告中的销售收入反复核对，发现明信公司应收账款周转率 7.44 有些异常。她运用职业判断对应收账款周转率指标加以分析，推断舞弊的可能性有两种：一是扩大赊销收入净额；二是压低应收账款平均余额。于是将深入审核的重点确定为赊销收入净额与应收账款平均余额。经审核，吴琦发现在财务分析报告中的产品赊销净额几乎与利润表中的主营业务收入相等，而一般情况下，企业的产品不可能没有现销和销售退回、折让与折扣等。即使全部是赊销，应收账款的回收速度为什么还能保持如此之快？于是采用逆查法、核对法结合查询法，吴琦最终揭示了真相。明信公司 2012 年的赊销收入净额为 8 306 万元，年初应收账款余额为 4 806.2 万元，年末应收账款余额为 3 557.8 万元，实际应收账款一年只周转 1.99 次，应收账款的年平均收回日数高达 181 天。这说明该公司在产品规格、质量、货款催收控制与管理等方面出现了危机，影响到债务的偿还。为了掩盖这一事实，明信公司在年末虚增赊销金额 11 500 万元，使赊销总额达到了 19 806 万元；2011 年末应收账款余额虚减 3 040 万元，使其缩小为 1 766.2 万元，进而使应收账款周转率达到了 7.44 次，应收账款年平均回收日数被降至 48 天，接近行业平均水平 45 天。

经该审核组查证，除速动比率、应收账款周转率两项任期目标不真实外，其他经济指标未取得不真实的证据。

上述审计结果表明，明信公司在速动资产、应收账款和存货的管理上存在着比较严重的问题，而且与总经理任期法律责任履行情况的审查密切相关。新会计法明确规定："单位负责人对本单位的会计工作和会计资料的真实性、完整性负责。"评价任期经济责任的一项重要内容就是检查企业的经营活动是否遵守法规制度，有无违法事项。审计人员彭小慧决定以财务审计查出的问题作为深入审查的重点，对总经理在任期 2 年内法律责任的履行情况进行评审。

对明信公司应收账款周转率指标不实的问题，经彭小慧追踪审查，发现该公司不仅未设立对所有新客户进行资信调查的制度，而且对账龄较长的客户也未建立有效的催收制度，表明该公司在应收账款的管理上存在着漏洞。对明信公司速动比率指标小于 1 的问题，彭小慧从管理控制角度进一步审核，查出该公司流动负债数额高于速动资产数额、速动资产在流动资产中所占的比例较低的主要原因在于流动资产中存货所占的比例较高。由于明信公司没有建立存货库存量控制系统，无法确定最高、最佳和最低库存水平，采购部门不能及时了解存货超储的情况，造成了采购的盲目性，降低了存货的周转速度。

在变现能力、短期偿债能力较弱的情况下，该公司没有积极采取措施加强应收账款和存货的控制与管理，而是通过在账面上扩大产品赊销收入净额、降低应收账款平均余额的方式，提高应收账款周转率；采用虚增速动资产、虚减存货数额的手法，调增速动比率指标，进而粉饰了公司的偿债能力和信用状况，对该公司的投资者、债权人等利害关系人造成误导。这些问题与总经理的管理工作不到位有关。除上述事实外，审计人员未发现刘志坚本人营私舞弊的有关证据。在审计组提出审计调整意见后，明信公司已及时作出调整。

2. *对企业效益与社会效益责任的审核*

由张涿、廖金海和蒋红组成的企业效益与社会效益责任审核组，运用分析性复核的方法，通过对各项经济指标之间的差异及其成因进行分析，评价经济责任人任期经营管理责任的履行情况。表 10-8 为明信公司总经理任期目标履行情况表审计工作底稿：

表 10-8　　明信公司总经理任期目标履行情况表　　单位：万元

被审计单位名称	财务报表期间	工作底稿索引号
明信公司总经理刘志坚	2011 年 1 月 1 日至 2012 年 12 月 31 日	H4-6

编制人及复核人员签字：

编制人：张涿	日期：2013 年 1 月 11 日
复核人：李铮	日期：2013 年 1 月 11 日
项目质量控制复核人：梁建军	日期：2013 年 1 月 12 日

续表

项目 ①	任期目标 ②	2011 年审定额 ③	2012 年审定额 ④	第 2 年与第 1 年的差异 ⑤=④－③	两年平均与目标的差异 ⑥=(③+④)/2－②	行业平均数 ⑦
主营业务收入	12 240	13 000	11 500	－1 500	＋10	12 230
主营业务成本	9 496	10 200	8 760	－1 440	－16	9 510
其他业务利润	253	210	249.3	＋39.3	－23.35	232
营业外收入	30	60	50	－10	＋25	21
营业外支出	50	50	30	－20	－5	68
投资收益	45	50	30	－20	－5	32
所得税（33%）	997.3	1 013.1	1 003	－10.1	＋10.75	1 011
净利润	2 024.7	2 056.9	2 036.3	－20.6	＋21.9	2 012
销售净利率	17%	16%	18%	＋2%	0	15.5%
总资产报酬率	27.5%	28.5%	27.3%	－1.2%	＋0.4%	27.4%
资本收益率	52%	51%	57%	＋6%	＋2%	49%
资本保值增值率	2.68	2.73	2.83	＋0.1	＋0.1	2.62
资产负债率	38.9%	39.6%	38.1%	－1.5%	－0.05%	39.2%
流动比率	3.12	3.21	3.26	＋0.05	＋0.11	3.09
速动比率	1	1.20	0.82	－0.38	＋0.11	1.01
应收账款周转率	5	9	1.99	－7.01	＋0.495	6.45
存货周转率	2.60	2.82	2.50	－0.32	＋0.06	2.92
社会贡献率	10.28%	10.38%	10.26%	－0.12%	＋0.04%	10.22
社会积累率	39.22%	39.28%	39.26%	－0.02%	＋0.05%	38.95
股东权益报酬率	62.08%	62.18%	65.06%	＋2.88%	＋1.54%	61.30
每股收益	0.102	0.101	0.106	＋0.005	＋0.001 5	61.25
市盈率	1.38	1.32	1.26	－0.06	－0.09	1.60
每股股利	0.32	0.33	0.36	＋0.03	＋0.025	0.28

表 10-8 显示，明信公司总经理任期各项经济指标基本达到委托经营合同中预定的任期目标。虽然 2012 年的主营业务收入等指标未能完成任期目标，但 2011 年相同指标的完成情况良好，弥补了第二年的不足，使两年平均水平仍达到了总经理任期目标。就整体分析，明信公司 2012 年的经济效益总体水平不如 2011 年，尤其是主营业务收入、应收账款周转率、存货平均周转率、速动比率、总资产报酬率等指标，2012 年均低于 2011 年和行业平均水平。

经审计人员张涿、廖金海深入调查取证，查出差异的成因来自两方面。一方面，受客观经济环境、国家宏观政策调整的影响。2012 年国家医疗体制改革的新政策出台，调整药品价格、实行“医药分家”、药品分类管理、推行医疗保险制度等措施的逐步完善，国内医药市场发生了较大的变化，明信公司及控股子公司明生药业的主营业务收入和净利润也受到一定影响。另一方面，明信公司2012年经营管理上的问题是差异形成的主要原因。经张涿、廖金海核查出的问题有：

(1) 经真实性与合法性责任审核组审定，明信公司2012年应收账款周转率只有1.99次。2011年至2012年制药行业应收账款周转率平均值呈增长趋势，2011年为5次，2012年为8次；而明信公司的应收账款周转率由2011年的9次降至2012年的1.99次，并且低于两年行业的最低值（即2次和3次）。与行业增长趋势的明显脱节，印证了真实性与合法性责任审计组的审核结果，说明该公司在应收账款的控制与管理上，存在严重问题，有较大的呆账损失风险。

(2) 2011年至2012年制药行业的存货平均周转率呈缓慢下降趋势，2011年为2.96，2012年为2.90；但明信公司的存货周转率由2011年的2.82下滑到2012年的2.50。这表明明信公司的存货质量和管理存在较大问题，同时印证了真实性与合法性责任审计组的审核结果。

(3) 审定后，明信公司2012年的速动比率为0.82，小于1，表明该公司的短期偿债能力和变现能力较弱。2011年至2012年制药行业速动比率平均值呈缓慢增长趋势，2011年为1.01，2012年为1.03；但明信公司的速动比率由2011年的1.20下降为2012年的0.82，这在很大程度上与应收账款管理、存货管理上存在的问题相关。

(4) 2012年明信公司的总资产报酬率27.3%，比2011年降低了1.2%，而且低于行业平均水平。这表明该公司2012年度对总资产的利用效果不佳。经查阅明信公司投资项目的全部资料，发现其中一项经总经理审批的60万元医药产业投资项目，由于公司在开发投资项目时对合作伙伴的资信情况缺乏有效论证，并且项目的可行性研究不足，导致此项投资几乎没有回报。

在审查公司效益的同时，审计人员蒋红对明信公司的社会效益进行了审查。她首先审核了任期目标中社会贡献率和社会积累率指标。由于2011年的客观经济环境比2012年对该公司更有利，伴随着2011年至2012年主营业务收入、净利润缓慢下降，两项体现社会效益的指标也呈现缓降趋势，但这两年的平均额仍高于任期目标和行业平均水平，实现了任期目标。之后，蒋红对明信公司所排放的污染物数量进行了必要的审查。在向公司有关人员和政府主管部门查询的基础上，她亲自进行取样并在一家环保部门化验，取得该环保部门提供的一份有关明信公司排放污染物的报告。这份报告公正地反映出在被审计的总经理刘志坚任职期间内，明信公司所造成的污染情况，符合规定的污染控制标准。蒋红还了解到，该公司为达到污染控制标准，在每年年初已对防污费用作出了足够的预算。审核表明，明信公司这两年的社会效益比较好。

（四）在审计的终结阶段，经审定出具经济责任审计报告

经济责任审计报告集中体现着审计项目组的工作质量。首先，整理分析并综合两个分组的审计工作底稿，由项目组组长李铮撰写出经济责任审计报告初稿；其次，在征求董事会和总经理意见的基础上，由市审计局局长史进朝审定审计报告，提出修改意见，修改后的审计报告将送交市委组织部。现将审定后的经济责任审计报告列示于下。

经济责任审计报告

××市市委组织部：

我们根据《审计法》、《国家审计准则》、《国有企业及国有控股企业领导人员任期经济责任审计暂行规定》、《县级以上党政领导人员任期经济责任审计暂行规定》和双向承诺书的要求，于2013年1月2日至2月1日，对明信股份有限公司总经理刘志坚被审计期间履行经济责任的有关情况和工作业绩进行了审计。现将审计结果报告如下：

（一）基本情况

该公司为国有控股公司。截至2012年12月31日拥有总资产110 615.5万元，总股本为121 433.61万股，国家股728 601.66万股，股东权益46 288.762万元。设有8个主要生产车间和10个辅助生产车间以及6个行政管理科室。

（二）审计情况

本次审计组成了两个审计小组分别是：真实性与合法性责任审计组、企业效益与社会效益责任审计组。共有7名审计人员参加。由李铮负责整体的组织与协调工作。审核结果表明，自2011年1月1日总经理刘志坚同志任职以来，该公司两年主要经济指标平均值完成了总经理任期目标。此外，从委托经营合同中，审计人员了解到任期两年中，总经刘志坚在经营管理上致力于三项工作：一是不断发展技术和开发产品，多生产性能优、质量好、市场需要的产品；二是注意培养卓越的技术和管理人才；三是以较快的速度积累资金。经审核这三项工作基本实现了预期效果。

由上述情况分析，在总经理刘志坚任职的两年中，该公司的经营管理状况和各项经济指标的完成情况比较好。两年平均值实现了任期目标，并接近行业平均水平（见表10-8）。

（三）对存在问题提出处理意见和建议

（1）对明信公司应收账款周转率指标不实的问题，提出审计调整建议：将2012年的产品赊销收入净额调减，同时调增应收账款平均余额，并将应收账款周转率调减为1.99；设立对所有新客户进行资信调查的制度；并对账龄较长的客户建立有效的应收账款催收制度，以堵塞该公司应收账款管理上的漏洞。

（2）对明信公司速动比率指标不真实的问题，提出审计调整建议：将2012年速动比率调减为0.82；在明信公司建立存货库存量控制系统，确定最高、最佳和最低库存水平，使采购部门及时了解存货超储或不足的情况，提高存货的周转速度。增强该公司资产的变现能力和短期偿债能力。

（3）对明信公司投资项目回报低的问题，建议该公司在开发投资项目时，要对合作伙伴的信用状况进行充分和有效的论证，并对投资项目实施周密的可行性研究。

由于明信公司总经理刘志坚已接受审计项目组的意见，并及时配备人员对相关事项进行了调整，因此，××市审计局对总经理刘志坚任期两年的整体经济责任履行情况出具了无保留意见审计报告。同时，按照××市市委组织部的要求，对总经理刘志坚任期两年的业绩进行综合评议，出具下列经济责任审计评议书。

（四）综合评议

关于明信公司总经理刘志坚任期经济责任的审计评议书

根据《审计法》、《国家审计准则》、《国有企业及国有控股企业领导人员任期经济责任审计暂行规定》、双向承诺书及董事会审计委托书的要求，我们对明信公司总经理刘志坚同志2011年1月1日至2012年12月31日的经济责任履行情况进行了审计。

经审计结果表明，该同志在任职期间能贯彻总经理任期经营目标，正确行使权利，以全面质量管理工作为核心，设立了公司内部的生产经营机制，带领全公司员工，为明信公司发展生产，公司竞争力的增强，做了大量工作。在生产经营过程中，他完善了公司的岗位责任制，并关注市场信息，不断开发新品种，保证产品质量，使该公司产品打开了销售市场，经济效益有所提高，基本完成了委托经营合同中规定的三项任务。在其任职第一年的2011年，实现净利润2 056.9万元，比上年增长了10%；2012年受宏观经济环境的影响，实现利润略有下降，为 2 036.3 万元，但两年净利润均高于任期目标 2 024.7 万元，保持了利润逐步增长的良好势头。

该同志在任职期间能遵守财经纪律，维护了公司资金、财产的安全与完整。

综上所述，刘志坚同志有一定的经营经验和管理水平，在被审计的两年中，明信公司取得了比较好的经营效果和社会效益。

附件：1.《任期内主要经济指标完成情况审定表》（见表 10-8）

2.《任期内上缴利润、税金情况审定表》（略）

××市审计局（公章）审计项目组组长：李铮（签章）

审计项目组组员：彭小慧、蒋红、张涿、廖金海、华宇、吴琦

（签章）

中国·××市　　　　2013 年 2 月 1 日

三、案例分析与建议

本案例研究了经济责任审计的程序、方法，反映了经济责任审计中存在的会计错弊及其审计调整过程和结果。通过本案例可以明确以下问题。

（一）经济责任审计具有特定的审计目标

经济责任审计是审计组织接受委托，依据国家法律、法规的有关规定，对党政领导干部或企业各级领导人员任职期间经济责任的履行情况所进行的监督、评价和鉴证的活动。经济责任审计的目的是依法评价有关经济责任人在其任职期间履行经济责任的情况。经济责任审计的主体是独立的专门机构和专职人员，经济责任审计的对象是被审计人所从事、负责的经济活动以及反映这些活动的各项资料。

（二）经济责任审计是建立在经济责任关系基础上的一种审计行为

经济责任审计作为考核经济组织主要负责人工作业绩的新形式，它包含划分经济责任和评价经济组织主要负责人经营业绩两方面内容。划分经济责任是前提，准确审定重要负责人的功过业绩是目的。分清经济责任，是为了客观公正地审定主要负责人的功过业绩，从而为正确奖惩和使用干部（经济组织主要负责人）提供令人信服的依据。

（三）经济责任审计客体的特性

经济责任审计的客体是经济组织主要负责人，换言之，是通过对经济组织

主要负责人所从事的经营管理活动的审计，进而对其经营业绩作出客观评价。这完全不同于财务收支审计、管理审计、经济效益审计等对事不对人的审计方式，并因此具有较强的政策性、综合性。

（四）经济责任审计的审计期限较长

财务收支审计、管理审计经济效益审计等一般是以 1 年为期。经济组织主要负责人任期经济责任审计通常是以其整个任职期间为期。对经济组织负责人任职期间的全过程实行经济责任审计，可以通过对经济组织主要负责人完成企业效益指标与社会效益指标、近期经济指标与长远经营目标情况的综合考核，评价主要负责人的真实业绩，促进企业建立稳定、高效的长期发展战略，防止经济组织主要负责人短期化的经营行为。

CHAPTER

11 第十一章 注册会计师审计质量控制案例分析

案例 25 M 事务所审计质量控制

一、背景介绍

（一）北京 M 会计师事务所简介

北京市 M 会计师事务所成立于 1994 年，主要合伙人有 5 人，成立之初挂靠于政府部门，后按中国注册会计师协会的要求脱钩改制为有限责任制。事务所规模相对较小，设有办公室、验资部、审计一部、审计二部，现有注册会计师 13 人，助理人员 21 人。M 会计师事务所刚成立时，主要承接中小企业的验资、资产评估和年末财务报表审计业务，后开始承接上市公司的年中、年末财务报表审计业务。

在 M 会计师事务所成立之初，各项业务开展程序还不很正规，质量和风险控制意识也不强，加之当时我国审计准则和质量控制准则尚未实施，事务所并未采取系统的质量控制措施，只是制定了一些简要的业务管理规定，实际上还处于经验管理和粗放管理阶段。在业务得以拓展后，所内人员不断增多，除固定雇员外，还在每年年审高峰期间临时招用助理人员。如何对全所业务进行有效管理，降低日益增大的审计风险，成为事务所的一项重要任务。

通过多年的实践，M 会计师事务所逐渐认识到，审计质量控制是会计师事务所内部控制的核心组成部分，从根本上决定着审计质量的保证程度和审计风险的防范水平。特别是事务所改制后，几位合伙人深切感受到审计风险的威胁，认识到审计质量控制关系到事务所的生死存亡。因此，M会计师事务所开始在审计质量控制上投入较大力量，逐渐在所内建立了全面的质量控制政策与程序，并对各个审计项目的质量进行系统控制。

（二）政策背景

质量控制的好坏不仅关系着会计师事务所的存亡，而且还直接关系到整个注册会计师职业的存亡。注册会计师是在会计师事务所的组织下开展审计活动的，每个审计项目都可能需要多名注册会计师及助理人员共同协作完成，仅凭注册会计师的自律无法保证每个审计项目的质量，需要在会计师事务所内部建立合理的控制制度来保证执行的所有审计业务都符合审计准则。在一个没有健全内部控制制度的会计师事务所内，审计准则的运用只能流于形式，很难保证审计质量。1997年1月1日，财政部、审计署颁布实施了《中国注册会计师职业道德基本准则》和《中国注册会计师质量控制基本准则》，对注册会计师的职业道德和质量控制作出相应规范。2007年1月1日，经财政部批准，《中国注册会计师审计准则第1121号——历史财务信息审计的质量控制》和《会计师事务所质量控制准则第5101号——业务质量控制》开始实施。前者适用于注册会计师执行历史财务信息审计业务，后者适用于会计师事务所执行历史财务信息审计和审阅业务、其他鉴证业务及相关服务业务。本案例综合上述规范，审计质量与业务质量有时不加区别。

审计质量控制是指会计师事务所为确保审计质量符合审计准则的要求而制定和运用的控制政策与控制程序。其中，审计质量控制政策是指会计师事务所为确保审计质量符合审计准则的要求而采取的基本方针及策略；审计控制程序是反映会计师事务所为贯彻执行质量控制政策而采取的具体措施及方法。质量控制基本准则要求会计师事务所应合理制定和运用两个层次的质量控制政策与程序：一是各会计师事务所审计工作的全面质量控制政策与程序；二是各审计项目的质量控制程序，以保证审计质量、降低审计风险。全面质量控制是指会计师事务所为合理、有效地进行审计而采取的控制政策与程序，包括职业道德原则、专业胜任能力、工作委派、督导与复核、咨询、客户关系与业务承接、监控等七个方面内容。审计项目的质量控制程序是指在执行具体审计项目时，负直接责任的注册会计师应当考虑助理人员的专业胜任能力等因素，合理确定对助理人员的工作进行指导、监督和复核的方式及程序，包括指导、监督和复核等三个方面内容。

质量控制准则是中国注册会计师职业规范体系组成部分之一，是每个会计师事务所应遵守的管理标准。该准则不仅对会计师事务所质量控制提出了明确要求，也使会计师事务所对质量控制有了更为清晰的认识，并对会计师事务所进行质量控制提供了重要指导。

二、案例内容与过程

质量控制是一个动态的过程。M 会计师事务所的质量控制措施从无到有，再针对实践中出现的问题经过反复修改，现已初步按质量控制准则的要求，建立了符合自身特点的质量控制系统，并且各审计项目的质量控制程序得以贯彻执行。下面就从全面审计质量控制和具体审计项目质量控制两个层面，介绍 M 会计师事务所质量控制情况。

（一）全面审计质量控制政策和程序

1. 审计人员职业道德

审计人员在执业中保持独立、客观、公正是独立审计的灵魂，是取信于社会的根本要求。如果缺失了这一点，即使审计程序再完善，审计结果也容易引起公众的怀疑。《中国注册会计师审计准则第 1121 号——历史财务信息审计的质量控制》第七条规定："职业道德规范要求项目组成员恪守独立、客观、公正的原则，保持专业胜任能力和应有的关注，并对审计过程中获知的信息保密。"在当前执业环境还不完善、注册会计师行业供求关系失衡的情况下，如何在争取经济利益同时，又保持独立、客观、公正，是一个亟待解决的问题。

M 会计师事务所在脱钩改制后，主要业务是小企业委托的资产评估、验资，管理层的主要精力在争揽客户上，并制定了员工争揽业务的奖励措施，这使得矛盾更为突出。《中国注册会计师审计准则第 1121 号——历史财务信息审计的质量控制》和《会计师事务所质量控制准则第 5101 号——业务质量控制》颁布实施后，事务所专门制定了《确保审计人员独立性的有关规定》，其主要内容如下。

（1）独立性包括形式上独立和实质上独立。为了保持应有的独立，执业人员必须具有诚实正直的品质，并且不受任何与客户及其管理当局或所有者相关的经济利益的影响。

（2）所有执业人员必须完全熟悉《中国注册会计师职业道德基本准则》。职业道德准则适用于所有业务领域，其具体内涵包括：

①注册会计师在执行业务时，有责任免除任何与独立性相违背的利益关系；

②注册会计师或其近亲（根据《民事诉讼法》第四十五条的规定，是指注册会计师的配偶、子女、兄弟姐妹、父母、祖父母、外祖父母、孙子女、外孙子女）不得从客户那里获得担保和贷款，除非是在客户的正常业务中签定的公平协议；

③注册会计师或其近亲不能从客户那里以非正常的价格接受物品和得到服务，或是以与社会生活礼仪不相称的方式谋取利益；

④当利益或职责在会计师事务所和客户间或客户之间发生冲突时，注册会计师必须加以解释并与客户沟通，在涉及两个或两个以上客户之间的冲突个案中，不能就冲突有关的事项向各方同时提供建议。

(3) 会计师事务所应将独立性政策及程序告知所有的合伙人及员工。

(4) 会计师事务所应该将客户及可能影响独立性的单位或人员的名单留底，这份名单应该每半年向所有员工传达，以使员工检查可能发生的有损独立性的情形。

(5) 在培训课程及在岗培训中应当对员工反复强调独立性的重要性，训练其判断可能影响独立性的情形，并尽早提请负责独立性的合伙人对这些情形予以充分关注。

(6) 当从一个客户或相互关联的客户群体中取得的收入占会计师事务所全部业务收入相当大的比例时，应当检查收入的组成以确保在该状况下独立性没有被损害。

(7) 事务所在接受客户委托前，应当对独立性问题进行全面彻底的调查、分析和记录；在连续接受审计委托时，会计师事务所应当在计划阶段检查独立性的执行情况并加以记录。

(8) 当会计师事务所需要利用其他注册会计师的工作时，应该取得其他会计师事务所有关独立性的声明。

虽然有了规定，但在激烈的市场竞争中，M会计师事务所仍感到员工对经济利益的追求给事务所的审计职业道德带来很大压力。在实践过程中，个别员工为了多拿奖金，主要从亲朋好友处争揽客户，应当回避的情况却不回避，不顾对独立性的影响而直接负责该项目。在个别审计项目中曾发现，审计人员不以公正的态度执业，甚至不进行必要的审计程序就应客户的要求出具审计报告。虽然事务所也可以从中获得一些即期收益，但存在的风险较大，会对事务所的健康发展造成严重影响。为此，M会计师事务所又先后采取以下两项重要措施，并将其追加为《M事务所确保审计人员独立性的有关规定》的内容。

一是实行规范的独立性声明制度。即每个项目的审计人员在委派前均须向事务所提交一份独立性声明，确认自己知晓事务所有关独立性的要求，并表明不存在影响独立性事项，以加深审计人员对独立性的认识，增加其职业道德责任感，也有效避免个别员工以“不知晓”、“未注意”等理由推托责任。

二是实行严格的回避制度。事务所明确要求出现以下情况时，注册会计师必须回避，以避免对本所注册会计师的独立形象造成不良影响或形成实质损害：本人的近亲属是客户的职员、董事或其他管理人员；本人或其近亲属拥有客户重要的股权；本人或其近亲属是某信托公司的托管人，这家信托公司在客户中拥有重要利益；作为客户某项职务的候选人而在该客户中可能拥有实际利益；过去2年是该公司的经理人、债务人、股息接受人等利益关系人；在过去6个月内与客户有财务上、商业上的关系；通过继承等方式被动地接受了客户的重要利益；将可能接受会对客户生产、经营发挥重大影响的社会公职。

2. 专业胜任能力

审计人员素质是影响审计工作质量的重要因素，开展高质量的审计工作，离不开高素质的审计人员。在一定程度上，会计师事务所内部控制的主要目的是对人的管理，人员的素质是质量的控制源头，决定着会计师事务所的执业质量。

M会计师事务所虽然深知提高专业人员的专业胜任能力对保证审计质量的重要性，但由于历史原因，所内签字注册会计师多数是离退休企业财务人员或离退休财政、审计机关工作人员。这些人不同程度地存在着业务知识老化，业务操作手段陈旧等不足，如对资产重组、股份制改造、债务重组、合并会计报表及关联方交易等新业务不熟悉，对新颁布的会计、审计准则不能迅速掌握，不会使用计算机等。这种人员素质状况使事务所对一些大型审计项目常感到力不从心，有时不得不临时从其他事务所高薪聘请注册会计师。针对这一情况，M会计师事务所开始注重提高审计人员的专业水平，以适应业务发展趋势，主要措施如下：

(1) 严格控制录用阶段的人员选拔。事务所按部门提出各部门审计人员应具备的专业技能、知识与特定专业资格，以此作为录用新员工的基本技能条件。统一制定人事招聘办法，以保证新录用员工的专业胜任能力。

(2) 促进员工的年轻化、知识化、专业化，选择热心审计事业、工作责任心强、业务技术精的人员，培养审计的中坚力量。

(3) 强化对审计人员的职业道德及相关审计责任（包括职业责任和法律责任）的教育。

（4）定期和不定期地组织内部培训，加速知识更新，加强业务胜任能力。在审计业务执行过程中，采取以老带新、干学结合的互促形式。

（5）鼓励执业人员接受持续的专业培训和继续教育，提倡终身教育观念。

3. 工作委派

审计人员能否胜任一项审计工作，不仅看其一般的职业操守和专业水平，还要与具体的工作结合起来考察。一名审计人员即使在职业操守和专业水平上均合格，但由于某些审计工作的特殊性，也可能无法胜任。在日常组织管理中，事务所应当深入分析各项审计工作的特点和各个人员的特点，将审计工作委派给具有相应专业胜任能力的人员，以保证其按要求完成任务。

M会计师事务所最初并没有固定的工作委派程序，主要视项目数量和进展情况灵活调动，工作委派比较随意，一般由部门经理自由安排。由于业务量与工资挂钩，一般是谁招揽来的项目，谁就要参加。在委派审计工作时，全所缺乏统筹安排，责任不清晰，不仅不利于实施有效的审计质量控制，也浪费了有限的人力资源。现在M会计师事务所的工作委派逐渐从无序走向有序，主要措施如下：

（1）项目经理由部门经理提名，经所长批准，实行项目经理质量负责制。一般工作人员由项目经理负责委派。

（2）具体项目人员分派应考虑以下因素：项目规模及复杂性；项目的人员数量要求和项目完成时限要求；人员资历，如经验、知识、职位、背景及特殊专长；计划监督的范围及督导人员的参与程度。

（3）工作委派中应适当考虑培养复合型人才、积累员工实际工作经验、团队精神培养等问题。

4. 督导与复核

会计师事务所应当建立分级督导制度，并要求各级督导人员对各层次的审计工作进行指导、监督和复核。督导实质是会计师事务所对审计工作的内部监督。督导是一个动态的过程，在事前、事中和事后各个环节促使审计工作按审计准则要求进行，以便及时调整审计人员不规则行为，确保最终形成符合要求的审计报告。

M会计师事务所长时间处于经验管理阶段，合伙人的精力大部分都放在争揽客户和日常行政管理上，审计质量和审计意识不强。审计项目一旦招揽成功后，就放手由具体人员操作，合伙人很少过问。一些必要的签字审核程序，也基本流于形式。在1999年年末，北京市注册会计师协会对其执业质量进行抽查时，认为其审计档案管理混乱，并要求其建立分级督导制度。经过此事触动，

M 会计事务所开始建立督导与复核制度，具体如下：

（1）事务所实行分级督导制度，合伙人、部门经理、项目经理及其他责任人均负有督导责任，要在各个审计环节对其负责管理的人员的审计工作进行指导、监督和复核。

（2）督导人员应当考虑助理人员的专业胜任能力等因素，合理确定对其工作进行指导，监督和复核的方式及程度。对业务水平不高的助理人员的工作进行重点跟踪。

（3）督导人员对助理人员进行指导时，应当使其明确工作责任、拟实施的具体审计程度的审计目标、被审计单位的业务性质，要特别关注的重大会计、审计问题及其他可能影响具体审计程序的事项。

（4）督导人员在审计期间应当履行以下监督职责：

①监督审计过程；

②了解重大会计、审计问题并及时提出处理意见，如有必要，可适当修改审计计划；

③解决专业判断分歧，必要时，应向适当人员咨询。

（5）督导人员应当对助理人员的工作进行复核，以合理保证：

①审计工作已按具体审计计划的要求进行；

②工作过程及其结果已适当记录；

③所有重大审计问题已适当解决，或反映在审计结论中；

④预定的具体审计程序的审计目标已实现；

⑤形成的审计结论与审计工作结果一致，并支持审计意见。

（6）督导人员应当及时复核：

①总体审计计划与具体审计计划；

②对固有风险与控制风险的评估，包括根据符合性测试结果对总体审计计划和具体审计计划所作的修改；

③进行实质性测试所取得的审计证据及形成的审计结论；

④会计报表、审计调整事项和审计报告草稿。

（7）在出具审计报告前，委派未直接参与审计的人员进行必要的复核，确信获取的审计证据充分、适当，足以支持形成的结论和拟出具的审计报告。

（8）项目负责人应当在审计过程的适当阶段及时实施复核，以使重大事项在出具审计报告前能够得到满意解决。

（9）项目负责人应当对复核的范围和时间予以适当记录。

5. 咨询

由于执业环境的特点或专业人员自身知识及经验的局限性，在一些情况下必须借助专家咨询才能完成审计任务。合理利用专家咨询，不仅有助于得出正确的审计结论，也可以起到事半功倍的效果。但是，如果采用了不适当的咨询结果，可能会导致错误的审计结论，影响审计质量。

M会计师事务所在从事资产评估、基建项目竣工决算、盈利预测、特殊行业会计报表审计时，经常需要向专家咨询。在实践中发现，许多情况下审计人员不知道向谁咨询更为合适，咨询行为较为随意。甚至有时在向专业水平不高的所谓业内人士进行非正式询问后，即视为已进行了必要的咨询。因此，M会计师事务所建立了技术支持与咨询制度，争取在比较复杂或特殊的业务中能够及时利用专家的工作，以确保所得到的咨询意见的质量，具体措施如下：

（1）联合其他几家会计师事务所组建一个咨询专家委员会，组织精通专业知识、具有丰富执业经验和良好判断能力的专家队伍，长期为注册会计师提供固定渠道的技术支持和咨询。

（2）咨询专家委员会的人员应根据业务领域变迁而有所调整，以保证咨询渠道的权威性与适用性。

（3）业务人员在遇到以下情形不能独立作出判断时需要获得指导和帮助：颁布的新准则、新规定及法律法规的重大变化；会计实务、审计实务或财务报告的特殊要求；实务中出现自身不能解决的专业判断差异；对客户经营业务不了解、与客户发生纠纷等。

（4）出现以下情况时审计人员必须就该事项进行咨询：与独立性或其他道德有关的事项；不具有某一领域所必要的专门知识；发生过去未曾遇到的新问题；可能会引起违背职业道德的情形；要求符合监管机构规定的特殊呈报格式，以国际会计准则编制的财务报表、出具非标准无保留意见审计报告等。

（5）所有咨询事项必须详细记录于档案，经咨询得出的重大结论需要有专家签字。

6. 客户关系与业务承接

业务承接是一个审计项目的关口，把好这一关，对整个项目的质量控制有重要作用。因此，会计师事务所承接审计业务，应当考虑其自身能力和独立性，以及被审计单位管理当局是否正直、诚实等因素。对于审计风险高、业务复杂的审计项目，需要特别慎重对待。业务承接后，事务所就要面临与客户关系的保持问题。

M会计师事务所前些年在业务承接方面片面强调了拓展市场，忽略了必要的管理，先后出现一些问题。例如，事务所已完成的很多项目是在不充分了解客户的情况下承接的，有些在审计过程全部完成时才发现潜在风险太高，形成骑虎难下的局面，险些造成质量事故；还曾出过个别注册会计师以个人名义承接业务，用事务所的名义干“私活”现象。为了有效避免这样的问题，以及与客户保持正常关系，M会计师事务所对业务承接程序进行了规范。

（1）业务承接应由事务所统一进行，注册会计师及其他审计人员不得自行对外承接客户。

（2）在接纳客户前应采取的主要程序：

①获取并分析拟受托客户的相关财务资料，如年度报告、中期财务报告及所得税申报表；

②在签订意向性的协议书及保密性条款后，向第三方调查拟受托客户的资料及其管理人员和相关人员，如向拟受托客户的债权人、法律顾问、投资银行或其他专业人士调查；

③与前任注册会计师进行沟通，以了解解除委托的原因，例如对注册会计师的不合理期望及在财务报表处理上的争议；

④考虑接受该委托应关注的特殊风险领域；

⑤评价会计师事务所的独立性和专业胜任能力，在评价专业胜任能力时，应考虑所需的专业知识、专业经验、专业技能、专业训练和对行业的了解等；

⑥确定接受该委托是否违背职业道德准则或法律、法规等有关规定。

（3）由主任会计师出具最终的评价结论，并决定是否接受委托。评价结论及其原因应该记录并归档。

（4）决定承接业务后，必须与客户签订《业务约定书》。

（5）有关客户关系和具体审计业务的接受与保持的质量控制程序遵守的情况，应记录于工作底稿。

（6）在决定是否保持与某一客户的关系时，项目负责人应当考虑本期或上期审计中发现的重大事项，及其对保持该客户关系的影响。

（7）如果项目负责人在接受审计业务后获知了某项信息，而该信息若在接受业务前获知，可能导致会计师事务所拒绝该项业务，项目负责人应当立即将该信息告知会计师事务所，以使会计师事务所和项目负责人能够采取必要的行动。

7. 监控

对会计师事务所的质量控制系统进行监控，是为了避免会计师事务所的质量控制流于形式。在实际中，一些频频出现审计质量事故的会计师事务所，并不缺少相关的审计质量控制制度，多数是未被忠实地执行，使制度成了一纸空文。在某些情况下，看似完备的制度只是一个好看的花瓶，纯粹是为了应付监管部门检查而设。

2006 年，M 会计师事务所承接北京市某机关的 3 家附属三产企业的设立验资项目，项目负责人仅凭其上级批示“拟拨注册资金×××万元”的文件，未经任何必要审验程序，就出具了结论为“投资各方已按协议足额出资”的验资报告。在 2008 年工商年检中，工商管理部门发现这 3 家企业注册资本不实，并将这 3 家企业予以注销。鉴于这 3 家企业没有外围债务、经济纠纷，工商管理部门只是对 M 会计师事务所提出了口头批评。在这个验资项目中，有关人员并未遵守已有制度，且事务所也未能对其进行有效监控。此事使 M 会计师事务所认识到对质量控制政策与程序的执行情况进行监控的重要性。M 会计师事务通过建立严格的责任制度来实现监控，具体措施如下：

（1）实行责任分工的管理制度，并配合以适当的分级指导和监督。在审计工作进行之前，先编制详细的审计计划，细化各项审计工作，按会计项目划分为不同的审计部分，再由审计项目负责人视项目特点分工给具有不同胜任能力的审计人员，逐级负责。审计人员具有不同的级别，各司其职，承担不同的审计责任。同时，上级审计人员对下级审计人员进行业务指导，并监督其工作进度和工作效率。

（2）建立质量考核评价与奖惩制度。科学、合理地对每位员工进行考核评价，把考核评价的结果与对每个人员的奖惩、晋升、追究风险责任挂钩，严格奖惩制度。

（3）编制质量控制作业图。通过在办公室张贴质量控制作业图，使整个审计工作步骤清晰、分工明确、责任清楚，对整个质量控制过程进行可视化监控。

（二）各审计项目的质量控制程序

各审计项目的质量要遵循全面审计质量控制政策和程序，职业道德原则、专业胜任能力、工作委派、督导、咨询、业务承接、监控等各方面管理要求要始终贯穿于各个审计项目。在相当长的一段时期，M 会计师事务所的审计人员基本上还按查错防弊方法进行审计，操作程序不规范，难以对审计项目进行实时监控，编制审计工作底稿流于形式，质量控制意识薄弱。针对此种情况，M 会计师事务所在建立健全全面审计质量控制政策和程序的基础上，按审计准则的要求、独立审计的特点和现代审计理念，规范了审计操作程序，将审计程序的规范与审计项目质量控制有机结合起来。

1. 准备阶段

在审计项目外勤开始前，扎实做好各项准备工作，包括了解客户基本情况、与客户签订约定书、初步评价客户的内部控制制度、分析审计风险、编制审计计划等，为审计项目控制打下良好的基础。

（1）了解客户基本情况。接受了客户的委托之后，还应于编制审计计划之前，对客户的基本情况作进一步深入细致的了解，包括客户的管理当局和主要股东的声誉及其职责分工情况，客户目前的财务状况以及是否有比较健全的内部审计制度等。

（2）签订审计业务约定书。审计约定书具有经济合同的性质，一经签订，即成为注册会计师事务所与客户之间的契约。M 会计师事务所坚持所有审计项目在业务开展前必须签订业务约定书，以明确与客户的权责，防范风险。坚决杜绝为急于拉客户不签订业务约定书而先开展业务的情况发生。

（3）了解和评价客户的内部控制制度。审计工作开始前，需初步了解和评价客户的内部控制制度，包括了解和评价客户各项有关的规章制度、业务处理程序和人员职责分工等是否合理，处理每一项经济业务的程序和手续是否科学等情况，然后据此确定审计工作的重点。

（4）分析审计风险。在审计准备阶段，项目经理必须分析影响审计风险的各种因素，对负责项目的风险情况有清晰的认识。

（5）编制审计计划。各审计项目必须拟订审计计划，阐明客户的概况、客户委托审计的目的和出具报告的要求、参加审计小组的人员、审计风险评价、审计范围、为客户提供其他服务的性质和内容、时间预算等，对审计项目进行合理规划，对审计质量进行事前控制。

2. 实施阶段

进入审计的实施阶段，一些审计人员完全凭自身经验开展工作，不能很好地贯彻审计计划，使整个审计项目的规划管理受到影响。因此，M 会计师事务所要求各个项目必须严格执行已制订的审计计划，如审计人员发现审计计划不适用于实际情况，应及时提请项目经理修改，不得擅自改变既定的审计计划。

（1）检查和评价内部控制制度。审计人员需对客户的内部控制制度进行检查和评价，通过评价客户内部控制制度的完善与健全情况，确定下一步审计的主要策略和审计工作的范围、重点内容。

（2）审查会计报表及其所反映的经济活动。审计人员需严格审核会计报表内相关数据填列是否符合要求；抽查核对各报表项目金额是否与总账、明细账、会计凭证和实物相符一致；分析各报表项目所反映的内容是否真实正确等。

（3）收集审计证据。在审计过程中，审计人员要充分运用检查、监盘、观察、查询及函证等各种审计方法收集恰当的审计证据。

3. 报告阶段

审计报告是审计质量的最终体现。同生产企业一样，只有对整个生产过程进行有效监控，并进行严格的质量检查，才能保证产品质量。审计报告阶段的质量控制手段主要就是质量检查。因此，M会计师事务所要求审计外勤工作完成后，要对收集到的审计证据进行系统整理、评价，对审计工作底稿进行认真复核，然后才能编写审计报告。

（1）评价审计证据。整理、评价审计证据是为了使在审计实施阶段收集的分散、个别的证据结合起来形成具有充分证明力的证据，有效地评价客户的经济活动，得出正确的审计结论。通过整理和评价审计证据，分析外勤人员的工作质量是否满足要求，并形成充分恰当的审计证据体系，作为编制审计报告的依据。

（2）复核审计工作底稿。当审计程序进入终结阶段时，大部分的审计工作底稿已编写完成，但是这些底稿是各审计人员在外勤工作过程中独立编写的，因而在一定程度上存在着主观性与片面性，且相互之间缺乏协调性。在审计终结阶段执行对工作底稿复核的程序，是必不可少的。

（3）编写及出具审计报告。审计报告是审计工作的最终成果，是独立审计业务的最终产品。审计报告主要应根据审计证据和审计工作底稿，通过对各类审计资料认真加以整理、分析和综合，并按编制要求与规定格式编写。对报告的起草、签发、打印、签章及分发使用均有专人负责，保证审计报告按规定的程序、格式对外出具，避免出现纰漏。

三、案例分析与建议

质量控制是一个庞大的系统工程，并要根据新情况不断调整。因此，M会计师事务所虽建立了质量控制制度和程序，但由于内部条件的限制和外部执业环境的影响，还有许多地方需要完善。

（一）全面审计质量控制政策和程序分析

M会计师事务所的全面审计质量控制制度基本上是按《中国注册会计师审计准则第1121号——历史财务信息审计的质量控制》、《会计师事务所质量控制准则第5101号——业务质量控制》提供的思路建立起来的，包括了准则中提出的职业道德原则、专业胜任能力、工作委派、督导与复核、咨询、客户关系与业务承接、监控等七个方面的全部内容，并在每一方面都有相应规定。这种质量控制制度结构有利于提高审计质量、降低审计风险，充分体现了该所质量管理的理念，在一定程度上能够防范质量事故。但仔细分析起来，每个方面都可能存在需要完善的地方。下面对其中的明显不足之处进行分析。

1. 职业道德方面

M会计师事务所现有制度主要关注审计人员的独立性，对如何要求并督促全体专业人员全面遵守职业道德规范没有提出具体措施。职业道德规范的内容不仅包括独立原则，还包括客观、公正原则。虽然独立性是客观、公正的前提，但仅有独立性并不必然出现客观、公正的结果。要保证审计质量，注册会计师在保持独立的同时，还要一切从实际出发，注重调查研究，基于客观的立场，以客观事实为依据作出判断，公平正直地对待各利益方。此外，职业道德规范还涉及专业胜任能力、技术规范、对客户和同行的责任等。

2. 专业胜任能力方面

M会计师事务所虽然对提高所内员工的专业胜任能力采取了许多措施，但对临时招聘人员的专业胜任能力有所忽略。与其他小型所一样，M会计师事务所在工作“忙季”时需要临时从社会招聘大量助理人员。这些人员业务素质良莠不齐，总体水平不是很高，但有时却要在审计项目中承担重要的工作。因此，应当建立对这些人员业务能力进行评价的制度，看其是否胜任所分派的工作。在业务执行前，还应就项目的性质、审计方法和重要风险点等对这些人员进行培训；在执行业务过程中也应及时对其进行指导、监督和检查。

3. 客户关系与业务承接方面

正常情况下，一个事务所的客户源相对稳定，常常会忽略对一些长期客户在业务承接环节上的管理。M会计师事务所业务承接管理的重点也是在新客户的接纳方面。但在激烈的市场竞争中，老客户的情况也无时不在变化，如果对其在业务承接上省略了某些程序，可能会加大审计风险。因此，对于老客户应定期进行再评价，重点关注客户的管理层、董事会、所有权、法律顾问、财务状况、诉讼案件进展、客户的业务性质、委托范围、会计政策和会计估计、核心技术人员等情况发生的重大变化，然后根据评价结果决定是否继续接受客户委托。

4. 监控方面

M会计师事务所虽然认识到建立责任制度是实现监控的手段，但实际上并未在所内建立严格的质量责任制。从合伙人的角度看，审计质量与自身利益紧密相关，因此其具有较强的审计质量控制意识。但一般的员工可能与合伙人在质量意识上存在反差，甚至对执业风险、质量意识产生抵触情绪，认为出了审计质量事故最终由合伙人承担损失，与自己无关。因此，在强调制度建设和日常检查监督的同时，有必要建立质量责任制，使质量控制成为各级审计人员明确的义务。由于此前会计师事务所因质量事故造成损失的案例不多，质量控制责任制问题并未引起 M 会计师事务所管理当局的足够重视。实际上，只有按“谁过错谁赔偿”的原则建立质量控制责任，对有过错的审计人员予以追究，在助理人员、项目负责人和事务所之间合理划分责任，才能在全所上下牢固树立质量意识，促使各级审计人员自觉执行质量控制政策和程序。

（二）审计项目质量控制程序分析

总体上看，M 会计师事务所关于审计项目质量控制程序的规定比较空泛，没有具体的保障措施，共性的东西较多，而有针对性的措施较少；加之具体操作人员业务素质参差不齐，业务操作不规范，质量意识相对淡薄，难以落实各项审计质量控制程序。这也是诸多会计师事务所的通病，即制度规定得尽善尽美，完全符合监管部门的要求，但是在具体应用上缺乏可操作性。例如，关于如何取证、如何形成审计底稿等均没有规范化的措施，仍由审计人员凭经验操作；审计工作底稿缺乏由事务所项目负责人、部门经理和主任会计师逐级复核的三级复核制度。审计证据的取得和审计工作稿的编制是审计工作的重点，是各个审计项目质量控制的核心环节。从一些审计案件看，审计结论失误直接表现在审计证据和审计底稿的不完善上。一些管理先进的大型会计师事务所，均制定有详细的操作指南，不仅提出了具体操作要求，还指出各个操作项目的风险点和应对措施，充分体现了管理当局的质量控制政策。

本案例说明了会计师事务所应如何进行审计质量控制，同时阐述了审计质量控制的重大意义。审计质量控制准则是注册会计师职业规范体系的重要组成部分，是使会计师事务所审计工作符合审计准则要求的基本规范。会计师事务所应当根据审计质量控制准则，并结合自身的特点，建立健全审计质量控制制度，并采取有效措施将制度落到实处。只有这样，才能提高审计质量、降低审计风险，从而树立会计师事务所的信誉，进而重塑注册会计师行业形象。

CHAPTER

12 第十二章 国家审计与内部审计案例分析

案例 26　国债专项资金管理使用情况审计

一、知识介绍

国家审计是指由政府审计机关所执行的审计。政府审计机关依据《中华人民共和国审计法》（以下简称《审计法》）及其他法规的规定开展工作，其职责、权限及工作过程如下。

（一）国家审计署的职责

按照《审计法》的规定，国家审计署直接审计下列事项，出具审计报告，在法定职权范围内作出审计决定或向有关主管机关提出处理处罚的建议（地方各级审计机关比照）：

1. 中央预算执行情况和其他财政收支，中央各部门（含直属单位）预算的执行情况、决算和其他财政收支。

2. 省级人民政府预算的执行情况、决算和其他财政收支，中央财政转移支付资金。

3. 使用中央财政资金的事业单位和社会团体的财务收支。

4. 中央投资和以中央投资为主的建设项目的预算执行情况和决算。

5. 中国人民银行、国家外汇管理局的财务收支，中央国有企业和金融机构、国务院规定的中央国有资本占控股或主导地位的企业和金融机构的资产、负债和损益。

6．国务院部门、省级人民政府管理和其他单位受国务院及其部门委托管理的社会保障基金、社会捐赠资金及其他有关基金、资金的财务收支。

7．国际组织和外国政府援助、贷款项目的财务收支。

8．法律、行政法规规定应由审计署审计的其他事项。

9．其他职责，包括：

（1）主管全国审计工作。

（2）起草审计法律法规草案，拟订审计政策，制定审计规章、审计准则和指南并监督执行。

（3）向国务院总理提出年度中央预算执行和其他财政收支情况的审计结果报告。

（4）按规定对省部级领导干部及依法属于审计署审计监督对象的其他单位主要负责人实施经济责任审计。

（5）组织实施对国家财经法律、法规、规章、政策和宏观调控措施执行情况、财政预算管理或国有资产管理使用等与国家财政收支有关的特定事项进行专项审计调查。

（6）依法检查审计决定执行情况，督促纠正和处理审计发现的问题，依法办理被审计单位对审计决定提请行政复议、行政诉讼或国务院裁决中的有关事项，协助配合有关部门查处相关重大案件。

（7）指导和监督内部审计工作，核查社会审计机构对依法属于审计监督对象的单位出具的相关审计报告。

（8）与省级人民政府共同领导省级审计机关。

（9）组织审计国家驻外非经营性机构的财务收支，依法通过适当方式组织审计中央国有企业和金融机构的境外资产、负债和损益.

（10）组织开展审计领域的国际交流与合作，指导和推广信息技术在审计领域的应用，组织建设国家审计信息系统。

（11）承办国务院交办的其他事项。

（二）国家审计机关的权限

审计机关的权限具体体现在《审计法》和《中华人民共和国审计法实施条例》（以下简称《审计法实施条例》）中的“审计机关权限”和“法律责任”两章里。审计机关有 16 种权限：

（1）要求报送资料权；

(2) 检查权；

(3) 查询存款权；

(4) 制止权；

(5) 调查取证权；

(6) 采取取证措施权；

(7) 暂时封存账册资料权；

(8) 通知暂停拨付款项权；

(9) 责令暂停使用款项权；

(10) 申请法院采取保全措施权；

(11) 建议给予行政处分权；

(12) 建议纠正违法规定权；

(13) 处理权；

(14) 处罚权；

(15) 申请法院强制执行权；

(16) 通报或者公布审计结果权。

(三) 国家审计的基本过程

国家审计的审计程序包括制订审计项目计划、审计准备、审计实施和审计终结四个环节。

1. 制订审计项目计划阶段

审计项目计划是国家各级审计机关在每个审计工作年度开始之前，对计划期内的审计项目和专项审计调查项目作出的统一安排。

(1) 审计项目计划的组成。主要包括：上级审计机关统一组织项目；自行安排项目；授权审计项目；政府交办项目；其他交办、委托或举报项目。

(2) 审计项目计划的内容及管理。审计项目计划由文字和表格两部分组成。文字部分的内容包括：上年度审计项目计划完成情况，本年度审计项目安排的依据和指导思想、审计目的、完成计划的主要措施等；表格部分的内容包括：审计项目名称、类别、级别和数量，完成审计项目的时间要求和责任单位，被审计单位名称及其主管部门和所在地区等。审计项目计划管理是指审计机关对于审计项目计划的编制、协调和调整，以及对于审计项目计划的执行情况进行报告、检查和考核等。审计项目计划管理实行统一领导、分级负责制。

(3) 审计项目计划的编制。围绕国家经济工作的中心任务和宏观调控重点，区分轻重缓急，妥善安排各项工作。既要充分利用审计资源，又要留有一定机动余地；既要突出重点，均衡安排任务，又要避免出现重复。

(4) 审计项目计划的调整。审计项目计划一经下达，没有特殊情况，不应变更和调整。如果确因特殊情况需要调整时，应当按照规定的程序报批，经批准后，方可进行调整。

(5) 审计项目计划执行情况的报告、检查和考核。报告的内容主要有：计划执行进度和计划执行中发现的主要问题及措施、建议等。

2. 审计准备阶段

审计准备阶段是指从审计机关根据审计项目计划所确定的审计项目，选派审计人员组成审计组，到制定审计方案，并对内部控制进行初步调查与评价的这一段时间。

准备阶段的工作包括：

(1) 成立审计组并组织审前学习和调查。考虑：人员素质，保持连续性，严格遵守回避制度。

(2) 编制审计方案。审计方案是审计组实施审计项目的总体安排，是保证审计工作取得预期效果的重要手段，也是审计机关检查、控制审计质量和进度的基本依据。审计方案经审计组所在部门领导审核。报审计机关主管领导批准后。由审计组负责实施。

(3) 发出审计通知书，提出书面承诺要求。审计通知书是审计机关通知被审计单位接受审计的书面文件，是审计组执行审计任务、进行审计取证的依据。审计机关应当根据审计项目计划的安排，在实施审计三日前，向被审计单位送达审计通知书；遇有特殊情况，经本级人民政府批准，审计机关可以直接持审计通知书实施审计。审计机关在向被审计单位送达审计通知书的同时，应当书面要求被审计单位的法定代表人和财务主管人员就与审计事项有关的会计资料的真实、完整和其他相关情况作出承诺。在实施审计过程中，审计组还应当根据情况，随时向被审计单位提出书面承诺要求，被审计单位要对其作出的承诺承担责任。

(4) 进入被审计单位。

(5) 对内部控制进行调查与初步评价。为了合理确定审计风险，突出审计重点，并确保审计方案的切实可行，审计人员还应当在准备阶段对被审计单位的内部控制状况进行调查，并对其可信赖程度作出初步评价。初评的内容主要包括内部控制设置的健全性和合理性两个方面。

3. 审计实施阶段

审计实施阶段是指审计人员将项目审计方案付诸实施的阶段。这个阶段的工作关系到整个审计工作的成败，是审计全过程的中心环节，是整个审计程序的关键阶段。

概括起来，实施阶段主要包括以下两大类工作：

（1）对内部控制进行内部控制测试；

（2）对会计报表项目进行实质性测试。

4. 审计终结阶段

审计终结阶段是指撰写审计报告，作出审计结论与决定并执行的阶段。

（1）筛选整理审计证据、审计工作底稿。审计组在撰写审计报告之前，应把分散在审计人员手中的审计工作底稿集中起来，并按照审计项目的性质和内容进行分类、归集、排序和分析整理。如果发现审计工作底稿中有事实不清、证据不足的情况，应及时采用补救措施，以保证审计证据的充分性。

（2）拟定提纲，撰写审计报告。审计组对审计事项实施审计后，应当向审计机关提出审计组的审计报告。审计组在向审计机关提交审计报告前，应当征求被审计单位对审计报告的意见。被审计单位应自收到审计组的审计报告之日起十日内提出书面意见。审计组对于被审计单位所提出的意见，应当进一步研究、核实，必要时应修改审计报告。提交审计报告时，应连同被审计单位反馈的书面意见及审计组的书面说明，一并报送派出的审计机关。

（3）对审计报告进行复核和审定。审计机关在收到审计组提交的审计报告后，应由专门的复核机构或专职的复核人员，对审计报告进行复核，并提出复核意见。审计报告经复核后，由审计机关进行审定。一般审计事项的审计报告，可以由审计机关主管领导审定；重大事项的审计报告，应由审计机关审计业务会议审定。

（4）整理审计文件，进行审计小结。主要的工作有：清理归还资料；建立审计档案；对本项目进行总结。

5. 后续审计

审计机关应当自审计报告和审计决定书送达被审计单位之日起 90 日内，了解被审计单位对审计意见的采纳情况，并监督检查对于审计决定的执行情况。如果发现被审计单位超过 90 日仍未执行审计决定，则审计机关应当报告人民政府或者提请有关主管部门在法定的职权范围内依法作出处理，或者向人民法院提出强制执行的申请。

二、案情介绍

20×2 年 10 月，按照审计署的要求，审计署驻××特派办开始对××省

20×1年至20×2年8月的国债专项资金管理使用情况进行审计。由于国债项目数量繁多，审计人员和时间有限，如何选择具体审计项目成为审计组的首要任务。通过审前调查，审计人员了解到，此前三年，该省大部分地区国债项目和国债资金都经过审计、财政、计划等部门的检查，资金拨付和项目管理逐渐规范。因此，必须重点下移，更多地关注县、乡镇级国债项目。同时，经济不发达地区在国债资金的管理和使用上往往存在较多问题。从时间上看，20×0年以后安排的国债项目无论在基建程序还是资金管理上都较20×0年以前的项目规范。DP渔港是三年前安排立项的国债项目，建设单位是该县DP镇政府，在该省属经济不发达地区。这样，DP渔港顺理成章地成为审计项目之一。

另据有关材料，得知该项目已建成完工，审计组决定将其作为效益审计试点，并试图在发现、揭露问题的基础上对其社会经济效益进行评价分析。按照审计工作实施方案，审计组始终抓住"基建程序的合规性和国债资金的安全性"这两根主线，合理确定分工。一组负责审查项目的立项、审批、建设管理情况，另一组负责审查国债资金的拨付、使用情况。审计组一行四人肩负重任来到这个动用1 800万元国债资金建设渔港的DP小镇。

1. *疑云初起*

DP渔港该建设项目当初是国家计委批准的国债建设项目，安排国债转贷资金1 800万元。当年农业部渔业局批复初步设计，批准建设100米卸鱼码头、315米东南防波堤、允泊湾1 310米护岸堤和25万立方米疏浚港池等4个子项工程。该项目计划于20×0年10月竣工，截至20×2年9月底，账面反映已完成投资1 996万元。项目建设单位是县DP镇建港指挥部（以下简称建港指挥部），指挥长先后由镇长谭某、金某某担任；设计单位为某水产设计院和某建港设计院；监理单位为该县建设监理公司；施工单位分别为负责建设卸鱼码头的某县一建工程处，负责建设允泊湾护岸堤的建安公司，负责建设东南防波堤和疏浚港池的市政公司。建安公司和市政公司又将上述工程分别转包给阮某、冯某和蔡某3名个体承包人。

来到小镇，审计人员经过几天耐心细致地查阅账簿凭证和有关工程立项、审批文件等材料后，他们发现了这样一条可疑线索：在渔港建设期间，指挥部用几万至二十几万元现金支付工程勘察费和设计费给××省和××市有关勘察设计单位，入账发票却为当地税务部门代开，且没有收款单位盖章。其中一张现金支票13.3万元为20×1年9月28日以监理费名义付给××监理公司的，存根未附发票和任何付款依据，而支票收款人的签名却是该指挥部的出纳员。在基建程序方面，也存在诸多的不规范，如该项目的勘察设计单位多达6个。

审计人员凭职业敏感立即察觉事情可能并非如此简单。

2. 寻求突破

显然，要寻求突破还得从这13.3万元监理费入手。审计组根据情况，决定兵分两路：一路向指挥部紧追付给××监理公司的13.3万元监理费发票；另一路立即去××监理公司核实13.3万元监理费是否入账，有无开具发票或收据。当天，审计人员费尽周折，直至晚上9点多才从指挥部有关人员手中拿来两张合计13.3万元的发票，但发票上的签名与支票头的签名却不是同一人，开具时间与支票上的时间也相去甚远。

在监理公司，审计人员发现其并未收到这13.3万元现金。当追问资金去向时，该公司经理称这笔钱于20×1年9月借给了指挥部，并出具了指挥部的借条。而这张借条却明显属于赶制，因为其出具字条时，上面的印泥竟然尚未完全干透。真是蹩脚的造假！审计人员质问字条为何印泥未干？指挥部账上为何没有该笔往来款？经理赶忙又改口称该笔钱是借给了镇政府。又是蹩脚的谎言！看来这些人不会轻易开口说真相，审计组只能顺藤摸瓜。审计人员对镇政府提供的财务资料又进行详细查询，很快理清了问题的大致眉目：20×1年10月2日往来账账页里反映的暂存款30万元，其实为镇政府向某个体户借款16.7万元，向指挥部借款13.3万元，该账页及相关凭证的新旧程度、笔墨迹等与其前后的其它账页及凭证的纸质明显不同，旧账页换成了新账页。而指挥部有关人员为自圆其说，拿来一张指挥部向监理公司借款的借据和三份聘用合同书，在这些资料中，所有盖章的印泥都未见干，且笔迹相同，显然有人在篡改、编造镇政府和指挥部的财务资料。趁热打铁，审计人员紧接着去税务部门核实，发现发票也是近期补开；在监理单位，审计人员发现这13.3万元的监理费其实早已被他人冒名套取。这其中一定大有文章。此时已是周五下午六点，有关财务资料一旦退回镇政府和指挥部那后果将不堪设想。审计组迅速将情况向办领导作了汇报，办领导当即指示封存镇政府和指挥部的财务账和有关资料，并连夜送回特派办。审计取得了重大突破，冰山露出最顽固的一角。

3. 乘胜追击

回到特派办里，办领导认真听取了审计组详细的工作汇报，并立即决定抽调业务骨干组成专门调查小组，充实一线力量；同时要求审计人员不仅敢查还要善查，对顽固抵赖者可采取迂回包抄、分割外围、各个击破的方法，进一步对工程的立项、设计、招投标、承发包、工程量、工程质量等各方面查深查透，尤其是彻查每一笔工程款的去向，不放过任何一个疑点。

审计人员开始有条不紊地分头行动：他们再细分两组，分别找指挥部、镇政府、设计监理人员谈话，落实做假账、签假合同问题。紧接着，进一步核实指挥部和涉及的多家施工单位、勘察设计单位、工程承包人之间的工程资金往来，查清大额现金支付的资金数量，有多少国债资金未入施工、设计单位财务账，虚报冒列、涉嫌私分挪用。然后，抽调投资处的工程技术审计人员对渔港的工程质量和工程量进行审计，主要核实有无偷工减料或存在工程质量等方面重大隐患问题。

审计的道路从来都充满坎坷和斗争。审计组通过内查外调，千方百计想扩大战果。可是他们的工作却受到了镇政府、指挥部的百般抵制和阻挠，有关人员一问三不知，甚至还继续弄虚作假欺骗审计人员。办领导得知这一情况，不辞劳苦亲临审计一线，与当地政府及有关部门进行了沟通协调，排除种种阻力，保证了调查的深入开展，大大增强了审计人员铲除毒瘤的信心和决心。为在短时间内取得更大突破，掌握直接、充分的证据，审计人员一方面加大了对相关部门的审计力度、保持高压态势。他们依据资金轨迹分别对各级财政、计划、水产、建设、监理、设计、施工等部门和单位及承包人进行延伸调查。另一方面决定再次与有关人员进行谈话，打响一场执法与抗法的攻心战。经过与之进行多达二十几次的谈话后，审计人员终于击溃了对方的心理防线，黑幕也随之被层层揭开。

4. 水落石出

正如审计人员预料的那样，从进点开始，在镇政府和指挥部有关负责人的授意下，一曲曲假戏就已粉墨登场。

审计组查出如下问题：一是冒名套现、用补开发票充数。由于原 20×1 年 9 月 28 日开具的 13.3 万元发票被人假冒监理公司负责人的签名套现后，该发票没有监理单位的公章，为了应付检查，隐瞒真相，有关人员在审计人员发现疑点的当晚就将补开的发票匆忙拿到监理单位盖章后交给审计人员，企图蒙混过关。二是捏造事实，编造假借据、假合同。当审计人员追查 13.3 万元的去向时，有关人员提供了向监理公司借款的假借据及镇政府与监理公司签订的聘请合同书，并谎称现场监理人员不足，监理公司临时聘请了镇政府的 5 名人员，该笔借款是支付这 5 名人员的工资和补贴。而据查实，该借据及合同均系指挥部为应付审计临时编造。三是偷梁换柱，篡改账目、凭证。在镇政府往来账账页里反映的暂存款 30 万元，原为镇政府向某个体户的借款。为应付审计，有关人员将该笔 30 万元的借款一分为二，以此证明 13.3 万元是镇政府向指挥部借的，企图以假乱真。此外，镇政府和指挥部有关人员为统一口径，还相互串通。一份由镇政府指使有关人员伪造的“梁×”与指挥部签订了《飞鹅岭一带转让石场开采合同》，审计人员提出向“梁×”了解情况，他们则谎称“梁×”已去香港，无法联系；对其他相关问题，审计人员也曾多次询问镇政府和指挥部，其回答不是含糊不清，就是把责任推到已故原镇政府领导人谭某（系原镇长、指挥长，20×0 年 7 月离任，后病故）身上，有关负责人还授意其下属不许说实话。对方虽“好戏做尽”，世故狡猾，但审计人员针锋相对、不甘示弱。为阻止其继续做假，审计人员多次拿出《会计法》和《审计法》予以警示，并在谈话细节上作出了周密安排和布置，采取各种防范措施，分化瓦解，各个击破。在铁一般的事实和证据面前，他们不得不低头承认冒名套取国债等一系列违法违纪事实。

真相至此彻底被揭开：指挥部列支的 238.03 万元工程款、设计费未入施工、设计单位财务账，涉嫌虚报冒列、私分挪用国债资金；巨额现金支付工程建设费用达 1 903.31 万元，其中违规现金支付 1 803 万元，占项目已完成投资的 90%；个体承包人白条入账 546.85 万元，无账可查 754.05 万元；工程层层转包，施工单位违规将中标工程转包给没有施工资质的个人，国债资金流失 25.22 万元；偷工减料，经抽查该项目东南防洪堤工程中的地梁部分，承包人未按设计图纸施工，减少了混凝土用量 100 立方米、钢筋用量 1.2 吨，偷工减料折人民币约 4.44 万元。

三、案例分析与建议

DP 渔港是当年第一批国债项目，只要镇政府领导大笔一挥，十几万元建设资金可以随便被拿走，无人监督，也不敢监督；施工单位财务账没有工程建设成本核算；银行账户都是个体承包人以施工单位名义开设的，与私人账户无异，不办理任何手续就可从银行一次性支取几十万元甚至上百万元现金；白条入账，上千万元的资金无账可查；个体承包人与施工单位的“挂靠”关系被视为合法；有关人员串通做假的行为甚至在审计撤点的最后时刻仍未停止。虽然 DP 渔港建港指挥部挪用国债资金案件已告一段落，但项目建设中出现的违法违纪问题，在社会上造成了恶劣影响，其教训之深刻，值得举一反三，认真吸取。首先，要进一步完善重大建设项目的执法监察机制，增强有关人员的政纪法纪意识，提高自我约束能力；其次，必须加强工程领域的制度建设，堵塞制度漏洞，防范于未然；最后，重大建设项目必须继续强化事后审计监督，甚至要考虑实施事中审计。只有如此，才能切实加强对项目的管理和监督，真正搞好重大项目的建设。

案例 27　百事集团的内部审计

一、知识介绍

健全的审计监督机制是企业集团财务管理不可缺少的组成部分。无论是外部治理还是内部治理，一个重要的关键环节是所有者能够正确评价经营者履行受托经济责任的情况。现代审计是在“两权”分离所形成的受托经济责任关系下，基于经济监督的客观需要而产生的，是一种确保受托经济责任有效履行的社会控制机制。

在公司治理结构中，对审计需求已不仅仅是资本所有者的单方要求，而是资本所有者与经营者的共同意愿。审计的作用在平衡不对称信息、促使股东利益与经理人员利益最大化和使代理合同有效执行的过程中得到充分体现。集团母子公司的关系是受托经济责任关系，子公司有义务经营管理好母公司的资产并尽可能实现其最大化。而集团则通过审计部门统一组织定期或不定期的审计进行内部的财务监控。它既是最直接、最全面、最有效的监控，又是最具弹性、随意性和不确定性的监控。

企业集团较为复杂的企业组织形式及其子公司相对程序不同的独立性，对企业集团内部审计监督提出了比一般企业更高、更严格的要求。集团公司的内部审计控制是母公司对子公司实行财务控制最全面的、最终的控制防线。如何在集团内部建立有效的内审机制去充分发挥其强有力的监督功能，协助母公司检查其对子公司实施资金控制、制度控制、人员控制的效果，以及验证各子公司财务负责人是否忠实、有效地履行了财务监督职能，这是摆在许多集团管理层面前的一项较为复杂的课题。处理得好则可以大大增强母公司的约束力，保证集团整体利益的实现；处理不好则会令此机构形同虚设，不但造成资源浪费，更会使子公司处于失控状态。

二、百事集团的内部审计

首先，集团领导应对财务监控有足够的认识，建立了一个具有充分独立性和权威性的审计部门。在日益激烈的市场竞争中，企业加强自我约束机制的意识日益增强，内部审计监督机制的重要性越来越突出，其管理控制职能也日渐明显。内审机构应直接归属于企业集团董事会的审计委员会，并定期向总经理汇报工作。它与财务及其他主要业务部门平级，通过开展财务审计、经营审计、管理审计，监督子公司资产、负债、损益是否真实、合法，评价各子公司受托经济责任履行情况和企业内部控制制度的完善情况。内审部门应有充分的自主能力安排工作和确定侧重，并被授权可以接触集团内任何与审计有关的记录、资产及人员。其对各子公司的审计结果可随时直接汇报给最高管理层，对重大违规问题尤其要立即向管理层披露，并配合管理层作出修正建议。内审人员不允许兼管其他任何与审计有相关利益冲突的业务。内审部门还应经常定期深入子公司了解情况，熟悉业务，及时发现并协助解决问题。

其次，内审部门应有明确的审计目标和审计依据，确保审计工作的顺利开展。内审的主要目标应是：维护企业集团利益，严肃集团章程和制度；监督各子公司切实履行受托经济责任，促使其完善内部管理和提高经济效益；确保集团为实施有效管理而掌握各子公司的信息是可依赖及完整的；确保集团的资产被较好地进行管理着；确保集团内部控制系统设计及运行良好，等等。内审部门的一切活动都围绕上述目标开展。内审部门需根据公司财务制度及审计目标制定一套完整的《内审标准手册》，作为指导子公司良好财务运作规范的参考，并以此作为审计的主要工具。

最后，内审人员的整体素质亦直接影响到内审的效果。内审人员应具备以下条件：（1）财务及审计专业背景；（2）具备丰富的审计经验并熟练掌握审计技巧；（3）能独立处理业务及良好的沟通能力；（4）公正、客观；（5）熟悉公司业务；（6）公司应为内审人员提供足够的培训，提高其业务能力及对最新法规的了解认知。

西方跨国企业集团从孕育到发展到繁荣已有一百多年的历史，并已形成了一套较为完善、科学、稳定的先进企业管理模式，这其中包括了现代化的内审体制。以下是对百事集团内审体系的分析，希望能对我国企业集团的内审监控起到一定的借鉴和参考作用。

百事集团的内部审计部门是在集团总经理和董事会审计委员会的双重领导下进行工作的，完全独立于其他业务事业部及其财务部门。内部审计部门一切开销入总部账户，其对各子公司的审计报告都将直接抄送集团首席执行官、首席财务官、董事会审计委员会、各相关事业部总裁等高级管理人员。审计报告的结果将直接影响到各子公司及事业部的业绩，较差的评定结果极可能导致撤换该子公司的领导人。因此，无论是事业部还是子公司对内审都极为重视并予以积极配合，内审机构的独立性和权威性是不容质疑的。

百事集团内审部门首先会根据《百事财务政策手册》制定《百事内审标

准》，并发放至集团总公司和全球各子公司作为定期自查工具。《百事内审标准》是就《百事财务政策手册》中所有重要制度来分类、设计审查事项并以问卷形式反映出来的一套风险评估标准。

百事集团内审部门在对子公司审计过程中会侧重两方面：一是子公司有否完全按《百事财务政策手册》运作；二是及时查找手册在实际操作中有无漏洞，对其进行不断更新。内审部门对各子公司进行定期审计的结果分为四个等级：良好控制、较高标准控制、基本控制和较低标准控制。子公司若拿到最高等级评定，将可以在四年后再接受内审，第二等级是三年，第三等级是两年，最差等级则需第二年重新接受评定。对评为最差等级的子公司，审计部门及其所属事业部的财务人员会联合进驻协助整改。内审结果需双方同意，若子公司对评定结果有异议的，亦可直接与内审最高管理人员协商，若无法解决仍可向集团提出申诉，从而保证审计结果的公正客观性，起到相互牵制的作用。

百事集团内审部门进行审计的程序如下：一组内审人员会在审计前一个星期内通知子公司将进行内审并告知其内审重点及时间，避免子公司为应付审计提早做准备；内审人员到达公司后先了解公司业务运作再作出审计计划，然后分头进行审计，提出他们发现的问题要求予以答复，若答复不能令人满意，审计人员将把此问题及整改建议列入评定报告，并根据其风险及严重性分为 A、B、C、D 四类。内审组会根据所查出的 A、B、C、D 各类问题数量给出最初评级并将评估报告送交审计总部作最终评审，审计结果将抄送集团最高管理层。整个内审的时间一般为一个月。

百事集团内审人员不但肩负查找子公司问题的重任，还需就所提问题提出整改建议。这一做法不但可以增强内审人员工作的审慎性和专业性，被审查的子公司还可通过他们获得其他子公司的先进管理经验，从而达到在企业集团内部进行横向交流的良好效应。

从百事集团看企业的内审监控，百事集团有一批素质较高的内审队伍。内审人员绝大部分都是从世界各著名会计师事务所招募进来的，是具有十分丰富审计经验和独立工作能力的审计人士。他们进入百事后会接受全面的业务及财务审计政策培训并跟随其他审计小组进行学习。在他们正式接受内审工作后，仍会定期接受集中培训。为增强内审工作的客观公正性，各内审小组会经常有其他区域的同事加入。

同时，内审人员若非高级管理人员，其任职期限一般为三年，期满后原则上不可以转入百事集团财务或其他业务部门，从而确保内审人员与被审部门不存在利益关系。内审人员较高的收入报酬能够尽可能杜绝其接受贿赂的可能性，内审纪律规定内审人员不得在审计期间接受被审单位的请客及送礼。由此可见，一支素质高、纪律严的内审队伍对百事集团是何其重要。

三、案例分析与建议

本案例系统介绍了百事集团的内部审计及其运作，其系列举措令人震撼，很值得我国企业借鉴。

我国的内部审计起步相对较晚，从体制建设到制度完善，从理念到方法、从人员素质到审计技术，都与发达国家存在巨大的差距。这也是我国国有企业腐败频发的重要原因。

我国的内部审计应考虑采取超常规的方法，尽快理顺体制，完善法规、准则、制度；单位或部门领导人应尽快端正理念，提高认识，强化内部审计；内部审计机构和人员应不断提升自身素质；借鉴和学习民间审计的技术与方法，在内部审计实务中取得更大的成效，从而争取领导和社会公众的重视与支持。

案例 28　某家电企业技术改进投资项目绩效审计

一、知识介绍

最高审计机关国际组织（INTOSAI）指出："除了合规性审计，还有另一种类型的审计，它涉及对公营部门管理的经济性、效率性和效果性的评价，这就是绩效审计。"投资项目绩效审计是指审计人员通过审计，评价投资项目的经济性、效率性和效果性。

（一）投资项目绩效审计的内容

（1）投资项目决策审计。主要包括对投资项目可行性研究的审计，对投资项目设计文件的审计，对资金来源及落实情况的审计。

（2）投资项目管理审计。主要包括项目法人责任制审计，项目招投标审计，征地拆迁补偿审计，施工过程审计，工程监理审计等。

（3）投资项目综合效益审计。主要包括审计项目建设工期是否按规定的工期建设完成，建成后能否正常运营，是否达到了设计能力，评价工期、生产能力对效益的影响；将投资概算与工程实际成本进行对比，综合分析评价投资项目是否经济、节约、有效；通过对项目投资回收期、财务净现值、内部收益率、投资收益率等经济指标的分析，评价项目投资的获得能力和偿债能力；对投资项目的社会效益、环境效益作出评价。

（二）投资项目绩效审计的标准

（1）国家有关法律法规。如国家颁布的《中华人民共和国建筑法》、《中华人民共和国招标投标法》、《中华人民共和国建设工程质量管理条例》等。

（2）国家、行业、地区性的有关标准。如建设项目经济评价方法、各种建设项目评价指南、环境影响评价规范、建设项目实施程序规范、项目建设质量评定标准等。

（3）专业机构研究或制定的专业标准。如定额、标准消耗等，行业或地区平均水平、先进水平。

（4）具体投资项目的可行性研究报告、概算书、合同协议等。

（5）社会效益、环境效益的标准。如就业率的提高、产值的增长、资源利用率的提高、收入的增长等。

（6）上级部门制定的目标、计划等。

（7）被审计单位制定的一些控制制度、管理指标等。

（8）审计机关制定的评价标准。

（9）其他地区、其他国家同类工程的标准。

（三）投资项目绩效审计的方式

（1）将投资项目绩效审计与项目预算执行、竣工决算审计结合进行。

（2）将项目绩效审计与工程造价审计结合进行。

（3）建立投资项目跟踪审计制度。

（4）开展专项审计调查。

二、案例内容与过程

（一）立项根据

某家电企业主要生产冰箱，其产品规格品种齐全。该企业主要生产设备是20世纪90年代从国外引进的，由于引进时辅助设备不配套，限制了生产能力的发挥。随着消费者对家电产品性能要求的提高，以及家电行业竞争日益激烈，为了增加产量，提高产品质量和性能，厂部计划投资 9 500 万元进行技术改造。

企业领导责成有关部门对项目进行了可行性研究，对市场需求、销售收入、生产成本及盈利水平等进行了预测和估算，并形成了如下技术改造的主要经济数据：

（1）改造后车间总产量可由 180 万台达到 190 万台；

（2）改造后 BCD-188 型号系列的产品产量由 90 万台增加到 100 万台；

（3）投资概算总额为 9 500 万元，全部由银行借入；

（4）银行贷款利率为 10%；

（5）项目计划完工期为 1 年；

（6）用新增利润偿还借款，还款期 4 年。

为了验证预期经济效益能否实现，审计部门将此技术改造方案列为绩效审计项目，进行事前审计。

（二）审计过程

（1）进行市场调查。收集有关市场需求状况，产品水平及竞争能力、财务成本的数据，计划任务和可行性研究报告等资料。

（2）审查技术改造项目的报批过程和资金来源，对改造方案的经济效益预测的有关数据资料核实、验证，对投资方案进行比较选择。

（3）得出审计结论，提出审计建议。

（三）审计要点

1. 审查销售预测资料的可靠性和预测数据的准确性

审计人员对新增产量的销售情况预测的准确性进行审查。技术改造项目完成后，因为该车间主要产品 BCD－188 型号系列的产品产量将有较大增长，这是本项目实施后应有的主要成果。为此，审计人员走访了有关部门，询证了经销人员，并将询证结果与可行性方案中的预测销售状况作了比较，取得了该产品畅销、一般和滞销条件下与原预测方案不同的数据，为作出技术改造投资决策提供了依据。

2. 审查财务成本数据

（1）核实四种主要产品的单位利润额。根据改造前车间生产的主要产品的成本资料表，该车间每种产品的单位销售利润如下（见表 12-1）：

表 12-1　　产品的单位销售利润

产品名称	销售数量（万台）	销售单价（元）	单位销售税金（元）	单位销售成本（元）	单位销售利润（元）
BCD-188	90	2 300	276	1 570	454
BCD-252	30	5 550	666	4 570	314
BCD-130	50	1 450	174	860	416
BCD-208	20	2 750	330	2 140	280

（2）审查主要盈利产品在技术改造完工投产后的盈利水平。从表 12-1 所列数据可以看出，四种主要产品中单位销售利润最高的是 BCD-188 型号产品。因此，技术改造完工后新增的生产能力应主要用于增产 BCD-188 型号产品。从技术条件和技术改造新增设备的角度考虑，改造完成后，BCD-188 型号产的年产量为 100 万台，每年增加折旧费和维修费 950 万元。按照下式加以验算：

主要盈利产品达产盈利额
＝(技改完工达产数量－技改前生产量)×单位销售利润
　－新增固定成本额
＝(100－90)×454－950
＝3 590(万元)

验证结果为，BCD-188 型号产品在技术改造达到生产能力后，每年可新增利润 3 590 万元。

3. 评价投资效益

审计人员选用了考虑货币时间价值的动态计算方法进行评价。据以核实的有关数据为：技术改造期 1 年，项目投资 9 500 万元为一次性投入，贷款年利率为 10%，改造完成后年新增利润额为 3 590 万元，从改造完工后的第 1 年开始偿还贷款。

（1）1 年后技术改造完成的实际投资额为：

9 500×(1＋10%)＝10 450(万元)

其中差额 950 万元即为投入资金的货币时间价值。

（2）技术改造完工投产后，能用于偿还借款和每年新增利润的数额为 3 590 万元，投资借款的还款期为：

投资偿还期＝10 450÷3 590≈2.91(年)

上项测试结果表明，用改造后的新增利润，只需 2.91 年即可还清银行借款本息，早于原计划 4 年的还款期。

三、案例分析与建议

审计部门在对该企业投资最大的技术改造项目进行了效益审计后，提交了审计报告。报告指出，审计部门在深入调查、取得大量证据的基础上，对原可行性研究方案中市场需求预测、产品成本及预期盈利水平等一系列主要经济数据进行了证实，对不准确的数据作了修正，补充完善了遗漏的环节，并对不同方案作了比较分析。最后得出结论，该项技术改造工程在经济上是可行的。经过技术改造后冰箱的产量将有较大增长，主要盈利品种 BCD-188 型号产品的产量可增产 10 万台，年利润可增长 3 590 万元，三年内即可用新增利润还本付息。

参考文献

[1] 张景山. 审计案例分析 [M]. 北京：中国市场出版社，2011.

[2] 卢传锋. 审计教学案例 [M]. 北京：中国市场出版社，2013.

[3] 殷文玲. 审计案例教程 [M]. 北京：清华大学出版社，北京交通大学出版社，2008.

[4] 李晓慧. 审计学案例与实务 [M]. 北京：中国人民大学出版社，2008.

[5] 中国注册会计师协会. 审计 [M]. 北京：经济科学出版社，2013.